Managementwissen für Studium und Praxis

Herausgegeben von
Professor Dr. Dietmar Dorn und
Professor Dr. Rainer Fischbach

Lieferbare Titel:

Anderegg, Grundzüge der Geldtheorie und Geldpolitik
Arrenberg · Kiy · Knobloch · Lange, Vorkurs in Mathematik, 3. Auflage
Barth · Barth, Controlling, 2. Auflage
Behrens · Kirspel, Grundlagen der Volkswirtschaftslehre, 3. Auflage
Behrens · Hilligweg · Kirspel, Übungsbuch zur Volkswirtschaftslehre
Behrens, Makroökonomie – Wirtschaftspolitik, 2. Auflage
Bontrup, Volkswirtschaftslehre, 2. Auflage
Bontrup, Lohn und Gewinn, 2. Auflage
Bradtke, Mathematische Grundlagen für Ökonomen, 2. Auflage
Bradtke, Statistische Grundlagen für Ökonomen, 2. Auflage
Busse, Betriebliche Finanzwirtschaft, 5. Auflage
Camphausen, Strategisches Management, 2. Auflage
Dinauer, Grundzüge des Finanzdienstleistungsmarkts, 2. Auflage
Dorn · Fischbach · Letzner, Volkswirtschaftslehre 2, 5. Auflage
Dorsch, Abenteuer Wirtschaft ·40 Fallstudien mit Lösungen, 2. Auflage
Drees-Behrens · Kirspel · Schmidt · Schwanke, Aufgaben und Fälle zur Finanzmathematik, Investition und Finanzierung, 2. Auflage
Drees-Behrens · Schmidt, Aufgaben und Fälle zur Kostenrechnung, 3. Auflage
Fischbach · Wollenberg, Volkswirtschaftslehre 1, 13. Auflage
Götze, Grafische und empirische Techniken des Business-Forecasting, 2. Auflage
Götze · Deutschmann · Link, Statistik
Gohout, Operations Research, 4. Auflage
Haas, Excel im Betrieb, Gesamtplan
Hans, Grundlagen der Kostenrechnung
Heine · Herr, Volkswirtschaftslehre, 3. Auflage
Koch, Marktforschung, 5. Auflage
Koch, Betriebswirtschaftliches Kosten- und Leistungscontrolling in Krankenhaus und Pflege, 2. Auflage

Laser, Basiswissen Volkswirtschaftslehre
Martens, Statistische Datenanalyse mit SPSS für Windows, 2. Auflage
Mensch, Finanz-Controlling. 2. Auflage
Peto, Grundlagen der Makroökonomik, 13. Auflage
Piontek, Controlling, 3. Auflage
Piontek, Beschaffungscontrolling, 3. Auflage
Plümer, Logistik und Produktion
Posluschny, Basiswissen Mittelstandscontrolling, 2. Auflage
Posluschny, Kostenrechnung für die Gastronomie, 3. Auflage
Rau, Planung, Statistik und Entscheidung – Betriebswirtschaftliche Instrumente für die Kommunalverwaltung
Rothlauf, Total Quality Management in Theorie und Praxis, 2. Auflage
Rudolph, Tourismus-Betriebswirtschaftslehre, 2. Auflage
Rüth, Kostenrechnung, Band I, 2. Auflage
Rüth, Kostenrechnung, Band II
Scharnbacher · Kiefer, Kundenzufriedenheit, 3. Auflage
Schuster, Kommunale Kosten- und Leistungsrechnung, 3. Auflage
Schuster, Doppelte Buchführung für Städte, Kreise und Gemeinden, 2. Auflage
Specht · Schweer · Ceyp, Markt- und ergebnisorientierte Unternehmensführung, 6. Auflage
Stender-Monhemius, Marketing – Grundlagen mit Fallstudien
Stibbe, Kostenmanagement, 3. Auflage
Strunz · Dorsch, Management, 2. Auflage
Strunz · Dorsch, Internationale Märkte
Weeber, Internationale Wirtschaft
Wilde, Plan- und Prozesskostenrechnung
Wilhelm, Prozessorganisation, 2. Auflage
Wörner, Handels- und Steuerbilanz nach neuem Recht, 8. Auflage
Zwerenz, Statistik, 4. Auflage
Zwerenz, Statistik verstehen mit Excel – Buch mit Excel-Downloads, 2. Auflage

Aufgaben und Fälle zur Kostenrechnung

von
Professorin
Dr. Christa Drees-Behrens
und
Professor
Dr. Andreas Schmidt

3., korrigierte Auflage

Oldenbourg Verlag München

Bibliografische Information der Deutschen Nationalbibliothek

Die Deutsche Nationalbibliothek verzeichnet diese Publikation in der Deutschen Nationalbibliografie; detaillierte bibliografische Daten sind im Internet über <http://dnb.d-nb.de> abrufbar.

© 2011 Oldenbourg Wissenschaftsverlag GmbH
Rosenheimer Straße 145, D-81671 München
Telefon: (089) 45051-0
oldenbourg.de

Das Werk einschließlich aller Abbildungen ist urheberrechtlich geschützt. Jede Verwertung außerhalb der Grenzen des Urheberrechtsgesetzes ist ohne Zustimmung des Verlages unzulässig und strafbar. Das gilt insbesondere für Vervielfältigungen, Übersetzungen, Mikroverfilmungen und die Einspeicherung und Bearbeitung in elektronischen Systemen.

Lektorat: Dr. Jürgen Schechler
Herstellung: Anna Grosser
Coverentwurf: Kochan & Partner, München
Gedruckt auf säure- und chlorfreiem Papier
Gesamtherstellung: Druckhaus „Thomas Müntzer" GmbH, Bad Langensalza

ISBN 978-3-486-70529-4

Vorwort zur 3. Auflage

Für viele an der Betriebswirtschaftslehre Interessierte gilt die Kosten- und Leistungsrechnung als eines der interessantesten Teilgebiete. Dies liegt vor allem daran, dass die von der Kosten- und Leistungsrechnung behandelten Fragestellungen von jedem in der betrieblichen Praxis Tätigen zu Recht als unmittelbar praktisch relevant angesehen werden. In allen Bereichen der betrieblichen Praxis werden die von der Kosten- und Leistungsrechnung zur Verfügung gestellten Daten und Erkenntnisse genutzt. Ohne das Wissen um die Kosten für die betrieblichen Leistungen, seien es nun Güter oder Dienstleistungen, ist kein Betrieb auf Dauer lebensfähig.

Die Anwendungsbreite der Kosten- und Leistungsrechnung geht weit über die Ermittlung der Kosten für betriebliche Leistungen hinaus. Mit Hilfe der Kosten- und Leistungsrechnung kann kurzfristig der Erfolg eines Betriebes ermittelt werden, auch die Wirtschaftlichkeitskontrolle einzelner betrieblicher Bereiche gehört zu ihrem Anwendungsgebiet. Insbesondere aber unterstützt die Kosten- und Leistungsrechnung das Management, fundierte Entscheidungen zu treffen, indem sie entscheidungsrelevante Daten aus den betrieblichen Teilbereichen zur Verfügung stellt. Es gibt also gute Gründe, sich diesem spannenden und wichtigen Gebiet intensiv zu widmen.

Die vorliegende Aufgabensammlung in durchgesehener dritter Auflage soll dabei helfen, die Grundlagen der Kosten- und Leistungsrechnung unmittelbar praxisbezogen zu erleben. Sie wendet sich daher an Studierende von Universitäten, Fachhochschulen und Berufsakademien sowie an Teilnehmer von Fort- und Weiterbildungsveranstaltungen. Die Aufgabensammlung umfasst 108 Aufgaben mit Lösungen, von denen die meisten aufgrund ihres Anwendungsbezuges und ihres Umfangs als „Fälle" gelten können.

Alle Aufgaben haben sich in unseren zahlreichen Lehrveranstaltungen zu diesem Themengebiet überaus bewährt. Für Hinweise und Anregungen sind wir dennoch sehr dankbar. Eine durchgehende Bearbeitung der Aufgaben, verbunden mit der anschließenden Kontrolle Ihrer Lösungen, sichert den Lern- und Prüfungserfolg. Wir wünschen Ihnen dabei viel Spaß und gutes Gelingen.

Christa Drees-Behrens und Andreas Schmidt

Hinweise zur Nutzung der Aufgabensammlung

Die Kosten- und Leistungsrechnung gehört zu den betriebswirtschaftlichen Teilgebieten, die man sich am besten durch intensive Übung an konkreten Problemstellungen erschließt. Selbstverständlich bedarf es dazu zunächst der Stofferarbeitung. Ein Besuch von entsprechenden Vorlesungen und/oder das Studium entsprechender Lehrbuchliteratur sind auf jeden Fall unerlässlich. An dieser Stelle muss daher auch auf einige wenige Lehrbücher hingewiesen werden.

Zur Einordnung der Kosten- und Leistungsrechnung in die Betriebswirtschaftslehre und für einen ersten Überblick verweisen wir auf die „Einführung in die Allgemeine Betriebswirtschaftslehre" von Günter Wöhe, bereits in der 21. Auflage erschienen. An spezieller Kostenrechnungsliteratur ist das analog zur Aufgabensammlung gegliederte Buch von Andreas Schmidt, Kostenrechnung: Grundlagen der Vollkosten-, Deckungsbeitrags- und Plankostenrechnung sowie des Kostenmanagements, 3. Aufl., Stuttgart 2001, zu empfehlen.

Wenn man sich den entsprechenden Stoff anhand von Vorlesungen und/oder Lehrbüchern aneignet, ist es sinnvoll und sogar mit sehr viel Spaß verbunden, ihn anhand von konkreten Aufgaben und Fällen zu üben und zu vertiefen. Dazu soll unser Buch beitragen.

Unsere Aufgaben decken die gesamten Grundlagen der Kosten- und Leistungsrechnung ab. Wir empfehlen, die Aufgaben in der angegebenen Reihenfolge zu bearbeiten und Ihre Ergebnisse sodann mit den Lösungsvorschlägen zu vergleichen. Im Inhaltsverzeichnis sind die Aufgaben jeweils mit Nummer, Themenbezug und Seitenangabe, auch für die Lösungen, aufgeführt. Die Lösungen sind in der Regel tabellarisch aufgebaut. Diese Form entspricht einerseits der heute gängigen Tabellenkalkulation in der Arbeitswelt und erleichtert es Ihnen andererseits, die Rechenschritte nachzuvollziehen.

Inhaltsverzeichnis

1. Einführung und Grundlagen

1.1. Teilgebiete und Grundbegriffe des unternehmerischen Rechnungswesens

1	Aufgaben und Teilgebiete des Rechnungswesens	1 / 130
2	Auszahlung, Ausgabe, Aufwand, Kosten (I)	2 / 131
3	Auszahlung, Ausgabe, Aufwand, Kosten (II)	4 / 132
4	Grundbegriffe des Rechnungswesens	5 / 132
5	Bewegungsgrößen des Rechnungswesens	7 / 134
6	Zwecke und Aufgaben der Kostenrechnung	12 / 137
7	Datengewinnung in der Kostenrechnung	14 / 139

1.2. Kostenbegriffe und Kostenfunktionen

8	Kostenauflösung	14 / 139
9	Strukturierung der Kosten	15 / 142
10	Kostengrößen	17 / 144
11	Beschäftigung und Kosten	18 / 145
12	Umsatzmaximum, Gewinnmaximum und Break-Even-Punkt bei linearem Gesamtkostenverlauf	20 / 149
13	Umsatzmaximum, Gewinnmaximum und Preisuntergrenze bei s-förmigem Gesamtkostenverlauf	21 / 151

1.3. Kostenrechnungssysteme und -prinzipien

14	Kostenrechnungssysteme (I)	22 / 153
15	Kostenrechnungssysteme (II)	25 / 156
16	Kostenrechnungsprinzipien (I)	25 / 157
17	Kostenrechnungsprinzipien (II)	27 / 159
18	Kostenrechnungsprinzipien und -systeme	28 / 159

2. Vollkostenrechnung und ihre Teilgebiete

2.1. Überblick

19	Aussagen zu einem Kostenrechnungssystem	30 /	164

2.2. Kostenartenrechnung

20	Aussagen zu Aufgaben der Kostenartenrechnung und zur Kostenartengliederung	31 /	165
21	Aussagen zu Materialkosten	33 /	166
22	Ermittlung des Materialverbrauchs	35 /	168
23	Materialverbrauch und Materialkosten	36 /	169
24	Ermittlung der Materialkosten	38 /	172
25	Materialverbrauch/Materialkosten	38 /	172
26	Bewertung des Materialverbrauchs	39 /	174
27	Bewertung eines Einbauteils	40 /	174
28	Energiekosten	40 /	174
29	Aussagen zu Personalkosten	43 /	176
30	Personalkosten	44 /	178
31	Aussagen zu kalkulatorischen Abschreibungen	47 /	182
32	Kalkulatorische Abschreibungen	49 /	184
33	Kombination von Abschreibungsmethoden	50 /	186
34	Kalkulatorische Abschreibungen mit Nachholung	50 /	187
35	Abschreibungen in Finanzbuchhaltung und Kostenrechnung	51 /	187
36	Kalkulatorische Abschreibungen und Zinsen	53 /	189
37	Aussagen zu kalkulatorischen Zinsen	54 /	189
38	Kalkulatorische Zinsen (I)	55 /	191
39	Kalkulatorische Zinsen (II)	57 /	193
40	Bestimmung des Kalkulationszinsfußes	57 /	194
41	Kalkulatorische Miete	58 /	194
42	Einzelwagniskosten	58 /	195
43	Diverse Kostenarten	61 /	197

2.3. Kostenstellenrechnung

44	Betriebsabrechnungsbogen/Umlageverfahren	63 /	199
45	Betriebsabrechnungsbogen mit innerbetrieblicher Leistungsverrechnung	64 /	200
46	Umlagerechnung/Gleichungsverfahren (I)	65 /	202
47	Umlagerechnung/Gleichungsverfahren (II)	65 /	202
48	Umlagerechnung/Gleichungsverfahren (III)	66 /	203
49	Innerbetriebliche Leistungsverrechnung und Ermittlung von Zuschlagssätzen	67 /	204
50	BAB/Zuschlagssätze und Über-/Unterdeckungen	68 /	207
51	Über-/Unterdeckungen im BAB und Betriebsergebnis	69 /	208

2.4. Kostenträgerrechnung/Kalkulation

52	Aufgaben der Kostenträgerrechnung	70 /	209
53	Divisionskalkulation	70 /	210
54	Mehrstufige Divisionskalkulation	70 /	210
55	Einstufige Äquivalenzziffernkalkulation (I)	71 /	212
56	Einstufige Äquivalenzziffernkalkulation (II)	72 /	212
57	Mehrstufige Äquivalenzziffernkalkulation (I)	73 /	213
58	Mehrstufige Äquivalenzziffernkalkulation (II)	74 /	214
59	Zuschlags- und Preiskalkulation (I)	75 /	215
60	Zuschlagskalkulation mit Maschinenkosten	76 /	215
61	Kostensatz einer Sonnenbank	77 /	216
62	Maschinenstundensatz	78 /	216
63	Zuschlags- und Preiskalkulation (II)	79 /	217
64	Preiskalkulation	80 /	218
65	Kuppelkalkulation (I)	81 /	219
66	Kuppelkalkulation (II)	81 /	219
67	Kuppelkalkulation (III)	82 /	220

2.5. Betriebsergebnisrechnung

68	Betriebsergebnisrechnung nach GKV und UKV (I)	83 /	220
69	Betriebsergebnisrechnung nach GKV und UKV (II)	83 /	221
70	Betriebsergebnis und neutrales Ergebnis	86 /	223
71	Betriebsergebnisrechnung nach GKV und UKV (III)	87 /	224

3. Deckungsbeitragsrechnung

3.1. Kalkulation auf Teilkostenbasis

72	Zuschlagskalkulation/Teilkosten (I)	89 /	227
73	Zuschlagskalkulation/Teilkosten (II)	90 /	228

3.2. Ergebnisrechnung auf Teilkostenbasis

74	Ergebnisrechnung/Wirkung von Bestandsänderungen	91 /	229
75	Ergebnisrechnung/Umsatzkostenverfahren	92 /	230
76	Umsatzkostenverfahren/Bestandserhöhungen	93 /	230
77	Gesamtkosten- und Umsatzkostenverfahren/Bestandsminderungen	94 /	232
78	Umsatzkostenverfahren nach Produkten differenziert	95 /	233
79	Mehrstufige Deckungsbeitragsrechnung	96 /	235

3.3. Break-Even-Analyse

80	Break-Even-Analyse (I)	97 /	236
81	Break-Even-Analyse (II)	98 /	237
82	Break-Even-Preis	98 /	238
83	Break-Even-Analyse im Mehrproduktbetrieb	99 /	239
84	Break-Even-Analyse und kritische Übergangsmenge	100 /	241
85	Kostenanalyse und Umsatzrentabilität	102 /	242

3.4. Entscheidungsrechnung

86	Programmoptimierung bei einem Engpass	103	/ 245
87	Ergebnisberechnung und Programmoptimierung	103	/ 245
88	Programmplanung/Fremdbezug (I)	104	/ 246
89	Programmplanung/Fremdbezug (II)	105	/ 248
90	Programmoptimierung und Zusatzauftrag	106	/ 249
91	Fremdbezug und Zusatzauftrag	108	/ 251
92	Programmoptimierung und Preisuntergrenze	109	/ 254
93	Werbung, Fremdbezug und Zusatzauftrag	111	/ 255
94	Fremdbezug, Zusatzauftrag und Verfahrenswahl	112	/ 259

4. Plankostenrechnung

4.1. Grundlagen

95	Grundlagen von Plankostenrechnungssystemen	114	/ 265

4.2. Plankostenrechnung auf Vollkostenbasis

96	Grundmodell der Plankostenrechnung	116	/ 265
97	Flexible Plankostenrechnung auf Vollkostenbasis	117	/ 268
98	Kostenbericht bei flexibler Plankostenrechnung auf Vollkostenbasis	117	/ 269
99	Flexible Plankostenrechnung mit Variator	118	/ 269
100	Plankostenverrechnungssatz	119	/ 271
101	Fixkostenermittlung	120	/ 272
102	Soll-Ist-Vergleich bei flexibler Plankostenrechnung	120	/ 272

4.3. Plankostenrechnung auf Teilkostenbasis

103	Flexible Plankostenrechnung zu Voll- und Teilkosten	122 / 274
104	Abweichungen bei flexibler Plankostenrechnung	123 / 275
105	Kostenbericht bei flexibler Plankostenrechnung auf Teilkostenbasis	124 / 278

4.4. Sonderaspekte der Plankostenrechnung

106	Kostenplanung bei flexibler Plankostenrechnung	125 / 278
107	Kostenkontrolle bei Spezialabweichungen	127 / 280
108	Differenzierte und kumulative Abweichungsanalyse	128 / 282

1. Einführung und Grundlagen

1.1. Teilgebiete und Grundbegriffe des unternehmerischen Rechnungswesens

Aufgabe 1: *Aufgaben und Teilgebiete des Rechnungswesens*

Einige der folgenden Aussagen treffen zu, andere nicht. Haken Sie die zutreffenden Aussagen ab, und korrigieren Sie die unzutreffenden Aussagen nach folgendem Muster:

Der /~~betrieblichen Statistik~~/ kommt als Teilgebiet des Rechnungswesens die größte praktische Bedeutung zu, da sie für alle Unternehmen gesetzlich vorgeschrieben ist.	*Finanzbuchhaltung*
a) Das Rechnungswesen dient der Erfassung, Verarbeitung und Auswertung der wichtigsten Mengen- und Wertbewegungen eines Unternehmens.	
b) Die Finanzbuchhaltung ist als Informationsquelle für die Unternehmensleitung bestimmt und soll die Erfolgs-, Vermögens-, Schulden- und Liquiditätslage dokumentieren.	
c) Die Gestaltung des externen Rechnungswesens orientiert sich an den Zwecken, die ihm aus Sicht der Unternehmensleitung zukommen.	
d) Die Betriebsbuchhaltung entspricht der Finanzbuchhaltung, die Geschäftsbuchhaltung der Kosten- und Leistungsrechnung.	
e) Die Nebenbuchhaltungen umfassen die Lohn- und Gehaltsbuchhaltung, die Anlagenbuchhaltung und die Kosten- und Leistungsrechnung.	

f) Die Finanzbuchhaltung umfasst auch Wertverbräuche in Form von Katastrophenschäden.

g) Die Kosten- und Leistungsrechnung konzentriert sich auf betriebsfremde Leistungserstellungen und Güterverbräuche.

h) Betriebliche Statistik, Planungsrechnung und Finanzbuchhaltung sind die Kernbereiche der Betriebswirtschaft und des betrieblichen Controllings.

i) Finanzbuchhaltung und Kosten- und Leistungsrechnung arbeiten stets vollständig unabhängig voneinander.

j) Im Rahmen der Kosten- und Leistungsrechnung werden die gesetzlichen Gestaltungsspielräume zur Beeinflussung des Jahresabschlusses genutzt.

k) Die Kosten- und Leistungsrechnung sollte sich auf eine objektive Datenbasis stützen, damit die richtigen, existenzsichernden Entscheidungen getroffen werden können.

Aufgabe 2: *Auszahlung, Ausgabe, Aufwand, Kosten (I)*

Die Chefin der Knusper-OHG hat in einem Seminar der IHK etwas über den Unterschied zwischen Auszahlungen, Ausgaben, Aufwand und Kosten gehört. Sie möchte die folgenden Geschäftsvorfälle in diese vier Kategorien, bezogen auf den Monat Januar des laufenden Jahres, einordnen.

a) Für die am 06. Januar in Auftrag gegebene Salzstangenfertigungsstraße ist am 20. Januar eine Anzahlung in Höhe von 50.000 € überwiesen worden.

b) Die Tilgung eines am 31. Dezember des Vorjahres fälligen Darlehns in Höhe von 60.000 € und die Zinszahlung für Dezember (Zinssatz 1% pro Monat) wurden am 3. Januar vorgenommen.

c) Das Januargehalt (10.000 €) des Verkaufsleiters ist am 12. Januar überwiesen worden.

d) Die am 12. Dezember des Vorjahres gelieferten 2.500 kg Butter sind durch einen Scheck über 5.800 € am 6. Januar bezahlt worden.

e) Von dem im Sommer des Vorjahres zum Sonderpreis von 1,00 € pro kg eingekauften Salz sind 560 kg im Januar verbraucht worden. Der übliche Preis für diesen Artikel liegt bei 1,20 € pro kg.

f) Am 19. Januar wird der völlig überraschende Konkurs der Mox-GmbH bekannt. Wegen einer Lieferung von Trockenmilch vom 12. Januar bestehen noch Verbindlichkeiten gegenüber dieser Firma in Höhe von 9.800 €.

g) Für 240.000 € wurde am 2. Januar ein neuer LKW angeschafft. Vereinbarungsgemäß werden 20.000 € sofort bezahlt, der Rest erst nach 4 Monaten. Die monatlichen bilanziellen Abschreibungen betragen linear 2.000 €. Bei der Ermittlung des Betriebsergebnisses wird die Nutzungsdauer um 20% kürzer geschätzt.

h) Die kalkulatorischen Wagnisse betragen im Januar 2.400 €.

Tragen Sie jeweils die Höhe der Auszahlungen, der Ausgaben, des Aufwands und der Kosten des Monats Januar in die folgende Tabelle ein.

	Auszahlg.	Ausgabe	Aufwand	Kosten
a) Anzahlung Fertigungsstraße				
b) Darlehn Tilgung Zinsen für Dez.				
c) Januargehalt des Verkaufsleiters				
d) Bezahlung der Butter				
e) Verbrauch des Salzes				
f) Trockenmilchlieferung				
g) LKW Kauf LKW Abschrbg.				
h) Kalkulatorische Wagnisse				

Aufgabe 3: *Auszahlung, Ausgabe, Aufwand, Kosten (II)*

Die Türenbau GmbH bestellt am 20.03. des Geschäftsjahres bei der Paul Drücker OHG erstmals 500 Messing-Drückergarnituren zum Kennenlern-Preis von jeweils 17,20 €. Da für weitere Bestellungen der Preis der Messing-Drückergarnitur voraussichtlich knapp 20,00 € betragen wird, setzt der Einkauf im Vernehmen mit dem Rechnungswesen am 20.03. unmittelbar einen Verrechnungspreis in dieser Höhe fest. Am 08.04. erfolgen Lieferung und Rechnungstellung.

Einführung und Grundlagen

Die Türenbau GmbH nutzt das Zahlungsziel der Paul Drücker OHG und zahlt per Banküberweisung am 05.05. Die Drückergarnituren gehen nach Lieferung zunächst auf Lager. Am 17.05. werden 200 Garnituren und am 12.06. nochmals 150 Garnituren für zwei Fertigungsaufträge entnommen. Die restlichen 150 Garnituren liegen auch am 31.12. zum Ende des Geschäftsjahres noch auf Lager.

a) Geben Sie in der folgenden Übersicht an, wann und in welchem Umfang Auszahlungen, Ausgaben, Aufwendungen und Kosten anfallen. Berücksichtigen Sie dabei den 20.03., 08.04., 05.05., 17.05. und 12.06. als Zeitpunkte. Geben Sie auch die kumulierten Beträge zum Geschäftsjahresende (31.12.) an.

	Auszahlung	Ausgabe	Aufwand	Kosten
20.03.				
08.04.				
05.05.				
17.05.				
12.06.				
31.12.				

b) Erläutern Sie, warum Ausgabe und Aufwand des Geschäftsjahres nicht übereinstimmen.

Aufgabe 4: *Grundbegriffe des Rechnungswesens*

Einige der folgenden Aussagen treffen zu, andere nicht. Haken Sie die zutreffenden Aussagen ab, und korrigieren Sie die unzutreffenden Aussagen nach folgendem Muster:

/~~Eine Ausgabe~~/ liegt vor, wenn Güter und Dienstleistungen verbraucht werden. *Aufwand*

a) Wenn liquide Mittel abfließen, ohne dass Güter verbraucht worden sind, dann handelt es sich um eine Auszahlung, jedoch nicht um eine Ausgabe.

b) Einnahmen und Erträge einer Periode stimmen immer dann überein, wenn der Zugang liquider Mittel gleich dem Umsatz der Periode ist.

c) Wenn der Endbestand eines Rohstoffes in einer Periode größer als der Anfangsbestand ist, so muss eine Einzahlung stattgefunden haben.

d) Ausgaben und Auszahlungen fallen immer dann auseinander, wenn Lagerbestandsveränderungen stattfinden.

e) Anderskosten sind kalkulatorische Kosten, denen Aufwand in anderer Höhe gegenübersteht.

f) Eine Gutschrift auf dem Bankkonto ist nur dann gleichzeitig ein Ertrag der Periode, wenn in derselben Periode ein Veräußerungsvorgang stattgefunden hat.

g) Bei der Inanspruchnahme von Dienstleistungen decken sich in der Regel Aufwendungen, Auszahlungen und Kosten.

h) Einnahmen und Ausgaben sind stets erfolgswirksam und erhöhen bzw. vermindern den Erfolg in der Finanzbuchhaltung.

i) Zu den neutralen Aufwendungen rechnen betriebsfremde, außerordentliche und kostenrechnerisch anders bewertete Aufwendungen.

j) Kapitaleinlagen und -entnahmen der Eigner führen zwar zu Erträgen und Aufwendungen, sind aber niemals erfolgswirksam.

Aufgabe 5: *Bewegungsgrößen des Rechnungswesens*

Eine Schraubenfabrik bestellt im Februar Eisenrohlinge zu 36.000 €. Die Lieferung erfolgt im März; sie wird vereinbarungsgemäß zu 20.000 € sofort bezahlt, der Rest im April. Die Eisenrohlinge werden von April bis einschließlich Juni gleichmäßig vom Lager genommen und zu jeweils 150.000 Schrauben verarbeitet.

Jeden Monat fallen Löhne in Höhe von 7.000 € an. Für die Reparatur einer Maschine im April werden vom Hersteller 600 € berechnet und noch im selben Monat bezahlt. Die weiteren betrieblichen Aufwendungen liegen bei monatlich 5.000 €, davon sind 70% zahlungswirksam; sie unterscheiden sich von den weiteren Kosten dadurch, dass die kalkulatorischen Abschreibungen um 300 € über denen der Finanzbuchhaltung liegen. Außerdem werden in der Kostenrechnung monatlich 1.800 € kalkulatorische Zinsen verrechnet.

Der Verkaufspreis der Schrauben liegt bei 245 €/1.000 Stück. Im April werden 120.000 Schrauben verkauft; der Geldeingang erfolgt zu einem Drittel im selben Monat, der Rest geht im Folgemonat ein. Im Mai steigt die Verkaufsmenge auf 165.000 Stück; der Verkaufserlös geht zu einem Drittel noch im Mai ein, der Rest wird erst im Juni dem Bankkonto gutgeschrieben. Auch im Juni werden 165.000 Schrauben verkauft. Die zugehörigen Einzahlungen erfolgen vollständig im Juli; auf den Verkaufserlös für 100.000 Schrauben ziehen die Kunden 2% Skonto, der Rest wird ohne Skontoabzug gezahlt.

Der Lagerbestand und Bestandsveränderungen der fertigen Schrauben werden mit 162 €/1.000 Stück bewertet.

Für ein Mietshaus erzielt die Schraubenfabrik eine monatliche Miete von 2.400 €. Die laufenden monatlichen Aufwendungen für das Mietshaus betragen 1.900 €, davon sind 1.200 € zahlungswirksam. Außerdem berechnete der Klempner im März 900 € für die Reparatur der Dachrinnen. Die Überweisung des Betrages erfolgte im April.

Die Schraubenfabrik hat Anfang März Forderungen gegen Kunden von 57.000 € sowie Verbindlichkeiten von 250.000 €. Die Forderungen gehen zu jeweils einem Drittel im März, April und Mai ein. Die Verbindlichkeiten beinhalten ein Bankdarlehen in Höhe von 240.000 €, der Rest sind Lieferantenverbindlichkeiten, die jeweils zur Hälfte in den Monaten März und April fällig sind. Das Bankdarlehen ist erst zum Jahresende zu einem Viertel zu tilgen; die Zinsen sind jeweils zum Monatsende fällig (Zinssatz: 10% p.a.).

Erstellen Sie unter Berücksichtigung der vorgegebenen Sachverhalte für den Zeitraum März bis Juli in der beigefügten tabellarischen Übersicht ...

a) die Zahlungsrechnung, indem Sie ausgehend von einem Geldanfangsbestand von 22.500 € die Ein- und Auszahlungen sowie die Entwicklung des Geldbestandes aufzeigen.

b) die Einnahmen/Ausgaben-Rechnung, indem Sie die Entwicklung des Geld- und Kreditbestandes aufzeigen.

c) die Erfolgsrechnung der Finanzbuchhaltung, indem Sie die monatlichen und die über den Gesamtzeitraum kumulierten Erträge und Aufwendungen einander gegenüberstellen.

Einführung und Grundlagen 9

d) die Betriebsergebnisrechnung, indem Sie die monatlichen und die über den Gesamtzeitraum kumulierten Leistungen und Kosten einander gegenüberstellen.

a) Zahlungsrechnung

	März	April	Mai	Juni	Juli
Geld-Anfangsbestand					
Einzahlungen ...					
aus Forderungen Anfang März					
aus Verkäufen April					
aus Verkäufen Mai					
aus Verkäufen Juni					
aus Vermietung					
Auszahlungen ...					
für Lieferverb. Anfang März					
für Lieferung Eisenrohlinge					
für Löhne					
für Reparatur Maschine					
für weitere betr. zahl. Aufwend.					
für zahlungswirks. Mietaufw.					
für Reparatur Dachrinne					
für Zinsen Bankdarlehen					
Geld-Endbestand					

b) Einnahmen/Ausgaben-Rechnung

	März	April	Mai	Juni	Juli
Geld- u. Kredit-Anfangsbestand					
Einnahmen ...					
aus Verkäufen					
aus Vermietung					
Ausgaben ...					
für Erlösberichtig. (Verk. Juni)					
für Lieferung Eisenrohlinge					
für Löhne					
für Reparatur Maschine					
für weitere betr. zahl. Aufwend.					
für zahlungswirks. Mietaufw.					
für Reparatur Dachrinne					
für Zinsen Bankdarlehen					
Geld- u. Kredit-Endbestand					

c) FiBu-Erfolgsrechnung

	März	April	Mai	Juni	Juli	gesamt
Erträge						
Erlöse						
B.mehrg. Schraub.						
Mieterträge						

Fortsetzung zu c)

	März	April	Mai	Juni	Juli	gesamt
Aufwendungen						
B.mindrg. Schraub.						
Erlösberichtigung						
Materialverbrauch						
Löhne						
Reparatur Maschi.						
Weitere betr. Aufw.						
Aufw. Mietshaus						
Repar. Dachrinne						
Zinsen Bankdarl.						
FiBu-Erfolg						

d) Betriebsergebnisrechnung

	März	April	Mai	Juni	Juli	gesamt
Leistungen						
Erlöse						
B.mehrg. Schraub.						
Kosten						
B.mindrg. Schraub.						
Erlösberichtigung						
Materialverbrauch						

Fortsetzung zu d)

	März	April	Mai	Juni	Juli	gesamt
Löhne						
Reparatur Maschi.						
Weitere betr. Aufw.						
Kalkulat. Zinsen						
Betriebsergebnis						

Aufgabe 6: *Zwecke und Aufgaben der Kostenrechnung*

Einige der folgenden Aussagen treffen zu, andere nicht. Haken Sie die zutreffenden Aussagen ab, und korrigieren Sie die unzutreffenden Aussagen nach folgendem Muster:

Die Kostenrechnung arbeitet üblicherweise mit einem Zeithorizont von /fünf Jahren/. | *einem Jahr*

a) Zielmaßstäbe der Kostenrechnung sind insbesondere die Liquidität und die Wirtschaftlichkeit.

b) Wirtschaftliches Verhalten aller Unternehmensbeteiligten wirkt sich günstig auf die Höhe des Betriebsergebnisses aus.

c) Ein Unternehmen arbeitet wirtschaftlich, wenn die Leistungen größer sind als die Kosten.

d) Wenn ein Unternehmen dauerhaft wirtschaftlich arbeitet, ist es in seiner Existenz kaum gefährdet.

e) Die Bereitstellung von Unterlagen für Entscheidungen über Preisober- und Preisuntergrenzen, die Sortimentsgestaltung sowie Eigenfertigung und Fremdbezug sind typische Dokumentationsaufgaben der Finanzbuchhaltung.

f) Die Gewinnung und Bereitstellung von Unterlagen, die die tatsächlichen Mengen- und Wertströme als Leistungen und Kosten wiedergeben, bezeichnet man als Dokumentation.

g) Zu den Kontrollaufgaben der Kosten- und Leistungsrechnung gehören die Kontrolle der Wirtschaftlichkeit, die Beurteilung des Betriebsergebnisses und die Versendung von Mahnungen.

h) Planungsrechnungen dienen der Vorbereitung betrieblicher Entscheidungen und sollten auf der Basis von Istdaten erfolgen, da nur diese hinreichend sicher bekannt sind.

i) Kontrollrechnungen in Form eines Soll-Ist-Vergleiches werden dadurch erschwert, dass sich die Rahmenbedingungen wie Betriebsgröße, Produktionsprogramm und Leistungsprozess unterscheiden.

j) Eine Kontrollrechnung durch Soll-Ist-Vergleich ist kritisch zu beurteilen, weil unter Umständen „Schlendrian mit Schlendrian" verglichen wird.

k) Bei einer jahresbezogenen Planung sollte die Kontrolle zum Jahresende erfolgen, um rechtzeitig Fehlentwicklungen zu erkennen.

l) Kosten- und Leistungsziele im Sinne von Budgets dienen zum einen als Zielvorgabe und Anreiz, zum anderen bilden sie einen Maßstab für Kontrollrechnungen.

Aufgabe 7: *Datengewinnung in der Kostenrechnung*

Die Kostenrechnung greift bei der Datenermittlung hauptsächlich auf die Daten der Finanzbuchhaltung zurück. Erläutern Sie kurz, in welchen Schritten man aus den Aufwendungen der Finanzbuchhaltung die Kosten entwickeln kann.

1.2. Kostenbegriffe und Kostenfunktionen

Aufgabe 8: *Kostenauflösung*

Die Stromkosten der Kostenstelle Fräserei einer Maschinenfabrik ergeben sich für die vergangenen zwölf Monate aus der nachstehenden Tabelle.

Monat	Beschäftigung (Maschinenstunden)	Stromkosten (€)
Januar	700	10.500
Februar	625	8.250
März	675	9.525
April	725	10.275
Mai	825	11.000
Juni	850	11.625
Juli	650	9.750
August	600	8.475
September	800	10.500
Oktober	875	11.250
November	775	11.025
Dezember	750	9.750

Die Unternehmung möchte ihre Kostenrechnung, die bisher als Normalkostenrechnung durchgeführt wurde, auf ein System der

Grenzplankostenrechnung umstellen. Dazu ist eine genaue Kenntnis des Verhaltens der einzelnen Kostenarten in Abhängigkeit von der Beschäftigung erforderlich, um eine Einteilung in fixe und variable Kosten vornehmen zu können.

a) Ermitteln Sie eine lineare Kostenfunktion in Abhängigkeit von der Beschäftigung mit Hilfe des Differenzen-Quotienten-Verfahrens (mathematische Kostenauflösung). Wählen Sie dabei als Ausgangspunkt diejenigen Kosten/Beschäftigungs-Wertepaare, bei denen die Beschäftigung am weitesten auseinander liegt.

b) Ermitteln Sie eine lineare Kostenfunktion in Abhängigkeit von der Beschäftigung mit Hilfe des Reihenhälften-Verfahrens.

c) Ermitteln Sie eine lineare Kostenfunktion in Abhängigkeit von der Beschäftigung mit Hilfe der Methode der kleinsten Quadrate (lineare Einfach-Regression).

Aufgabe 9: *Strukturierung der Kosten*

Einige der folgenden Aussagen treffen zu, andere nicht. Haken Sie die zutreffenden Aussagen ab, und korrigieren Sie die unzutreffenden Aussagen nach folgendem Muster:

Die Unterteilung der Kosten in Grund-, /Perioden-/ und Zusatzkosten dient der Abgrenzung der Kostenrechnung gegenüber der Finanzbuchhaltung.	*Anders-*
a) Die Kostenstellenrechnung beinhaltet eine Unterteilung der Kosten nach der Art der Verbrauchsgüter.	

b) Die Fertigungstiefe eines Unternehmens ist umso höher, je größer der Anteil der Materialkosten bzw. je niedriger der Anteil der Personalkosten an den Gesamtkosten ist.

c) Die Kosten für verschiedene Arten von Erzeugnissen und Dienstleistungen sowie Aufträge werden üblicherweise auf Kostenstellen verbucht.

d) Variable Kosten entstehen für den Verbrauch von Gütern und Dienstleistungen, die von extern bezogen werden; fixe Kosten fallen für Leistungen an, die eine Kostenstelle für andere Kostenstellen erbringt.

e) Kosten, die einem Bezugsobjekt direkt zugerechnet werden können, bezeichnet man als variable Kosten.

f) Kosten, die einem Kostenträger, z.B. einem Auftrag, direkt zugerechnet werden können, bezeichnet man üblicherweise (nur) als Einzelkosten; hingegen bezeichnet man Gemeinkosten auch als Kostenstelleneinzelkosten, wenn sie einer Kostenstelle eindeutig und direkt zugeordnet werden können.

g) Variable Kosten verhalten sich beschäftigungsabhängig, d.h. sie steigen degressiv, proportional oder stufenweise, wenn die Beschäftigung steigt.

h) Eine Kapazitätsausweitung durch Investitionen ist im Allgemeinen mit Normalkosten verbunden; die Kostenkurve weist an der bisherigen Kapazitätsgrenze einen Knick auf.

i) Bei rückläufiger Beschäftigung sinken die Kosten nicht in dem Maße, wie sie bei zunehmender Beschäftigung steigen; dieser Sachverhalt hat seinen Grund in der Zahlungsunwirksamkeit der Kosten.

Aufgabe 10: *Kostengrößen*

In einem Unternehmen wird der betriebliche Leistungserstellungsprozess durch folgende Gesamtkostenfunktion beschrieben:

$K = 800 + 1,5 \, M$ [GE]

a) Handelt es sich bei dem vorgegebenen Kostenverlauf um einen proportionalen, degressiven oder progressiven Verlauf?

b) Die Kapazität des Betriebes liegt bei 500 Mengeneinheiten. Ermitteln Sie folgende Kostengrößen bei Ausnutzung der Betriebskapazität:

 - Gesamtkosten
 - Variable Gesamtkosten
 - Fixe Gesamtkosten
 - Gesamte Stückkosten
 - Variable Sückkosten
 - Fixe Stückkosten

c) Durch Rationalisierungsmaßnahmen gelingt es dem Unternehmen, den Prozess der betrieblichen Leistungserstellung zu verbessern. Wenn mehr als 200 Mengeneinheiten erstellt werden, ist es möglich, alle Mengeneinheiten kostengünstiger zu produzieren. Es ergibt sich dadurch folgende neue Gesamtkostenfunktion:

K = 800 + 1,5 M   [GE]   für $0 \leq M \leq 200$
K = 800 + 1,2 M   [GE]   für $201 \leq M \leq 500$

Welche Kostengröße ist durch die Rationalisierungsmaßnahmen beeinflusst worden und in welcher Weise ändern sich die unter b) ermittelten Größen bei einem Beschäftigungsgrad von 100%?

Aufgabe 11: *Beschäftigung und Kosten*

Ein Beratungsunternehmen verrechnet seine Kosten auf der Basis der geleisteten Stunden. Die Beratungsleistung wird von einem Stamm freier Mitarbeiter erbracht, die je geleistete Stunde 75 € erhalten. In jeder Rechnungsperiode fallen außerdem 120.000 € fixe Kosten an. Ohne Beeinträchtigung der hohen Beratungsqualität können maximal 2.400 Stunden in einer Periode geleistet werden.

a) Berechnen Sie die variablen Kosten, die Gesamtkosten sowie die Stückkosten für eine Beschäftigung von 400, 800, 1.200, 1.600, 2.000 und 2.400 Stunden.

b) Wegen mehrerer anstehender Aufträge erscheint eine Kapazitätsausweitung unausweichlich. Für zusätzliche Mietbüros, einen fest angestellten Mitarbeiter, DV-Ausstattung etc. steigen die Fixkosten je Rechnungsperiode um voraussichtlich 90.000 €. Die Kapazität steigt dadurch auf maximal 4.200 Stunden. Ermitteln Sie die variablen Kosten, die Gesamtkosten und die Stückkosten nach erfolgter Kapazitätserweiterung bei 2.800, 3.500 und 4.200 Beratungsstunden.

c) Ein halbes Jahr nach der Kapazitätserweiterung brechen die Aufträge aufgrund der schlechten Konjunktur ein, und die verkaufte Beratungsleistung geht zunächst auf 2.400 Stunden, dann sogar auf 2.000 Stunden je Periode zurück. Zeigen Sie anhand der vorliegenden Zahlen die Remanenz der Kosten auf.

d) Erklären Sie anhand der Daten gemäß b), dass auch fixe Kosten letztlich beeinflussbar sind, und erläutern Sie in diesem Zusammenhang die Bedeutung der Kündigungsfristen von Mietverträgen und Arbeitsverhältnissen.

e) Anstelle der Kapazitätserweiterung gemäß b) wird überlegt, die über die Kapazitätsgrenze von 2.400 Stunden hinausgehende Beratungsleistung durch Unteraufträge an fremde Consultants zu vergeben. Allerdings sind je Periode nur bis zu 400 zusätzliche Beratungsstunden zu 125 € und darüber hinaus bis zu 1.400 Stunden zu dann 140 € verfügbar. Wie stellen sich bei dieser Alternative die variablen Kosten, die Gesamtkosten und die Stückkosten bei einer Beschäftigung von 2.800, 3.500 und 4.200 Beratungsstunden dar?

f) Formulieren Sie zunächst für die Situation unter a) eine Kostenfunktion K(x), die die Höhe der Gesamtkosten K in Abhängigkeit von der Beschäftigung x (in Stunden) beschreibt. Geben Sie anschließend eine Kostenfunktion an, die die Angaben gemäß a) und b) berücksichtigt. Welche Kostenfunktion beschreibt schließlich die kombinierte Situation gemäß a) und e)?

g) Berechnen Sie die Grenzkosten in den Fällen a) (bis 2.400 Stunden), b) (bis 2.400 und von 2.401 bis 4.200 Stunden) und e) (bis 2.400 Stunden, von 2.401 bis 2.800 Stunden und von 2.801 bis 4.200 Stunden).

h) Die Kostenkurven gemäß f) verlaufen in Teilbereichen linear. Weisen Sie das anhand der Grenzkosten nach.

i) Angenommen, es können 2.800, 3.500 oder 4.200 Beratungsstunden/Periode zu jeweils 135 € verkauft werden. Sprechen Sie in diesem Fall eine Empfehlung aus, wenn die Kapazität entweder gemäß b) oder gemäß e) erweitert werden kann. Erläutern Sie, ob Ihre Empfehlung an eine Annahme oder Bedingung geknüpft ist.

j) Berechnen Sie, wie viele Stunden Beratungsleistung erbracht werden müssen, damit bei einem Beschäftigungsrückgang nach erfolgter Kapazitätsausweitung gemäß b) ein so hoher Gewinn erzielt wird wie in der Ausgangssituation gemäß a) bei Vollauslastung.

Aufgabe 12: *Umsatzmaximum, Gewinnmaximum und Break-Even-Punkt bei linearem Gesamtkostenverlauf*

Die Metall-GmbH ist als einzige Unternehmung in der Lage, Verschleißteile für die Recyclingindustrie zu schmieden statt sie zu gießen. Somit kann sie für diesen Spezialbereich als Monopolistin angesehen werden. In der kommenden Planungsperiode möge folgende Kostenfunktion gelten:

$K(M) = 10.000 + 500\,M$ [GE]

Die Metall-GmbH hat folgende Preis-Absatz-Funktion ermittelt:

$p(M) = 2.000 - 10\,M$ [GE/ME]

a) Ermitteln Sie die umsatzmaximale Menge, den umsatzmaximalen Preis und die Höhe des Umsatzmaximums.

b) Ermitteln Sie die gewinnmaximale Menge, den gewinnmaximalen Preis und die Höhe des Gewinnmaximums.

c) Errechnen Sie den Break-Even-Punkt (Gewinnschwelle). Wo liegt die Gewinngrenze?

d) Bestimmen Sie die langfristige und die kurzfristige Preisuntergrenze für M = 100 ME.

Aufgabe 13: *Umsatzmaximum, Gewinnmaximum und Preisuntergrenze bei s-förmigem Gesamtkostenverlauf*

Ein Monopolist arbeitet mit folgender Gesamtkostenfunktion für ein Produkt:

$K(M) = 0{,}04\, M^3 - 3\, M^2 + 180\, M + 2.000$ [GE]

Die Unternehmung sieht sich folgender Nachfragesituation gegenüber. Der Prohibitivpreis, also der Preis, bei dem die Kunden die Nachfrage einstellen, weil der Preis zu hoch ist, beträgt 440 GE. Die Sättigungsmenge liegt bei 220 ME. Um eine ME mehr absetzen zu können, muss der Preis für alle Mengeneinheiten um jeweils 2 GE gesenkt werden. Die Kapazitätsgrenze liegt bei 250 ME.

a) Ermitteln Sie die Preis-Absatz-Funktion, die Umsatzfunktion und die Grenzumsatzfunktion.

b) Bestimmen Sie die umsatzmaximale Menge, den umsatzmaximalen Preis und die Höhe des Umsatzmaximums.

c) Ermitteln Sie die gewinnmaximale Menge, den gewinnmaximalen Preis und die Höhe des Gewinnmaximums.

d) Bestimmen Sie die langfristige und die kurzfristige Preisuntergrenze für M = 40 ME.

1.3. Kostenrechnungssysteme und -prinzipien

Aufgabe 14: *Kostenrechnungssysteme (I)*

Einige der folgenden Aussagen treffen zu, andere nicht. Haken Sie die zutreffenden Aussagen ab, und korrigieren Sie die unzutreffenden Aussagen nach folgendem Muster:

Nach dem Zeitbezug der Kosten werden Ist-, /~~Vollkosten~~-/ und Plankostenrechnung unterschieden.	*Normal-*

a) Eine wirkungsvolle Kostenkontrolle ist mit der Istkostenrechnung wegen fehlender geeigneter Vergleichsmaßstäbe bzw. Vorgabegrößen nicht möglich.

b) In der Istkostenrechnung werden Abschreibungen nach der tatsächlichen Nutzungsdauer berechnet.

c) Um zufällige Kostenschwankungen zu vermeiden, werden in der Istkostenrechnung sporadisch anfallende Kostenbeträge wie Urlaubsgeld und Versicherungsprämien auf den letzten Monat des Jahres verbucht.

d) Die Plankostenrechnung basiert auf den Durchschnittsdaten vergangener Rechnungsperioden, die zur Verbesserung der Aussagefähigkeit der Kostenrechnung an erwartete Mengen- und Preisänderungen angepasst werden.

e) In der Normalkostenrechnung werden z.B. für den Zeitraum eines Jahres gleichbleibende Kalkulationssätze gebildet; mit ihrer Hilfe lassen sich Kostenschwankungen wie in der laufenden Istkostenrechnung ausgleichen und sinnvolle (Vor-) Kalkulationen erstellen.

f) Erfolgt die laufende Kostenabrechnung mit gleichbleibenden Normalkostensätzen, können sich Unterschiede zwischen den verrechneten Kosten und den erfassten Istkosten ergeben.

g) Im Rahmen der Normalkostenrechnung wird zwischen einer flexiblen und einer starren Rechnung unterschieden, je nachdem, ob primäre und sekundäre Kosten getrennt verrechnet werden oder nicht.

h) Die Kostenkontrolle erfolgt in der flexiblen Plankostenrechnung in Form eines Vergleichs der Plankosten mit den Istkosten.

i) In der Normalkostenrechnung werden stets auch die fixen Kosten auf die Kostenträger verrechnet.

j) Die Teilkostenrechnung weist als Differenz aus Erlös und variablen Kosten den Liquiditätsüberschuss aus; sie wird deshalb auch als Finanzplanung bezeichnet.

k) In der Teilkostenrechnung ergibt die Differenz aus Deckungsbeitrag und Teilkosten das Betriebsergebnis.

l) Zur Lösung von Planungs-, Entscheidungs- bzw. Dispositionsaufgaben empfiehlt sich der Einsatz der Teilkostenrechnung auf Istkostenbasis.

m) In der betrieblichen Praxis hat sich die Normalkostenkalkulation neben der Plankostenkalkulation behaupten können, weil sie insbesondere bei

Auftragsfertigung Anhaltswerte für vollkostendeckende Absatzpreise liefert.

n) Häufig können Teil- und Vollkostenrechnung bei Einsatz von DV-Anwendungsprogrammen mit vertretbarem Aufwand parallel betrieben werden.

o) Bei einem Stückpreis von 12,50 € und Stückkosten von 6,80 € beträgt der Stückdeckungsbeitrag 5,70 €.

p) Einen wesentlichen Mangel der herkömmlichen Formen der Kostenrechnung auf Voll- und Teilkostenbasis sehen Kritiker in der unzureichenden Berücksichtigung der immer stärker ansteigenden Materialkosten.

q) Der Fokus der herkömmlichen Form der Kostenrechnung liegt in den so genannten direkten Leistungsbereichen.

r) Die Plankostenrechnung will auch die indirekten Leistungsbereiche (planende, steuernde Abteilungen) betrachten, Kostentransparenz schaffen und die dort anfallenden Gemeinkosten auf der Basis von Mengengrößen verrechnen.

s) Ein Prozesskostensatz von 95 €/Bestellvorgang sagt aus, dass eine einzelne Bestellung im Durchschnitt diesen Betrag an Kosten hervorruft; darin sind die Fixkosten der Kostenstelle Einkauf noch nicht enthalten.

t) Aufgrund der wachsenden Bedeutung der indirekten Bereiche wird die Prozesskostenrechnung die traditionelle Form der Kostenrechnung in vielen Unternehmen ersetzen.

Aufgabe 15: *Kostenrechnungssysteme (II)*

Erläutern Sie die wesentlichen Merkmale der Istkostenrechnung, der Normalkostenrechnung und der Plankostenrechnung, und stellen Sie jeweils die Vorteile und Nachteile heraus.

Aufgabe 16: *Kostenrechnungsprinzipien (I)*

Einige der folgenden Aussagen treffen zu, andere nicht. Haken Sie die zutreffenden Aussagen ab, und korrigieren Sie die unzutreffenden Aussagen nach folgendem Muster:

Die Kostenrechnung muss außer den ausgabewirksamen auch die kalkulatorischen Kosten berücksichtigen (Prinzip der ~~Wirtschaftlichkeit~~).	*Vollständigkeit*

a) Wird der Rechnungsbetrag für die Fremdreinigung der Büros nach Maßgabe der gereinigten Fläche verteilt, so wird das Durchschnittsprinzip angewendet.

b) Werden die Material- und Lohnkosten einem Kundenauftrag eindeutig aufgrund von Belegen zugerechnet, so spricht man von der Anwendung des Kostentragfähigkeitsprinzips.

c) Das Verursachungsprinzip wird für die Kostenrechnung abgelehnt, da die danach verrechneten Kosten nicht als Grundlage betrieblicher Entscheidungen geeignet sind.

d) Das Durchschnittsprinzip setzt einen kausalen Zusammenhang zwischen Kostenträger und Kostenhöhe voraus.

e) In einer Teilkostenrechnung kommen stets auch das Durchschnitts- bzw. Tragfähigkeitsprinzip zum Einsatz, da sich ansonsten die Fixkosten nicht auf die einzelnen Kostenträgereinheiten verrechnen lassen.

f) Wird die Fertigungszeit als Grundlage der Verteilung von fertigungsbezogenen Fixkosten verwendet, entspricht dieses Vorgehen dem Verursachungsprinzip.

g) Die gesamten Stückkosten ein und desselben Produkts können schon aufgrund der Verwendung unterschiedlicher Prinzipien der Kostenverrechnung differieren.

h) Zur Erfassung und Verrechnung von Kostenbeträgen soll man zunächst prüfen, ob das Durchschnittsprinzip anwendbar ist. Ist das nicht der Fall, kommen alternativ das Verursachungsprinzip und - falls auch dieses nicht greift - das Kostentragfähigkeitsprinzip in Betracht.

i) Letztlich lassen sich nur variable Kosten einer einzelnen Produkteinheit verursachungsgerecht zurechnen, nicht jedoch fixe Kosten.

j) Die Kosten- und Leistungsrechnung ist eine periodenbezogene Rechnung. Geplant und budgetiert wird in der Regel quartalsweise, die Abrechnung und der Soll-Ist-Vergleich erfolgen zum Jahresende. Dabei sollte die Strukturierung der Kosten kontinuierlich beibehalten werden.

k) Das Bemühen um eine detaillierte Kostenrechnung findet seine Grenze in der geforderten Wirtschaftlichkeit der Kostenrechnung daselbst.

Aufgabe 17: *Kostenrechnungsprinzipien (II)*

Nachfolgende Aufstellung zeigt die Produktionsmenge (= Absatzmenge), die Verkaufspreise, die Einzelkosten je Stück sowie die Maschinenzeit für drei Erzeugnisse A, B und C. Die den Erzeugnissen nicht direkt zurechenbaren Gemeinkosten betragen 8.430 €; sie sind im Wesentlichen auf den Einsatz von Maschinen zurückzuführen.

Berechnen Sie innerhalb der Tabelle je Erzeugnisart die gesamten Kosten und das Gesamtergebnis sowie das Stückergebnis auf der Basis von Vollkosten. Die Gemeinkosten sind mit Hilfe des Durchschnittsprinzips nach einer geeigneten Maßgröße zu verteilen.

Produktart		A	B	C	Gesamt
Menge	Stück	350	400	170	-
Verkaufspreis	€/Stk.	12,50	25,00	13,80	-
Einzelkosten	€/Stk.	4,28	5,23	3,69	-
Maschinenzeit	Min./Stk.	2	4	3	-
Maschinenzeit ges.	Minuten				
Umsatz	€				
Einzelkosten	€				
Gemeinkosten	€				
Kosten gesamt	€				
Ergebnis	€				
Stückergebnis	€/Stk.				

Aufgabe 18: *Kostenrechnungsprinzipien und -systeme*

Ein Betrieb produziert und verkauft die Artikel A, B, C und D, die sich im Wesentlichen hinsichtlich des Gewichts des eingesetzten Materials unterscheiden. Für eine Rechnungsperiode liegen die fixen Kosten bei 27.000 €. Außerdem sind folgende Daten bekannt:

Artikel	Menge (Stück)	Materialkosten (€/Stk.)	Lohnkosten (€/Stk.)	Verkaufspreis (€/Stk.)	Materialeinsatz (kg/Stk.)
A	1.500	6,00	2,00	14,00	3,0
B	2.000	5,00	1,00	10,00	2,5
C	2.500	4,00	1,00	10,00	2,0
D	1.000	5,00	6,00	14,50	2,5

a) Ermitteln Sie die Stückkosten der vier Artikel, wenn Sie sich strikt an das Verursachungsprinzip halten. Berechnen Sie anschließend den Erfolgsbeitrag der einzelnen Artikel sowie das Gesamtergebnis in einer Deckungsbeitragsrechnung.

b) Unterstellen Sie, dass die betrieblichen Kapazitäten von den einzelnen Artikeln jeweils in gleicher Höhe belastet werden. Berechnen Sie deshalb die vollen Stückkosten der vier Artikel, indem Sie die Fixkosten nach den Stückzahlen als Schlüsselgröße verteilen (Durchschnittsprinzip).

c) Berechnen Sie die vollen Stückkosten der vier Artikel, indem Sie die Fixkosten nach dem Materialeinsatz als Schlüsselgröße verteilen (Durchschnittsprinzip).

d) Wie c), jedoch mit den Materialkosten als Schlüsselgröße. Vergleichen Sie Ihre Lösung mit der unter c) und erklären Sie den Zusammenhang. Erläutern Sie, warum man auch in diesem Fall von der Anwendung des Durchschnittsprinzips sprechen kann, obwohl eine Wertgröße die Verteilungsbasis bildet.

e) Unterstellen Sie, dass die variablen Stückkosten ein guter Maßstab für die Beanspruchung der betrieblichen Kapazitäten sind. Berechnen Sie deshalb die vollen Stückkosten der vier Artikel, indem Sie die Fixkosten nach den variablen Kosten als Schlüsselgröße verteilen.

Berechnen Sie anschließend das Ergebnis der einzelnen Artikel und das Gesamtbetriebsergebnis in einer Vollkostenrechnung.

f) Ermitteln Sie die vollen Stückkosten der vier Artikel, indem Sie die Fixkosten nach den Verkaufspreisen bzw. Umsätzen als Schlüsselgröße verteilen (Tragfähigkeitsprinzip).

Berechnen Sie anschließend das Ergebnis der einzelnen Artikel und das Gesamtbetriebsergebnis in einer Vollkostenrechnung.

g) Wie f), jedoch mit einer Verteilung der Fixkosten nach den Deckungsbeiträgen als Verteilungsbasis. Berechnen Sie anschließend das Ergebnis der einzelnen Artikel und das Gesamtbetriebsergebnis in einer Vollkostenrechnung.

h) Beurteilen Sie kritisch die Anwendung der Kostenverrechnungsprinzipien und die Aussagefähigkeit der Ergebnisrechnungen bei Teil- und Vollkostenrechnung, indem Sie Ihre Lösungen gemäß a), e), f) und g) miteinander vergleichen.

2. Vollkostenrechnung und ihre Teilgebiete

2.1. Überblick

Aufgabe 19: *Aussagen zu einem Kostenrechnungssystem*

Einige der folgenden Aussagen treffen zu, andere nicht. Haken Sie die zutreffenden Aussagen ab, und korrigieren Sie die unzutreffenden Aussagen nach folgendem Muster:

Ein vollständiges Kostenrechnungssystem umfasst eine Kostenarten-, eine Kostenstellen- und eine /~~Deckungsbeitrags~~/rechnung.	*Kostenträger*
a) Üblicherweise werden die Primärkosten direkt auf die Kostenträger kalkuliert; bisweilen werden sie auch hilfsweise als Verrechnungsbasis oder zu Informationszwecken in die Kostenstellenrechnung übernommen.	
b) Die Primärkosten werden als Grundkosten unverändert aus den Vorsystemen (FiBu und Nebenbuchhaltungen) übernommen oder als Endkosten in der Kostenrechnung erzeugt.	
c) Zu den Einzelkosten rechnen u.a. Gehälter und kalkulatorische Abschreibungen. Sofern diese Kosten einzelnen Kostenstellen direkt und eindeutig zugeordnet werden können, tragen sie auch die Bezeichnung Kostenstelleneinzelkosten.	
d) Um die auf Kostenstellen erfassten Gemeinkosten auf Kostenträger zu verrechnen, ist es im Rahmen der Kostenträgerrechnung erforderlich, Kostensätze für die Kalkulation zu bilden.	

e) Werden in einer Periode mit Hilfe der Kalkulationssätze zu viel Kosten verrechnet, so entsteht eine Kostenunterdeckung.

f) Kostenüber- und Kostenunterdeckungen werden üblicherweise aus der Kostenstellenrechnung direkt als Korrekturposten in die Betriebsergebnisrechnung geschleust.

g) Eine Kostenüberdeckung hat zur Folge, dass das tatsächliche Betriebsergebnis niedriger ist als das zunächst auf der Basis der Kalkulationssätze ermittelte Betriebsergebnis.

h) Die Kostenträgerzeitrechnung weist die Einzel- und Gemeinkosten der Kostenträger für eine Periode aus; werden zusätzlich die Erträge berücksichtigt, entsteht aus der Kostenträgerzeitrechnung die Betriebsergebnisrechnung.

2.2. Kostenartenrechnung

Aufgabe 20: *Aussagen zu Aufgaben der Kostenartenrechnung und zur Kostenartengliederung*

Einige der folgenden Aussagen treffen zu, andere nicht. Haken Sie die zutreffenden Aussagen ab, und korrigieren Sie die unzutreffenden Aussagen nach folgendem Muster:

Im Rahmen der /~~sachlichen~~/ Abgrenzung werden unregelmäßig oder einmalig anfallende Kostenbeträge eines Jahres zeitanteilig auf die Abrechnungsperioden, z.B. Monate, verteilt.	*zeitlichen*

a) In einem Jahr fallen voraussichtlich folgende Beträge für Urlaubsgeld an: Januar 220, März 300, Juli 400, August 430, Dezember 160, übrige Monate je 50. Dann beträgt der zeitlich verteilte Betrag bei gleichmäßiger Verteilung 175 pro Monat.

b) Anhand der Kostenartenrechnung lässt sich die Entwicklung z.B. des Personalkostenanteils und des Verwaltungskostenanteils an den Gesamtkosten im Zeitablauf verfolgen.

c) Ein Betriebsvergleich anhand der Kostenartenstruktur wird u.a. dann verzerrt, wenn die Vergleichsunternehmen eine andere Rechtsform aufweisen.

d) Um das Betriebsergebnis einer Periode festzustellen, genügt es, die über alle Kostenarten summierten Kosten der Periode von den gesamten Einnahmen abzusetzen; damit ist auch eine Aussage über die Erfolgsquellen möglich.

e) Sofern ein Unternehmen keine Kostenstellen- und Kostenträgerrechnung einsetzt, enthält die Kostenrechnung nur Einzelkosten.

f) Kostenarten werden zu Kostenartengruppen, Kostenartengruppen zu Hauptgruppen und Kontenklassen zu Kostenarten zusammengefasst.

g) Kostenarten werden meist numerisch verschlüsselt; dabei beschreibt die letzte Ziffer in der Regel die Kontenklasse.

h) Kostenarten sollten so gebildet werden, dass gleiche Verbrauchsgüter stets unter derselben Kostenarten-Nummer erfasst werden, unabhängig davon, wer die Kontierung zu welchem Zeitpunkt vornimmt.

i) Mischkostenarten wie „Sonstige Kosten" erleichtern spürbar die Kontierung; sie sollten vom Kontierenden dann herangezogen werden, wenn eine Zuordnung zu einer anderen Kostenart zu mühsam erscheint.

Aufgabe 21: *Aussagen zu Materialkosten*

Einige der folgenden Aussagen treffen zu, andere nicht. Haken Sie die zutreffenden Aussagen ab, und korrigieren Sie die unzutreffenden Aussagen nach folgendem Muster:

| Kleinteile und Befestigungsmaterialien sowie Materialien, die für den betrieblichen Leistungsprozess erforderlich sind, werden als /~~Roh~~-/ und Betriebsstoffe bezeichnet. | *Hilfs-* |

a) Die Materialkosten ergeben sich als Produkt aus Einkaufsmenge und Preis.

b) Im Rahmen der Zugangsmethode wird unterstellt, dass alle Zugänge einer Rechnungsperiode in derselben Periode verkauft werden.

c) Nach der Inventurmethode ergibt sich für einen Periodenanfangsbestand von 50, Zugänge von 170 und einen Endbestand von 35 ein Periodenverbrauch von 155.

d) Die retrograde Methode schreibt den Bestand fort; danach ergibt sich der Verbrauch als die Summe der erfassten Entnahmen.

e) Die Skontrationsrechnung setzt genaue Kenntnisse über den Materialverbrauch je Produkteinheit voraus; dieser ist z.B. in Rezepturen oder Stücklisten niedergelegt.

f) Für die laufende Anwendung in der Kostenrechnung kommt die Zugangsmethode nicht in Frage, da sie im Allgemeinen nur jahresbezogene Verbrauchsangaben ermöglicht.

g) Die Differenz der Verbräuche nach Inventurmethode und Skontrationsmethode beschreibt den außerordentlichen Verbrauch.

h) Die retrograde Methode ist für Kostenrechnungszwecke weniger geeignet, da sie weder eine Aussage über den Verwendungsort noch über den Verwendungszweck des verbrauchten Materials erlaubt.

i) Wenn sich zu Periodenbeginn bereits Aufträge in Arbeit befinden und am Periodenende alle Aufträge abgeschlossen sind, kann die Skontrationsmethode einen kleineren Verbrauch als die retrograde Methode liefern.

j) Istpreise werden auf der Basis der Einstandspreise fortgeschrieben. Der Einstandspreis einer Materiallieferung umfasst Preisminderungen wie Rabatte, jedoch keine Bezugsnebenkosten.

k) Beträgt der Einstandspreis einer Materiallieferung 23,80 € je Stück und liegt der Zieleinkaufswert bei 28.000 € für eine Nettoliefermenge von 1.200 Stück, so betragen - Zahlung auf Ziel vorausgesetzt - die Bezugsnebenkosten insgesamt 675 €.

l) Istpreise können als Durchschnitts- oder Verbrauchsfolgepreise gebildet werden; erstere spielen in der Kostenrechnung keine Rolle.

m) Periodische Durchschnittspreise sind für die Kostenrechnung besser geeignet als gleitende Durchschnittspreise, da sie nur einmal am Ende einer Rechnungsperiode gebildet werden.

n) In der Kostenrechnung wird häufig mit festen Verrechnungspreisen auch für das Material gearbeitet; deshalb entstehen im Vergleich zu den effektiven Einstandspreisen regelmäßig Umwertungsdifferenzen, die in der Ergebnisrechnung als Korrekturposten auszuweisen sind.

Aufgabe 22: *Ermittlung des Materialverbrauchs*

Eine Unternehmung stellt im Oktober 30 ME des Produktes A und 40 ME des Produktes B her. Zur Produktion einer ME des Produktes A werden 20 kg eines Rohstoffes benötigt, für Produkt B benötigt man dagegen von dem Rohstoff nur 12 kg/ME. Das Rohstofflager zeigt im Oktober folgende Entwicklung.

05.10.	Anfangsbestand	200 kg
10.10.	Zugang	400 kg
15.10.	Abgang	500 kg
18.10.	Zugang	250 kg
22.10.	Zugang	300 kg
23.10.	Abgang	300 kg
25.10.	Zugang	100 kg
28.10.	Abgang	300 kg
31.10.	Endbestand	120 kg

Berechnen Sie den Rohstoffverbrauch nach der Befundrechnung (Inventurmethode), nach der retrograden Methode und nach der Fortschreibungsmethode (Materialentnahmescheine). Diskutieren Sie anschließend die Ergebnisdifferenzen.

Aufgabe 23: *Materialverbrauch und Materialkosten*

Die Maschinenfabrik Kress hat im vergangenen Jahr 72 Kappsägen des Typs Schneidfix fertiggestellt. Zu Beginn des Jahres befand sich noch keine dieser Kappsägen in der Fertigung. Jede Kappsäge besteht unter anderem aus 7 Lichtschranken zur Steuerung der Holzzufuhr und des Kappvorgangs, die nur beim Typ Schneidfix verwendet werden. Vom Kundendienst wurden insgesamt 5 Lichtschranken als Ersatzteilbedarf für schon bei den Kunden eingesetzte Maschinen entnommen. In der Materialabrechnung werden die Lichtschranken mit einem festen Verrechnungspreis von 45,00 € bewertet. Die Lagerbestandsführung weist folgende Sachverhalte nach.

		Menge	Preis
01.01.	Anfangsbestand	220	45,00 €
13.01.	Abgang	140	
14.02.	Zugang	300	42,20 €
15.03.	Abgang	140	
09.04.	Abgang	210	
21.04.	Zugang	200	46,70 €
14.06.	Abgang	35	
17.09.	Abgang	5	
31.12.	Endbestand laut Inventur	182	45,00 €

a) Ermitteln Sie den mengen- und wertmäßigen Gesamtverbrauch an Lichtschranken einschließlich außerordentlichem Verbrauch, bewertet zu Verrechnungspreisen.

b) Wie hoch ist der mengen- und wertmäßige Verbrauch gemäß Bestandsfortschreibung, bewertet zu Verrechnungspreisen?

c) Berechnen Sie den auf die fertiggestellten Holzbearbeitungsmaschinen entfallenden Verbrauch nach Menge und Wert gemäß Rückrechnung, bewertet zu Verrechnungspreisen.

d) Wie hoch ist der auf die noch in Arbeit befindlichen Holzbearbeitungsmaschinen entfallende mengen- und wertmäßige Verbrauch, bewertet zu Verrechnungspreisen?

e) Ermitteln Sie die mengen- und wertmäßige Inventurdifferenz, bewertet zu Verrechnungspreisen.

f) Berechnen Sie die Bezugspreisabweichungen. Erklären Sie, welchen Einfluss diese Abweichungen auf die Höhe des effektiven Betriebsergebnisses im Vergleich zum Betriebsergebnis zu Verrechnungspreisen haben. Gehen Sie dabei davon aus, dass die Bezugspreisabweichungen in der Periode der Entstehung vollständig ergebniswirksam ausgewiesen werden.

g) Angenommen, der Verrechnungspreis der Lichtschranke wird zum 31.12. auf 46,50 € angehoben. Welche Auswirkung hat die Bestandsumwertung auf das effektive Betriebsergebnis?

h) Berechnen Sie die Materialkosten und den Wert des Endbestands mit Hilfe des periodischen Durchschnittspreises (auf zwei Nachkommastellen gerundet).

i) Berechnen Sie die Materialkosten und den Wert des Endbestands bei Anwendung des gleitenden Durchschnittspreises. Runden Sie die Durchschnittspreise und arbeiten Sie mit den gerundeten Preisen weiter.

j) Verproben Sie Ihr Ergebnis gemäß i) anhand der so genannten Lagerkontinuitätsbeziehung, nach der gilt:

Anfangsbestand + Zugänge = Endbestand + Abgänge

Aufgabe 24: *Ermittlung der Materialkosten*

Ermitteln Sie die Durchschnittspreise pro ME zum 10.04., 20.04. und 30.04. eines Jahres nach der Methode der rollenden Durchschnittspreise, wenn folgende Lagerbestandsentwicklung vorliegt.

01.04.	Anfangsbestand	30 ME im Gesamtwert von	390 €
04.04.	Abgang	10 ME	
09.04.	Zugang	20 ME im Gesamtwert von	300 €
11.04.	Abgang	15 ME	
13.04.	Abgang	15 ME	
18.04.	Zugang	30 ME im Gesamtwert von	380 €
25.04.	Zugang	30 ME im Gesamtwert von	460 €

Beurteilen Sie die Methode der rollenden Durchschnittspreise im Hinblick auf die Ermittlung des Betriebsergebnisses, die Kontrolle der Wirtschaftlichkeit und die Entscheidungsunterstützungsfunktion (z.B. zur Ermittlung von Preisuntergrenzen).

Aufgabe 25: *Materialverbrauch/Materialkosten*

Eine Unternehmung stellt im November eines Jahres 20 ME des Produktes A und 30 ME des Produktes B her. Zur Produktion einer ME des Produktes A werden 10 kg eines Rohstoffs benötigt, für Produkt B benötigt man dagegen 15 kg/ME. Das Rohstofflager zeigt im November des Jahres folgende Entwicklung.

01.11.	Anfangsbestand	200 kg im Gesamtwert von	2.000 €
08.11.	Zugang	400 kg im Gesamtwert von	4.300 €
15.11.	Abgang	200 kg	
21.11.	Zugang	400 kg im Gesamtwert von	4.520 €
23.11.	Abgang	200 kg	
26.11.	Zugang	100 kg im Gesamtwert von	1.230 €
27.11.	Abgang	260 kg	
30.11.	Endbestand	420 kg	

a) Berechnen Sie den Rohstoffverbrauch nach der Befundrechnung (Inventurmethode), nach der retrograden Methode und nach der Fortschreibungsmethode.

b) Ermitteln Sie die Durchschnittspreise pro kg zum 09.11., 22.11. und 28.11. des Jahres nach der Methode der rollenden (= gleitenden) Durchschnittspreise.

c) Mit welchem bewerteten Verbrauch geht der Rohstoff in die Betriebsergebnisrechnung des Monats November ein, wenn die Methode der rollenden Durchschnittspreise angewendet wird? Welchen Wert hat der Bestand dann am 30. November?

d) Mit welchem bewerteten Verbrauch geht der Rohstoff in die Betriebsergebnisrechnung des Monats November ein, wenn das gewogene Durchschnittspreisverfahren angewendet wird? Welchen Wert hat der Bestand dann am 30. November?

Aufgabe 26: *Bewertung des Materialverbrauchs*

Zur Bestimmung der Materialkosten wird der mengenmäßige Verbrauch mit dem Preis multipliziert. Erläutern Sie, mit welchem

Preisansatz der Materialverbrauch bewertet werden sollte, wenn a) die Dokumentationsfunktion, b) die Kontrollfunktion und c) die Entscheidungsunterstützungsfunktion der Kostenrechnung im Vordergrund steht.

Aufgabe 27: *Bewertung eines Einbauteils*

Einem Unternehmen liegen für ein bestimmtes Einbauteil am 30. Juli folgende Preisinformationen vor.

- Der effektive Anschaffungspreis am 20. Juli betrug 560 €.
- Der konstante Verrechnungspreis beläuft sich seit fast einem Jahr auf 600 €.
- Der Tagespreis beläuft sich auf 630 €.

Das Unternehmen beabsichtigt, solche Einbauteile erst im Juli des nächsten Jahres wieder zu beschaffen, da damit gerechnet wird, dass der Preis dann um 10% niedriger sein wird als der Tagespreis.

Das Einbauteil wird in ein Produkt eingebaut, dessen Preisuntergrenze zu berechnen ist. Welcher Preis ist bei der Bewertung des Einbauteils anzusetzen? Begründen Sie Ihre Aussage.

Aufgabe 28: *Energiekosten*

Die Stromkosten eines Industriebetriebes betrugen im abgelaufenen Geschäftsjahr (01.01. bis 31.12.) 456.440 €. Davon entfielen laut Sondervereinbarung mit dem Energieversorger 75.000 € auf eine verbrauchsunabhängige Grund- und Bereitstellungsgebühr, der Rest auf Stromverbrauch zu 128 € je Megawattstunde (MWh). Unter Berücksichtigung der zum Jahresbeginn wirksam werdenden Verteuerung der Grundgebühr und des Verbrauchspreises um 5% bei voraussichtlich gleichbleibender Verbrauchsmenge wird für das nächste Jahr eine monatliche Abschlagszahlung in Höhe eines Zwölftels des Gesamtbetrages fällig. Die Abrechnung erfolgt zum Jahresende auf der Basis des Ablesewertes für den Stromverbrauch in der zentralen Stromversorgungsstelle des Betriebes. Der Löwenanteil des Stromes wurde in der Produktion benötigt, nämlich 2.370 MWh. Davon entfielen laut Zähler zwei Drittel auf die Werkstatt „Thermische Vorbehandlung", der Rest zu gleichen Teilen auf die Werkstätten „Einzelteilbearbeitung" und „Montage". Der restliche Stromverbrauch ist auf die Beheizung und Beleuchtung der Gebäude sowie auf die Außenbeleuchtung zurückzuführen. Die gleich großen Werkstätten befinden sich in einer Produktionshalle von 750 qm Nutzfläche; das Verwaltungsgebäude umfasst insgesamt 400 qm Nutzfläche. Für beide Gebäude dauert die Heizperiode üblicherweise rund 5.000 Stunden pro Jahr; dabei beträgt der durchschnittliche Heizwert 100 W je Stunde und qm. Die gesamte Nutzfläche wird an 250 Jahresarbeitstagen mit 10 W je Stunde und qm beleuchtet, wobei die mittlere Leuchtdauer bei 10 Stunden pro Tag liegt. Die Außenbeleuchtung zieht jährlich 6,25 MWh Strom.

a) Berechnen Sie den Stromverbrauch des abgelaufenen Geschäftsjahres.

b) Verteilen Sie zunächst den Stromverbrauch und die reinen Verbrauchskosten auf die Verbrauchsarten Produktionsstrom, Beheizungsstrom und Beleuchtungsstrom. Verteilen Sie anschließend auch anteilig die Grundgebühr.

c) Verteilen Sie den Stromverbrauch auf die Produktionshalle, das Verwaltungsgebäude und die Außenanlagen, und zwar sowohl ohne als auch mit anteiliger Grundgebühr.

d) Erläutern Sie, welche der Energiekosten Sie als variabel ansehen und welche als fix. Kriterium der Aufteilung soll die Abhängigkeit der Energiekosten von der Beschäftigung (z.B. Produktionsmenge) sein.

e) Ermitteln Sie den Betrag, den der Industriebetrieb im nächsten Jahr monatlich als Abschlag an den Energieversorger zahlen muss.

f) Berechnen Sie, welchen Betrag der Kostenrechner im nächsten Jahr monatlich als Energiekosten ansetzt, wenn die Produktion gleichmäßig über das Jahr verteilt ist (gleichmäßige Betriebsauslastung).

g) Der Energieverbrauch für die Produktion der Werkstätten ist vollständig variabel. Die Produktion liegt in den Monaten März bis August um 25% über dem Niveau der übrigen Monate, jedoch ist die Gesamtproduktion des Jahres mit der Vorjahresproduktion identisch (ungleichmäßige Betriebsauslastung).

Verteilen Sie unter diesen Voraussetzungen die Energiekosten auf die einzelnen Monate des Jahres.

h) Der Energieverbrauch für die Produktion der Werkstätten ist vollständig variabel, und die Produktion liegt in den Monaten März bis August um 25% über dem Niveau der übrigen Monate; das höhere Produktionsniveau dieser Monate stellt jedoch eine Mengensteigerung gegenüber dem Vorjahr dar.

Welche Energiekosten wird der Kostenrechner unter diesen Voraussetzungen auf die einzelnen Monate des Jahres verrechnen?

Aufgabe 29: *Aussagen zu Personalkosten*

Einige der folgenden Aussagen treffen zu, andere nicht. Haken Sie die zutreffenden Aussagen ab, und korrigieren Sie die unzutreffenden Aussagen nach folgendem Muster:

Die Personalzusatzkosten beruhen auf gesetzlichen und tariflichen Regelungen. Sie umfassen auch /die Ausbildungsvergütungen/.	*freiwillige Bestandteile*

a) Zuschläge für Überstunden und Samstagsarbeit sowie Zulagen für Erschwernisse (z.B. Lärmbelastung) rechnen zu den Personalzusatzkosten.

b) Fertigungslöhne fallen für am Produkt erbrachte Leistungen an, die einen unmittelbaren Arbeitsfortschritt bewirken. Sie werden als Gemeinkosten auf Kostenstellen verrechnet.

c) Tätigkeiten, die nur eine geringe Vorbildung erfordern, werden üblicherweise mit Hilfslöhnen entgolten.

d) Je nach der Verbuchung der Löhne wird zwischen Leistungslöhnen und Zeitlöhnen unterschieden.

e) Bei Leistungslöhnen verhält sich die Lohnhöhe im Allgemeinen proportional zur Leistungsmenge (in Stück bzw. Anwesenheitsstunden). Je nach Berechnungsbasis spricht man auch von Geld- und Zeitakkord.

f) Für die Erfassung und Verrechnung der Personalzusatzkosten ist es unerheblich, ob sie auf gesetzliche, tarifliche oder freiwillige Regelungen zurückgehen.

g) Die Gehaltsnebenkosten sind in der Regel geringer als die Lohnnebenkosten. Dies ist wesentlich darin begründet, dass Angestellte weniger oft krank sind als Arbeiter.

h) Die verschiedenen Personalzusatzkosten können artenweise erfasst und zeitlich gleichmäßig verteilt werden. Eine Alternative dazu besteht in der kalkulatorischen Verrechnung der Zusatzkosten als Zuschlag auf die Personalbasiskosten.

i) Eine Senkung der Arbeitgeberbeiträge zu den Zweigen der Sozialversicherung um 20% gegenüber dem aktuellen Status bewirkt eine Verringerung der Personalzusatzkosten um den gleichen Prozentsatz.

j) Der kalkulatorische Unternehmerlohn muss in Kapitalgesellschaften als fiktives Entgelt für die Gesellschafter angesetzt werden. Er stellt Zusatzkosten dar.

k) Der kalkulatorische Unternehmerlohn sollte sich an der Vergütung orientieren, die der geschäftsführende Inhaber anderswo aufgrund seiner Ausbildung erzielen würde.

l) Die sonstigen Personalkosten können sowohl primäre als auch sekundäre Kosten beinhalten.

Aufgabe 30: *Personalkosten*

Die Peter Müller OHG ist im Leichtmetallbau tätig. Für das laufende Jahr sind die Personalkosten zu bestimmen. Der Werktagekalender des Jahres weist 250 Arbeitstage (montags bis freitags) aus; darin sind die 10 Feiertage, die auf Werktage fallen, nicht mehr enthalten. An Wochenenden wird nicht gearbeitet. Die tägliche Arbeitszeit beträgt 7,5 Stunden. Der Tarifvertrag sieht für alle Arbeitnehmer jeweils 30 Urlaubstage vor; für diese Zeit wird ein zusätzliches Urlaubsgeld in Höhe von 40% des Lohns bzw. Gehalts gezahlt.

Das kleine Unternehmen beschäftigt 25 Mitarbeiter als Fertigungslöhner im Leistungslohn. Der durchschnittliche Leistungsgrad der Leistungslöhner lag im vergangenen Jahr bei 125%; im laufenden Jahr erwartet man denselben Leistungsgrad. Die Leistungslöhner erhalten im Zeitakkord eine Vergütung von durchschnittlich 23,20 € je Vorgabestunde. Aufgrund verbesserter Arbeitsschutzmaßnahmen hofft man, die mittlere krankheitsbedingte Fehlzeit von 13 Tagen aus dem Vorjahr um einen Tag reduzieren zu können. Bei Krankheit erhalten die Leistungslöhner 80% Lohnfortzahlung, bezogen auf das übliche Arbeitsentgelt.

Im Unternehmen arbeiten ferner 5 Mitarbeiter als Hilfslöhner im Zeitlohn zu einem Stundensatz von 22,40 €. Im Hinblick auf die Lohnfortzahlung im Krankheitsfall gelten die Regelungen wie bei den Leistungslöhnern, jedoch ist wie im Vorjahr mit einer mittleren Fehlzeit von 15 Tagen zu rechnen.

Die beiden Angestellten erhalten ein festes Gehalt in Höhe von monatlich 5.500 € bzw. 6.700 €. Es werden 12 krankheitsbedingte Fehltage je Angestelltem erwartet. Anders als bei den Arbeitern beträgt die Gehaltsfortzahlung in diesem Fall 100%.

Alle Mitarbeiter erhalten ein 13. Monatseinkommen, das auf der Basis des regelmäßigen Arbeitsentgelts (ohne Abschläge wegen evtl. Krankheit) berechnet wird. Außerdem sparen alle Mitarbeiter 78 € je Monat im Rahmen der Vermögensbildung an; zwei Drittel dieses Betrages werden vom Arbeitgeber aufgebracht. Die Arbeitgeberbeiträge zu den Zweigen der Sozialversicherung betragen 20% der Bezugsbasis. Die Beiträge zur Berufsgenossenschaft werden mit 2% auf die Grund- und Soziallöhne bzw. mit 0,5% auf die Gehälter erhoben. Das Unternehmen entrichtet eine Schwerbehindertenausgleichsabgabe von monatlich 200 € je unbesetztem Schwerbehindertenplatz. Derzeit werden keine Schwerbeschädigten beschäftigt; aufgrund der Beschäftigtenzahl wären zwei Schwerbehinderte einzustellen.

Peter Müller nimmt die Geschäftsführung selbst wahr. Noch vor fünf Jahren war er bei einem namhaften Automobilbauer als Diplom-Ingenieur beschäftigt und erzielte ein Jahreseinkommen von 104.000 € brutto. Seither sind die Einkommen um 3% jährlich gestiegen. Zuletzt veröffentlichte das Manager Magazin eine Studie mit aktuellen Geschäftsführergehältern (einschließlich aller Nebenvergütungen und -kosten) in der verarbeitenden Industrie; sie lagen jährlich bei 230.000 € in Unternehmen ab 20 bis zu 50 Mitarbeitern. Die Ehefrau von Peter Müller führt seit dem Ausscheiden der Bilanzbuchhalterin unentgeltlich die Geschäftsbücher. Allerdings werden einige Abschlussarbeiten seither vom Steuerberater übernommen, sodass die Nettoentlastung bei einer halben Stelle liegt. Die Bilanzbuchhalterin verursachte jährlich 96.000 € Personalkosten einschließlich Personalzusatzkosten.

a) Ermitteln Sie in einer geordneten Aufstellung die Basiskosten und die Zusatzkosten je Mitarbeiter sowie die gesamten Personalkosten getrennt für Leistungslöhner, Hilfslöhner und Angestellte.

b) Erläutern Sie, wie die Personalzusatzkosten in der monatlichen Kostenrechnung abgerechnet werden sollten.

c) Zeigen Sie, dass die Personalzusatzkosten der Angestellten prozentual mit denen der Arbeiter vergleichbar sind, wenn die Entgeltanteile für Ausfallzeiten von den Basis- in die Zusatzkosten umgebucht werden.

d) Erläutern Sie, in welcher Höhe kalkulatorische Unternehmerlöhne anzusetzen sind.

Aufgabe 31: *Aussagen zu kalkulatorischen Abschreibungen*

Einige der folgenden Aussagen treffen zu, andere nicht. Haken Sie die zutreffenden Aussagen ab, und korrigieren Sie die unzutreffenden Aussagen nach folgendem Muster:

Kalkulatorische Abschreibungen erfassen die Wertminderung langlebiger Betriebsmittel; darunter sind u.a. /~~Grundstücke~~/, maschinelle Anlagen, Betriebsausstattung sowie immaterielle Anlagewerte wie Lizenzen zu verstehen.	*Gebäude*
a) Die Totalkapazität eines Betriebsmittels bezeichnet das Gesamtnutzungspotenzial, d.h. die Summe aller Nutzungseinheiten zum Jahresbeginn.	
b) Kalkulatorische Abschreibungen erfassen den technisch oder rechtlich bedingten ordentlichen Werteverzehr. Der außerordentliche Werteverzehr wird in der Kostenrechnung nicht berücksichtigt.	
c) Die Höhe der kalkulatorischen Abschreibungen ist abhängig vom zugrunde liegenden Kostenrechnungssystem, von der Abschreibungsbasis und von der Nutzungsdauer.	

d) Die Methode der linearen Abschreibung erfasst insbesondere den Gebrauchsverschleiß.

e) Die Leistungsabschreibung dient der Erfassung des Gebrauchsverschleißes. Sie bietet sich nur an, wenn die Leistungsinanspruchnahme periodisch ohne große Mühe gemessen werden kann.

f) Der Ausgangswert für die Berechnung der kalkulatorischen Abschreibungen ist wie in der Finanzbuchhaltung der Wiederbeschaffungswert.

g) Der Wiederbeschaffungswert (WBW) im engeren Sinne ist der Preis, der ohne Anschaffungsnebenkosten am Ende der Nutzungsdauer für die Wiederbeschaffung eines funktionsgleichen Anlagegutes zu zahlen ist. In der betrieblichen Praxis wird ausnahmsweise anstelle dieses Betrages der sogenannte Tageswert als WBW im weiteren Sinne eingesetzt.

h) Der WBW entspricht den Anschaffungskosten dividiert durch den Preisindex im Basisjahr - das sind 100,0% - und multipliziert mit dem Preisindex im laufenden Jahr.

i) Der Anschaffungswert einer DV-Anlage betrug 37.000 €. Der WBW-Index ist von 98,0% im Anschaffungsjahr auf 93,1% im laufenden Jahr gesunken. Dann liegt der aktuelle Wiederbeschaffungswert bei 38.947,37 €.

j) Kalkulatorische Abschreibungen werden nicht mehr verrechnet, wenn die Summe der Abschreibungen den Anschaffungswert schon übersteigt oder die betriebsgewöhnliche Nutzungsdauer überschritten ist.

k) Bei der kalkulatorischen Abschreibung mit Nachholung entspricht die Summe der kalkulatorischen Abschreibungen dem Wiederbeschaffungswert am Ende der steuerlichen Abschreibungsdauer, sodass die Substanzerhaltung unter Berücksichtigung der Verteuerung gesichert erscheint.

Aufgabe 32: *Kalkulatorische Abschreibungen*

Ein Reiseveranstalter erwirbt einen Reisebus zum Preis von 530.000 €, den er fünf Jahre nutzen möchte. In seiner Kalkulation geht er davon aus, dass er den Bus nach fünf Jahren zu 50.000 € verkaufen kann und dann für die Ersatzbeschaffung 600.000 € zu zahlen hat. Mit der Kalkulation seiner Abschreibungen möchte der Reiseveranstalter dafür Sorge tragen, den Bus in fünf Jahren ersetzen zu können. Er geht von folgenden gefahrenen Kilometern in den Jahren 1 bis 5 aus: 100.000 km, 200.000 km, 240.000 km, 300.000 km und 260.000 km.

Berechnen Sie die monatlichen Abschreibungen nach folgenden Methoden:

a) lineare Abschreibung

b) geometrisch-degressive Abschreibung auf den Liquidationserlös

c) arithmetisch-degressive (digitale) Abschreibung

d) leistungsabhängige Abschreibung

Aufgabe 33: *Kombination von Abschreibungsmethoden*

Eine Unternehmung kauft eine Maschine für 1,6 Mio. €. Sie kalkuliert damit, dass die Maschine eine Nutzungsdauer von acht Jahren hat und in dieser Zeit mithilfe der Maschine 1 Mio. ME eines Produktes produziert werden können.

Für die bilanziellen Abschreibungen wählt man die degressive Abschreibung mit einem Abschreibungsprozentsatz von 20%. Nach drei Jahren wird auf die lineare Abschreibung übergegangen.

Kostenrechnerisch entschließt man sich zu folgendem Abschreibungsverfahren: 55% werden in jedem Jahr leistungsabhängig abgeschrieben, der Rest digital.

Am Ende des vierten Jahres hat die Maschine insgesamt 600.000 ME produziert. Bestimmen Sie den bilanziellen und den kostenrechnerischen Restbuchwert der Maschine nach vier Jahren.

Aufgabe 34: *Kalkulatorische Abschreibungen mit Nachholung*

Ermitteln Sie im folgenden Tableau die jährlichen kalkulatorischen Abschreibungen einer Maschine mit Nachholung, sodass die gesamten Abschreibungen über die betriebsgewöhnliche Nutzungsdauer von sechs Jahren dem Wiederbeschaffungswert nach sechs Jahren entsprechen. Unterstellen Sie dabei die lineare Abschreibung.

Der Anschaffungswert der Maschine zu Beginn des Jahres 1 beträgt 138.000 €. Die Indizes zur Berechnung der Wiederbeschaffungswerte (WBW) sind dem Tableau zu entnehmen.

Jahr	WBW-Index	Wiederbeschaffungswert	Kumulierte Abschreibung	Abschreib. des laufenden Jahres
1	1,1500			
2	1,1775			
3	1,2250			
4	1,2700			
5	1,3000			
6	1,3500			

Aufgabe 35: *Abschreibungen in Finanzbuchhaltung und Kostenrechnung*

Eine Apotheke verfügt seit Anfang Juli des Jahres 03 über ein automatisiertes Arzneischranksystem, das mit den umliegenden Arztpraxen online verbunden ist. Es gewährleistet nicht nur die aktuelle Bestandsverwaltung, sondern stellt die von den Ärzten verschriebenen Medikamente und Heilmittel bei Bedarf kundenbezogen unmittelbar am Verkaufstresen zur Abholung zur Verfügung.

Der Listenpreis des Arzneischranksystems lag bei 438.000 €. Der Lieferant gewährte auf diesen Preis einen Treuerabatt von 15%. Der Inhaber der Apotheke zog außerdem 2% Skonto, da er innerhalb von acht Tagen zahlte. Schließlich fielen für den Einbau des Schranksystems netto 35.146 € an; dieser Betrag ist weder rabatt- noch skontofähig. Die amtlichen AfA-Tabellen sehen für derartige Einrichtungen eine Nutzungsdauer von 8 Jahren vor. Das bisherige, manuell bediente Arzneiregal wurde erst nach 19 Jahren ersetzt. Aufgrund des hohen DV-Anteils an der Investition rechnet der Apotheker jedoch nur mit einer 12-jährigen Nutzung, die nach Branchenerfahrungen der betriebsgewöhnlichen Nutzungsdauer derartiger Apothekeneinrichtungen entspricht. Die Verteuerung wird durch folgende Wiederbeschaffungswert-Faktoren für Apothekeneinrichtungen beschrieben:

Jahr	01	02	03	04
WBW-Faktor	0,9875	1,0000	1,0272	1,0584
Jahr	05	06	07	08
WBW-Faktor	1,0772	1,1250	1,1745	1,1934

a) Erstellen Sie den vollständigen Abschreibungsplan der Finanzbuchhaltung bei linearer Abschreibung. Berechnen Sie dabei die Abschreibung des ersten Jahres zeitanteilig unter Berücksichtigung des unterjährigen Anschaffungszeitpunktes.

b) Berechnen Sie den Abschreibungsplan der Finanzbuchhaltung bei degressiver Abschreibung mit einem Abschreibungssatz von 20% auf den jeweiligen Restbuchwert. Berücksichtigen Sie wegen der Anschaffung in der zweiten Jahreshälfte für das Anschaffungsjahr die halbe Jahresabschreibung, und wechseln Sie in dem Jahr auf die lineare Methode, in dem die lineare Abschreibung erstmals höher ist als die degressive Abschreibung.

c) Berechnen Sie die kalkulatorischen Abschreibungen für die Jahre 03 bis 08 auf der Basis der Wiederbeschaffungswerte.

d) Berechnen Sie die kalkulatorischen Abschreibungen der Jahre 03 bis 08 einschließlich Nachholung.

e) Berechnen Sie die Verteuerung in Prozent, die sich vom Jahr 03 auf das Jahr 08 anhand der WBW-Faktoren insgesamt ergibt.

f) Ermitteln Sie ausgehend von den Daten der obigen Indexreihe die WBW-Faktoren für die Jahre 07 und 08, wenn die Indexreihe im Jahre 06 erneut normiert wird, d.h. wenn für dieses Jahr der WBW-Faktor auf 1,0000 gestellt wird.

g) Erläutern Sie, ob und ggf. wie sich die kalkulatorischen Abschreibungen der Jahre 07 und 08 gemäß c) ändern, wenn die WBW-Indexreihe im Jahre 06 gemäß f) normiert wird.

h) Für die Anlagengruppe „DV-Geräte" werden in den Jahren 03 bis 08 die WBW-Faktoren 0,9772, 0,9538, 0,9418, 0,9225, 0,9170 und 0,9077 ausgewiesen. Erläutern Sie die Problematik, die sich unter Umständen im vorliegenden Fall aus der Unterschiedlichkeit der WBW-Indexreihen für „Apothekeneinrichtungen" und „DV-Geräte" ergibt.

Aufgabe 36: *Kalkulatorische Abschreibungen und Zinsen*

In einem Unternehmen wurde Anfang des Jahres 05 eine Maschine für 200.000 € angeschafft. Als Nutzungsdauer wurden 10 Jahre angenommen. Ermitteln Sie die linearen Abschreibungen und die kalkulatorischen Zinsen für die Jahre 08 bis 10 auf der Grundlage des Wiederbeschaffungswertes am Bewertungsstichtag, also des Tageswertes. Verwenden Sie dabei die in der unten stehenden Tabelle aufgeführten Preisindizes, die für Maschinen dieser Art gültig sein sollen. Die Unternehmung rechnet mit einem Kalkulationszinsfuß von 6% und ermittelt die kalkulatorischen Zinsen nach der Methode der Durchschnittsverzinsung.

Jahr	03	04	05	...	08	09	10
Index	100	102	105	...	117	120	125

Aufgabe 37: *Aussagen zu kalkulatorischen Zinsen*

Einige der folgenden Aussagen treffen zu, andere nicht. Haken Sie die zutreffenden Aussagen ab, und korrigieren Sie die unzutreffenden Aussagen nach folgendem Muster:

Während als Aufwand in der Finanzbuchhaltung nur Zinsen auf Fremdkapital berücksichtigt werden dürfen, wird in der Kostenrechnung das in den betrieblichen Vermögensgegenständen gebundene /~~Eigenkapital~~/ kalkulatorisch verzinst.	*betriebsnotwendige Kapital*

a) Die kalkulatorischen Zinsen entsprechen dem Quotienten aus betriebsnotwendigem Kapital und Kalkulationszinssatz.

b) Das betriebsnotwendige Kapital wird aus dem Vermögen abgeleitet; nicht betriebsnotwendige Vermögensbestandteile werden ausgegliedert.

c) Das nicht abnutzbare Anlagevermögen wird mit den halben Anschaffungskosten in das betriebsnotwendige Vermögen eingerechnet.

d) Die Kapitalbindung eines abnutzbaren Anlagegutes steigt im Zeitablauf durch die über den Marktpreis verdienten Abschreibungen.

e) Beträgt der Anschaffungswert einer Maschine 456.000 €, so wird nach der Durchschnittsmethode eine mittlere Kapitalbindung von 228.000 € angenommen.

f) Nach der Restwertmethode bleiben die kalkulatorischen Zinsen des abnutzbaren betriebsfremden Anlagevermögens während der Nutzungsdauer unverändert.

g) Sowohl das nicht abnutzbare Anlagevermögen als auch das Umlaufvermögen werden mit dem vollen Anschaffungs- bzw. Herstellungswert in das betriebsnotwendige Vermögen einbezogen; für das Umlaufvermögen wird bei unterjährigen Schwankungen ein Jahresdurchschnitt gebildet.

h) Zum so genannten Abzugskapital rechnen geleistete Anzahlungen, Lieferantenkredite und Rücklagen. Sie sind jedoch nur dann vom betriebsnotwendigen Vermögen abzusetzen, wenn sie tatsächlich zinsfrei sind.

i) Der Kalkulationszinssatz orientiert sich am Geldmarktzinssatz; gebräuchlich sind Sätze zwischen 7% und 12%.

Aufgabe 38: *Kalkulatorische Zinsen (I)*

Aus der letzten Schlussbilanz eines Unternehmens sind folgende Buchwerte zu entnehmen: Bebaute Grundstücke 1.364.000 € (davon Grund und Boden 600.000 €), Maschinen 877.000 € und Vorräte 423.000 €. Der Anlagespiegel weist für das bebaute Grundstück 336.000 € und für die Maschinen 773.000 € kumulierte Abschreibungen aus. Im laufenden Geschäftsjahr betragen die Abschreibungen auf das bebaute Grundstück 48.000 € und auf die Maschinen 174.000 €.

Außerdem wird Anfang Januar des laufenden Geschäftsjahres ein neuer Betriebs-LKW zu 420.000 € angeschafft. Die Abschreibungen werden in diesem Jahr bei 80.000 € liegen. Mit dem Händler wurde eine Inzahlungnahme dieses LKW nach Ablauf von drei Jahren zu 180.000 € vereinbart.

Da das Unternehmen saisongebundene Produkte herstellt, schwanken die Vorräte unterjährig erheblich. Für das laufende Jahr wird mit einer Entwicklung der Vorräte von 423.000 € am 01.01. über 328.000 € am 31.03, 271.000 € am 30.06. und 354.000 € am 30.09. bis zu 424.000 € am Jahresultimo gerechnet.

Schließlich ist sonstiges betriebsnotwendiges Umlaufvermögen in Höhe von 275.000 € zu berücksichtigen.

Aus einer separaten Aufstellung der Buchhaltung zum Vorjahr ist zu entnehmen, dass der durchschnittliche Wert der erhaltenen Anzahlungen 60.000 €, der Lieferantenverbindlichkeiten 150.000 € und der Rückstellungen 90.000 € betrug. Auch für das laufende Geschäftsjahr kann mit diesen Größenordnungen gerechnet werden.

a) Ermitteln Sie in einer geordneten Aufstellung das gesamte betriebsnotwendige Vermögen. Beim abnutzbaren Anlagevermögen ist die Durchschnittsmethode anzuwenden.

b) Wie a), jedoch ist die Kapitalbindung des abnutzbaren Anlagevermögens nach der Restwertmethode bezogen auf einen Jahresmittelwert zu bestimmen.

c) Erklären Sie, warum die Restwertmethode im vorliegenden Fall zu einem höheren Betrag für das betriebsnotwendige Vermögen führt als die Durchschnittsmethode.

d) Beschreiben Sie, welche Voraussetzung erfüllt sein muss, damit die Restwertmethode im Zeitablauf zu der aus kostenrechnerischer Sicht erwünschten gleichmäßigen Belastung des abnutzbaren Anlagevermögens mit kalkulatorischen Zinsen führt.

e) Berechnen Sie das betriebsnotwendige Kapital nach den Aufgabenteilen a) und b) sowohl ohne als auch mit Berücksichtigung des Abzugskapitals, also für insgesamt vier Fälle, und die entsprechenden kalkulatorischen Zinsen je Monat. Der Kalkulationszinssatz beträgt 12%.

f) Abzugskapital ist dem Unternehmen zinslos zur Verfügung stehendes Kapital. Argumentieren Sie, aus welchen Gründen erhaltene Anzahlungen, Lieferantenkredite und Rückstellungen nicht ohne weiteres als zinsloses Fremdkapital angesehen werden können.

Aufgabe 39: *Kalkulatorische Zinsen (II)*

Ein Hotel verfügt über eine Spülmaschine, die einen kalkulatorischen Restwert von 40.000 € hat. Die Restnutzungsdauer beträgt vier Jahre. Berechnen Sie die jährlichen kalkulatorischen Zinsen (Zinssatz 6%) mit der Methode der Durchschnittsverzinsung und mit der Methode der Restwertverzinsung; als Restwert ist dabei der durchschnittliche Wert aus den Werten am Jahresbeginn und am Jahresende anzusetzen. Die lineare Abschreibung sei unterstellt.

Aufgabe 40: *Bestimmung des Kalkulationszinsfußes*

Aus den Daten der Anlagebuchhaltung ergibt sich, dass im Betrieb im Laufe des Jahres ein betriebsnotwendiges Kapital von 1.610.000 € gebunden ist. Hierfür wurden 1.150.000 € Fremdkapital aufgenommen. Im nächsten Jahr sind 85.100 € an Fremdkapitalzinsen zu bezahlen.

Als Opportunitätskostensatz wird ein Zinssatz von 6% unterstellt, da davon ausgegangen wird, dass liquide Mittel zu diesem Zinssatz angelegt werden können.

a) Erarbeiten Sie einen Vorschlag für die Höhe des Kalkulationszinsfußes, mit dem kalkulatorische Zinsen verrechnet werden können.

b) Diskutieren Sie das Problem, das sich bei einem Zeitvergleich über mehrere Jahre ergibt.

Aufgabe 41: *Kalkulatorische Miete*

Eine Versicherung hat ein Gebäude mit 2.000 m² Bürofläche angemietet, obwohl sie nur 1.500 m² selber nutzen will. Die verbleibenden 500 m² wollte die Versicherung vermieten, aber der potenzielle Mieter hat in letzter Sekunde abgesagt, weil er für ihn günstiger gelegene Bürofläche gefunden hat. Der monatliche Mietpreis beträgt 40 €/m².

Erläutern Sie, wie der Anteil von 20.000 €, der aus der nicht genutzten und kurzfristig auch nicht vermietbaren Bürofläche resultiert, kostenmäßig zu behandeln ist.

Aufgabe 42: *Einzelwagniskosten*

Der Peter Sparsam OHG liegen folgende Aufzeichnungen der vergangenen vier Jahre über effektiv eingetretene Verluste aus Einzelrisiken vor.

- Danach entwickelten sich bei den Roh-, Hilfs- und Betriebsstoffen sowie unfertigen und fertigen Erzeugnissen die Verluste von 13.420 über 18.700 und 9.830 hin zu 12.050 €. Der durchschnittliche Lagerbestandswert lag in diesem Zeitraum bei 900.000 €.

- Im Anlagevermögen traten risikobedingte Verluste in Höhe von 24.350, 8.930, 37.250 und 15.970 € ein. Der Wiederbeschaffungswert des Anlagevermögens stieg in diesem Zeitraum kontinuierlich von 4.000.000 über 4.220.000 und 4.430.000 auf 4.650.000 € an.

- Im Fertigungsbereich wurden die Ausschusswagnisse, gemessen als Verluste in Prozent der Fertigungskosten, kontinuierlich von 1,3% über 1,2% und 1,1% bis auf 1,0% reduziert.

- Auch bei den Verlusten aus Gewährleistungen konnten aufgrund der Maßnahmen zur Qualitätssicherung deutliche Verbesserungen erzielt werden. Die Verluste stagnierten in diesem Zeitraum bei rund 80.000 €, obwohl der Umsatz von 28.000.000 € vor vier Jahren inzwischen um insgesamt 4.000.000 € zum letzten Jahr gesteigert werden konnte.

- Die Verluste aus vertriebsseitig gewährten Kulanzleistungen werden seit jeher mit 0,2% des Umsatzes budgetiert. Es ist jedoch bekannt, dass das gewährte flexible Budget regelmäßig um ein Viertel überschritten wurde, was jetzt in den kalkulatorischen Kosten berücksichtigt werden soll.

- Hinsichtlich des Vertriebswagnisses wurde festgestellt, dass sich die Verluste mit der Höhe des Forderungsbestandes verändern. Auf einen Forderungsbestand von durchschnittlich 4.200.000 € vor vier Jahren entfielen 0,2%, auf durchschnittlich 4.100.000 € vor drei und zwei Jahren jeweils 11.840 € und auf durchschnittlich 3.600.000 € im vergangenen Jahr 0,22% Forderungsausfälle.

Im laufenden Jahr rechnet die OHG mit folgenden Beträgen bzw. Veränderungen.

Aufgrund der schleppenden Konjunktur wird mit einem stagnierenden Umsatz von 32.000.000 € gerechnet; gleichzeitig wird der durchschnittliche Forderungsbestand auf 3.920.000 € ansteigen.

Durch logistische Verbesserungen sollen die Lagerbestände auf jahresdurchschnittlich 700.000 € gedrückt werden.

Im laufenden Jahr sollen keine Nettoinvestitionen getätigt werden; der Wiederbeschaffungswert des Anlagevermögens wird deshalb nur verteuerungsbedingt auf rund 4.700.000 € ansteigen.

Die Ausschuss- und Gewährleistungswagnisse sollen durch konsequentes Qualitätsmanagement jeweils um ein Fünftel gegenüber dem Vorjahr reduziert werden. Hinsichtlich der Kulanz wird mit einer ähnlichen Handhabung wie in den zurückliegenden Jahren gerechnet. Die Fertigungskosten sind mit rund 6.550.000 € angesetzt.

a) Berechnen Sie in einer geordneten Aufstellung das Beständewagnis, das Anlagewagnis, das Ausschusswagnis, das Gewährleistungswagnis, das Kulanzwagnis und das Vertriebswagnis des laufenden Jahres.

b) Erklären Sie rechnerisch die Veränderungen gegenüber der Lösung zu a), falls aufgrund einer strengen Deckelung die Kulanzleistungen auf die Hälfte des bisher beobachteten wertmäßigen Anteils am Umsatz reduziert werden.

c) Beschreiben Sie die Veränderungen gegenüber der Lösung zu a), falls durch Abschluss umfassender Vollversicherungen die Schadensverluste des Anlagevermögens vollständig auf den Versicherer übertragen werden. Würden Sie im vorliegenden Fall den Abschluss einer solchen Versicherung zu einer Jahresprämie von 20.000 € empfehlen?

Aufgabe 43: *Diverse Kostenarten*

Einige der folgenden Aussagen treffen zu, andere nicht. Haken Sie die zutreffenden Aussagen ab, und korrigieren Sie die unzutreffenden Aussagen nach folgendem Muster:

Instandhaltungskosten sind von besonderer Bedeutung in /~~personalintensiven Dienstleistungsbetrieben~~/. Sie fallen an für Inspektion, Wartung und Instandsetzung.	*betriebsmittelintensiven Industriebetrieben*
a) Die Instandhaltungskosten werden häufig aufgrund von Erfahrungswerten mit Hilfe von branchen- und betriebsmittelspezifischen Instandhaltungsfaktoren als Prozentsatz vom Wiederbeschaffungswert berechnet.	
b) Der Anteil der Fremdleistungen für Instandhaltung lag in den vergangenen Jahren bei rund 25%. Für eine Anlage, die vor drei Jahren (WBW-Index 1,0850) zu 125.000 € beschafft wurde und deren jährlicher Instandhaltungsfaktor bei 1,8% vom WBW liegt, sind demnach im laufenden Jahr (WBW-Index 1,1284) die Fremdleistungskosten für Instandhaltung in Höhe von 327 € anzusetzen.	
c) Bei größeren Reparaturen einer Maschine empfiehlt es sich, die effektiven Beträge für Material, Fremdleistungen und Leistungen eigener Instandhaltungsabteilungen auf die Kostenstelle des Standorts der Maschine zu verbuchen. Dadurch können die Instandhaltungskosten maßnahmen- und objektbezogen kontrolliert werden.	

d) Substanzsteuern belasten den Bestand der Produktionsfaktoren (die „Substanz") unabhängig davon, ob damit ein Erfolg erzielt werden kann. Werden solche Steuern erhoben, so sind sie keinesfalls als Kostensteuern zu berücksichtigen.

e) Die Umsatzsteuer stellt als „durchlaufender Posten" keine Kosten dar; sie ist aber als letzte Position in die Kalkulation des Auszeichnungspreises der Waren im Einzelhandel einzubeziehen.

f) Verbrauchsteuern wie Mineralöl-, Tabak- und Biersteuer werden bei den Herstellern bzw. Vertreibern erhoben; sie fließen als Kostenbestandteil in die Kostenrechnung ein.

g) Die Erfolgsteuerarten Körperschaftsteuer und Einkommensteuer sind bisweilen in Planungsrechnungen etwa betreffend die Standortwahl relevant; sie werden in der Kostenrechnung als Kostenposition erfasst.

h) Den Gewerbeertragsteuern wird überwiegend Kostencharakter zugesprochen.

i) Für die Einzelwagnisse und das allgemeine Verlustrisiko des Unternehmers werden Wagniskosten verrechnet.

j) Unter dem Beständewagnis versteht man Verluste aus Risiken an Maschinen und anderen Vermögensgegenständen des Anlagevermögens.

k) Vertriebswagnisse umfassen z.B. Verluste durch Nichtabnahme bestellter Ware und Forderungsausfälle. Sie sind branchen- und konjunkturunabhängig.

2.3. Kostenstellenrechnung

Aufgabe 44: *Betriebsabrechnungsbogen/Umlageverfahren*

Für die Abrechnung eines Hotels liegt Ihnen der BAB mit den Kostenstellen Heizung, Gebäude, Wäscherei, Beherbergung, Verpflegung Küche, Verpflegung Keller und Restaurant vor. Die primären Gemeinkosten sind bereits summiert; sie betragen in der obigen Reihenfolge der Kostenstellen 93.500 €, 66.900 €, 58.490 €, 59.116 €, 73.982 €, 32.000 € und 116.012 €.

Das Umlageverfahren ist von Ihnen zu wählen; es soll einfach anzuwenden sein und vertretbare Ergebnisse liefern. Zur Durchführung der Umlagerechnung stehen Ihnen folgende Informationen zur Verfügung.

- Die Kostenstelle Heizung liefert ca. 750 MWh an die Kostenstelle Gebäude, 25 MWh an die Kostenstelle Wäscherei und 75 MWh an die Kostenstelle Verpflegung Küche.

- In dem Gebäude befinden sich nachfolgende Kostenstellen (in Klammern: Nutzfläche in qm): Heizung (25), Wäscherei (22), Beherbergung (540), Verpflegung Küche (48), Verpflegung Keller (100), Restaurant (120).

- Die Kosten der Kostenstelle Wäscherei werden nach einem separat ermittelten Schlüssel im Verhältnis 67:14:19 auf die Kostenstellen Beherbergung, Verpflegung Küche und Restaurant verrechnet.

Erstellen Sie den BAB mit Umlagen und ermitteln Sie die Endkosten der Kostenstellen. Geben Sie auch die Kostensätze für die Umlage der Hilfskostenstellen an.

Aufgabe 45: *Betriebsabrechnungsbogen mit innerbetrieblicher Leistungsverrechnung*

Der Kostenrechnungsabteilung eines Unternehmens stehen am Ende einer Abrechnungsperiode nach Verteilung der primären Gemeinkosten folgende Daten zur Verfügung:

Kostenstelle	Primäre Gemeinkosten
Hilfskostenstelle Dampferzeugung	50.000 €
Hilfskostenstelle Reparatur	100.000 €
Hauptkostenstelle Fertigung	200.000 €
Hauptkostenstelle Verwaltung/ Vertrieb	150.000 €

Folgende Leistungsbeziehungen bestehen zwischen den einzelnen Kostenstellen:

Leistungsnehmer	Leistungsabgabe der Hilfskostenstellen	
	Dampferzeugung	Reparatur
Dampferzeugung	-	100 h
Reparatur	5.000 cbm	-
Fertigung	47.750 cbm	1.500 h
Verwaltung/Vertrieb	10.000 cbm	400 h

a) Erläutern Sie den Aufbau eines Betriebsabrechnungsbogens (BAB) und beschreiben Sie kurz, welche Aufgaben mit Hilfe eines BABs erfüllt werden können.

b) Ermitteln Sie jeweils mit Hilfe eines Betriebsabrechnungsbogens die gesamten Gemeinkosten der Hauptkostenstellen nach dem Anbauverfahren, dem Stufenleiterverfahren und dem Gleichungsverfahren. Wählen Sie beim Stufenleiterverfahren eine sinnvolle Anordnung der Hilfskostenstellen.

Aufgabe 46: *Umlagerechnung/Gleichungsverfahren (I)*

Die Firma Complex berücksichtigt im Betriebsabrechnungsbogen den Leistungsaustausch der zwei Hilfskostenstellen Fuhrpark und Reparatur. Die Summe der primären Gemeinkosten der Kostenstelle Fuhrpark beträgt 125.000 € und die der Kostenstelle Reparatur 199.200 €.

Insgesamt hat der Fuhrpark laut Tachostand im Abrechnungszeitraum 120.000 km zurückgelegt, davon 24.000 km für die Kostenstelle Reparatur. Die Kostenstelle Reparatur hat 4.680 Stunden geleistet, davon 390 Stunden für die Kostenstelle Fuhrpark.

Berechnen Sie die Verrechnungssätze für die Leistungen der Hilfskostenstellen bei Anwendung des Gleichungsverfahrens.

Aufgabe 47: *Umlagerechnung/Gleichungsverfahren (II)*

Die Firma Complex berücksichtigt im Betriebsabrechnungsbogen den Leistungsaustausch der zwei Hilfskostenstellen Fuhrpark und Reparatur. Die Summe der primären Gemeinkosten der Kostenstelle Fuhrpark beträgt 44.250 € und die der Kostenstelle Reparatur 461.400 €.

Insgesamt hat der Fuhrpark laut Tachostand im Abrechnungszeitraum 183.500 km zurückgelegt, davon 22.000 km für die Kostenstelle Reparatur. Die Kostenstelle Reparatur hat 5.270 Stunden geleistet, davon 120 Stunden für die Kostenstelle Fuhrpark; außerdem entfallen 70 Stunden auf Eigenverbrauch.

Berechnen Sie die Verrechnungssätze für die Leistungen der Hilfskostenstellen bei Anwendung des Gleichungsverfahrens.

Aufgabe 48: *Umlagerechnung/Gleichungsverfahren (III)*

Einem Kleinbetrieb liegen im Plan-BAB für den Monat Mai die Primärkosten sowie für die Umlagerechnung (innerbetriebliche Leistungsverrechnung) die anwesenden Mitarbeiter sowie die Handwerkerstunden vor.

Kostenstelle	Primärkosten (€)	Anwesende Mitarbeiter	Handwerkerstunden
Kantine	23.170	2	70
Handwerker	32.350	4	30
Teilefertigung	398.480	30	200
Montage	242.820	16	300

Im Monat Mai wird an 20 Werktagen gearbeitet.

Während die anwesenden Mitarbeiter der Kantine und die Handwerker regelmäßig zum Mittagessen in die Kantine gehen, beträgt die durchschnittliche Nutzung der Kantine in der Teilefertigung 60% und in der Montage drei Viertel der anwesenden Mitarbeiter. Außerdem ist davon auszugehen, dass im Mai 3.280 Essen an Betriebsexterne ausgegeben werden.

Für die Hauptstellen Teilefertigung und Montage werden im Mai 4.455 bzw. 2.400 Fertigungsstunden zur Produktherstellung angesetzt (= kostenträgerbezogene Leistungen). Außerdem soll ein Mitarbeiter der Teilefertigung 45 Stunden im Rahmen eines innerbetrieblichen Auftrags für die Betriebshandwerker leisten.

a) Vervollständigen Sie das folgende lineare Gleichungssystem, indem Sie die Verrechnungssätze der Kostenstellen mit K (für Kantine), H (für Handwerker), T (für Teilefertigung) und M (für Montage) abkürzen.

Kantine: 4.000 K = 23.170 +   40 K +   70 H +   0 T

Handwerker: .... H = ... + ... K + ... H + ... T

Teilefertig.:   .... T = ... + ... K + ... H + ... T

Montage: .... M = ... + ... K + ... H + ... T

b) Ermitteln Sie die Verrechnungssätze der vier Kostenstellen.

Aufgabe 49: *Innerbetriebliche Leistungsverrechnung und Ermittlung von Zuschlagssätzen*

Ein Unternehmen hat seinen Betrieb in die zwei Hilfskostenstellen Wasserversorgung und Reparaturwerkstatt sowie in die vier Hauptkostenstellen Material, Fertigung, Verwaltung und Vertrieb unterteilt. Die primäre Kostenverrechnung hat bereits stattgefunden. Die primären Gemeinkosten sowie die Leistungsbeziehungen zwischen den Kostenstellen sind der folgenden Tabelle zu entnehmen:

Empfangende Kostenstelle	Primäre Gemeinkosten [€]	Leistungsabgabe	
		Wasserversorgung [cbm]	Reparaturwerkstatt [h]
Wasserversorgung	10.000	-	100
Reparaturwerkstatt	90.100	500	-
Material	200.000	100	1.000
Fertigung	300.000	6.000	2.000
Verwaltung	50.000	200	100
Vertrieb	50.000	200	300

a) Ermitteln Sie die innerbetrieblichen Verrechnungspreise und führen Sie in jeweils einem Betriebsabrechnungsbogen die Sekundärkostenverrechnung (innerbetriebliche Leistungsverrechnung) mit Hilfe des Stufenleiterverfahrens und des Gleichungsverfahrens durch.

b) Die Materialeinzelkosten betragen 1.500.000 € und die Fertigungseinzelkosten 1.000.000 €.

Berechnen Sie zum einen ausgehend vom Betriebsabrechnungsbogen des Stufenleiterverfahrens und zum anderen ausgehend vom Betriebsabrechnungsbogen des Gleichungsverfahrens die Zuschlagssätze für Materialgemeinkosten, Fertigungsgemeinkosten, Verwaltungsgemeinkosten und Vertriebsgemeinkosten.

Aufgabe 50: *BAB/Zuschlagssätze und Über-/Unterdeckungen*

Nach der innerbetrieblichen Leistungsverrechnung ergibt sich der folgende, noch unvollständige BAB eines Unternehmens.

Die Zuschlagsbasis beträgt 500 T€ Fertigungsmaterial im Materialwesen und 120 T€ Fertigungslohn in der Fertigung; für die Kostenstellen Verwaltung und Vertrieb sind die Herstellkosten des Umsatzes als Zuschlagsbasis zu verwenden.

Es ist bekannt, dass in der Periode eine Bestandsminderung in Höhe von 25 T€ bei den unfertigen Erzeugnissen und eine Bestandsmehrung von 22 T€ bei den fertigen Erzeugnissen eingetreten ist.

Vervollständigen Sie den Betriebsabrechnungsbogen. Berechnen Sie anschließend das effektive Betriebsergebnis bei einem Umsatz von 1.221 T€.

Vollkostenrechnung und ihre Teilgebiete 69

(Werte in T€)	Material-wesen	Ferti-gung	Verwal-tung	Vertrieb	Gesamt
Istgemeinkosten	60	318	50	70	498
Zuschlagsbasis					-
Istzuschlagssatz					-
Normalzuschlagssatz	13%	260%	4%	7%	-
Normalgemeinkosten					
Über(+)/Unterdeck. (-)					

Aufgabe 51: *Über-/Unterdeckungen im BAB und Betriebsergebnis*

Aus einer Abrechnungsperiode liegt in Auszügen der Betriebsabrechnungsbogen vor. In der Periode wurde eine Bestandsmehrung für unfertige und fertige Erzeugnisse in Höhe von 99.320 € erzielt. Das Normalbetriebsergebnis liegt bei 25.860 €. Vervollständigen Sie den Betriebsabrechnungsbogen und berechnen Sie das effektive Betriebsergebnis.

(Werte in €)	Material-wesen	Ferti-gung A	Ferti-gung B	Verw./Vertrieb	Gesamt
Istgemeinkosten	19.380	309.500	325.600	86.900	741.380
Zuschlagsbasis		123.800			-
Istzuschlagssatz	5,7%		370%	7,9%	-
Normalzuschlagssatz	6,0%	240%	375%	8,0%	-
Normalgemeinkosten					
Über(+)/Unterdeck. (-)					

2.4. Kostenträgerrechnung/Kalkulation

Aufgabe 52: *Aufgaben der Kostenträgerrechnung*

Nennen Sie fünf Aufgaben der Kostenträgerrechnung.

Aufgabe 53: *Divisionskalkulation*

In einem Unternehmen, das nur ein Produkt herstellt, fallen Materialkosten von 1.500 €/ME an. Die Materialien werden erst lackiert und dann montiert. Die Verwaltungs- und Vertriebskosten belaufen sich zusammen auf 125.000 €. Berechnen Sie die Herstell- und die Selbstkosten pro Stück für die folgenden drei Datensituationen.

a) Für Lackierung und Montage fallen Kosten in Höhe von 250.000 € an. Die gesamte Produktion von 1.000 ME wird abgesetzt.

b) Für Lackierung und Montage fallen Kosten in Höhe von 250.000 € an. Es werden 1.000 ME produziert, aber nur 800 ME des Produktes abgesetzt.

c) Es werden 1.200 ME lackiert. Die Kosten für die Lackierung belaufen sich auf 150.000 €. In der Montage können jedoch nur 1.100 ME bearbeitet werden. Die Löhne in dieser Abteilung belaufen sich auf 187.000 €. Der Absatz beträgt 1.000 ME.

Aufgabe 54: *Mehrstufige Divisionskalkulation*

In einer Ziegelei wurden im abgelaufenen Jahr 65.000 t Rohstoff in der Produktionsstufe I verarbeitet. Die Kosten des Rohstoffs betrugen 120 € je Tonne. Die Fertigungskosten dieser Stufe (Formen,

Pressen, Antrocknen) betrugen 1.200.000 €; es wurden 30 Mio. Ziegel produziert und angetrocknet. 500.000 angetrocknete Ziegel gingen auf ein Zwischenlager.

In der Produktionsstufe II wurden die angetrockneten Ziegel gebrannt. Dabei fielen Kosten von 2.861.500 € an. Durch Rissbildung etc. entstanden 2% Ausschuss. Die Ausschussproduktion konnte zu netto 0,25 €/Stück abgesetzt werden.

Anschließend erhielten die gebrannten Ziegel eine chemische Schutzlasur (Stufe III). Das Ziegelwerk stellt die Lasur selbst her. Der gesamte Prozess einschließlich der Herstellung der Lasur verursachte Kosten von 148.260 €. Bei der Herstellung der Lasur fielen zwangsweise 2.000 Liter eines giftigen Abfallstoffes an, der zu 12,60 €/Liter entsorgt wurde. Die Ziegel wurden unterschiedlich stark lasiert. Dadurch entstanden die Sorten A und B. Die Kosten für die Stufe III verhalten sich zueinander wie die Stärke der Lasur; diese beträgt 0,05 mm bei A und 0,07 mm bei B. Von jeder Sorte wurde gleich viel produziert.

Abschließend wurden die Ziegel zu jeweils 1.000 Stück palettiert und foliert. Für diesen Vorgang entstanden Kosten in Höhe von insgesamt 404.740 €. Außerdem fielen 5,00 €/Palette A für einfarbige Folie bzw. 13,00 €/Palette B für farbig getönte Folie an.

Kalkulieren Sie über alle Stufen hinweg die Herstellkosten jeweils einer Palette der Sorten A und B.

Aufgabe 55: *Einstufige Äquivalenzziffernkalkulation (I)*

Im Hotel Waidmannsheil gibt es drei Zimmerkategorien, die sich hinsichtlich Bettenzahl, Größe und Ausstattung unterscheiden und nur in der Kombination Übernachtung mit Frühstück angeboten werden. Eine detaillierte Kostenanalyse ergab, dass die Kosten je Bett und Übernachtung in der Kategorie Nobel um 50% über denen der Kategorie Classic und immerhin noch um 20% über denen der Kategorie Prestige liegen. Die gesamten Kosten der Beherbergung werden im laufenden Jahr auf 1.213.990 € veranschlagt. Alle weiteren Angaben sind dem beigefügten Lösungstableau zu entnehmen.

Ermitteln Sie anhand des folgenden Lösungsschemas die Äquivalenzziffern der drei Zimmerkategorien sowie die Beherbergungskosten je Übernachtung.

	Nobel	Prestige	Classic	Gesamt
Anzahl Zimmer	6	12	16	-
Betten je Zimmer	2	2	1	-
Öffnungstage pro Jahr	350	350	350	-
Durchschnittl. Belegung	60%	70%	80%	-
Anzahl Übernachtungen				-
Äquivalenzziffer				-
Einheitsmenge				
Kosten gesamt pro Jahr				
Kosten je Übernachtung				

Aufgabe 56: *Einstufige Äquivalenzziffernkalkulation (II)*

Eine Süßwarenfabrik erzeugt vier Sorten Lutscher mit unterschiedlichem Volumen. Es kann davon ausgegangen werden, dass die Kostenentstehung bei den einzelnen Sorten gut durch das jeweilige Lutschervolumen ausgedrückt werden kann. In der folgenden Tabelle sind für die letzte Abrechnungsperiode die Lutschersorten, deren Volumen sowie deren Produktionsmenge aufgeführt.

Lutschersorte	Volumen in cm^3	Produktionsmenge (ME)
A	1,0	200.000
B	0,8	400.000
C	1,4	50.000
D	2,0	100.000

a) Erörtern Sie kurz die Schritte, die bei einer Kalkulation auf der Basis von Äquivalenzziffern durchzuführen sind.

b) In der Abrechnungsperiode sind 39.500 € an Kosten angefallen. Bestimmen Sie auf der Basis der Äquivalenzziffernkalkulation die Kosten je ME für die einzelnen Lutschersorten. Füllen Sie dazu die folgende Tabelle aus.

Sorte	ÄZ	RE	Kosten je ME
A			
B			
C			
D			
Summe			

Aufgabe 57: *Mehrstufige Äquivalenzziffernkalkulation (I)*

In einem Industriebetrieb werden fünf Sorten hergestellt, die in zwei Fertigungsstellen (FS) bearbeitet werden. In der folgenden Tabelle finden Sie die produzierten ME, die Materialeinzelkosten und die Äquivalenzziffern der beiden Fertigungsstellen für jede Sorte.

Sorte	Menge [ME]	MEK [€/ME]	ÄZ FS 1	ÄZ FS 2
A	5.000	5,00	0,6	0,9
B	8.000	6,00	0,8	1,0
C	3.000	6,60	1,0	1,3
D	4.000	7,00	1,2	1,2
E	7.000	10,00	1,3	1,4

An Materialgemeinkosten fallen 5% an. Die Kosten der Fertigungsstelle 1 betragen 78.900 €, die Kosten der Fertigungsstelle 2 liegen bei 77.500 €. An Verwaltungsgemeinkosten sind 5% zu berücksichtigen. Vertriebsgemeinkosten fallen ebenfalls in Höhe von 5% an.

Ermitteln Sie für die einzelnen Sorten die Fertigungskosten, die Herstellkosten und die Selbstkosten pro ME.

Aufgabe 58: *Mehrstufige Äquivalenzziffernkalkulation (II)*

In einem Industriebetrieb werden 4 Sorten hergestellt, die in zwei Fertigungsstellen bearbeitet werden. In der folgenden Tabelle sind die hergestellten Mengeneinheiten (ME), die Materialeinzelkosten pro ME (MEK) und die Äquivalenzziffern (ÄZ) für die beiden Fertigungsstellen (FS) für die 4 Sorten angegeben.

Sorte	Menge [ME]	MEK [€/ME]	ÄZ FS 1	ÄZ FS 2
A	1.000	5,00	0,8	0,7
B	800	6,00	1,0	0,9
C	1.200	9,00	1,2	1,0
D	1.000	7,60	1,3	1,5

Es fallen 5% Materialgemeinkosten an. Die Kosten der Fertigungsstelle 1 betragen 26.040 €, die Kosten der Fertigungsstelle 2 liegen bei 16.480 €. Verwaltungsgemeinkosten und Vertriebsgemeinkosten sind jeweils in Höhe von 10% zu berücksichtigen.

Bestimmen Sie die Fertigungskosten, die Herstellkosten und die Selbstkosten pro ME für jede der Sorten.

Aufgabe 59: *Zuschlags- und Preiskalkulation (I)*

In einem Unternehmen soll ein Auftrag kalkuliert werden, für den die Arbeitsvorbereitung in Verbindung mit dem Einkauf folgende Einzelkosten ermittelt hat:

MEK	300 €
FEK Schlosserei	240 €
FEK Dreherei	180 €
FEK Montage	900 €
Sondereinzelkosten der Fertigung	342 €
Sondereinzelkosten des Vertriebs	280 €

Im Betriebsabrechnungsbogen sind folgende Gemeinkostenzuschlagssätze ermittelt worden:

MGK	20%
FGK Schlosserei	100%
FGK Dreherei	60%
FGK Montage	70%
VwGK	10%
VtGK	10%

Mit Hilfe der folgenden Zuschläge kann der Bruttoangebotspreis bestimmt werden:

Gewinn	25%
Skonto	3%
Rabatt	20%
Mehrwertsteuer	16%

Berechnen Sie in einer tabellarischen Aufstellung die Selbstkosten und den Bruttoangebotspreis.

Aufgabe 60: *Zuschlagskalkulation mit Maschinenkosten*

Für die Zuschlagskalkulation eines elektrischen Gerätes liegen aus den Bereichen Konstruktion, Arbeitsvorbereitung, Einkauf und Betriebsabrechnung folgende Informationen vor.

Der Einsatz an Fertigungsmaterial beträgt 238,00 €/Stück. In der Fertigungsstelle A fallen Löhne in Höhe von 22,00 €/Stück an, in der Fertigungsstelle B Löhne in Höhe von 12,00 €/Stück. Die Sondereinzelkosten des Vertriebs betragen 16,61 €/Stück. Der Kostensatz der Maschine beträgt 90,00 €/Maschinenstunde. Die Maschinenbearbeitungszeit liegt bei 18 Minuten je Gerät.

Die Zuschlagssätze betragen 20% für die Materialgemeinkosten, jeweils 250% für die Fertigungsgemeinkosten der Fertigungsstellen A und B, 5% für die Verwaltungsgemeinkosten und 7% für die Vertriebsgemeinkosten.

Ermitteln Sie die Herstellkosten und die Selbstkosten. Runden Sie in der Kalkulation Zwischenergebnisse auf € und Cent und setzen Sie Ihre Rechnung mit den gerundeten Zwischenergebnissen fort.

Fertigungsmaterial		.... €
Materialgemeinkosten	.... %	.... €
Fertigungslohn in Stelle A		.... €
Fertigungsgemeinkosten in Stelle A	.... %	.... €
Fertigungslohn in Stelle B		.... €
Fertigungsgemeinkosten in Stelle B	.... %	.... €
Maschinenkosten		.... €
Herstellkosten		.... €
Verwaltungsgemeinkosten	.... %	.... €
Vertriebsgemeinkosten	.... %	.... €
Sondereinzelkosten des Vertriebs		.... €
Selbstkosten		.... €

Aufgabe 61: *Kostensatz einer Sonnenbank*

Der Inhaber des Hotels Waidmannsheil hat sich auf einer Fachmesse für Hotelleriebedarf die Sonnenbank des Typs Glühfix ausgesucht, die zur Zeit zu einem Vorzugspreis von 85.000 € einschließlich Nebenkosten für Installation etc. – jedoch ohne Leuchtmittel – angeboten wird.

Die Sonnenbank könnte in einem derzeit nicht benötigten Raum mit 13 qm Fläche untergebracht werden; der monatliche Raumkostensatz beträgt einschließlich Beheizung und Beleuchtung 25 €/qm. Das Modell soll zu 123,10 € pro Jahr gegen Schäden jeder Art versichert werden. Die Hochleistungsleuchtmittel haben eine mittlere Lebensdauer von 60 Betriebsstunden; einen Satz Leuchtmittel hält der Hersteller zu 75,50 € bereit. Die Sonnenbank verbraucht 4 kW je Betriebsstunde; der Strompreis beträgt 0,28 €/kWh. Für den Full-Service-Wartungsvertrag sind pro Jahr 2% vom Wiederbeschaffungswert zu entrichten. Dem Modell wird bei einer Betriebszeit bis zu 500 Stunden pro Jahr eine betriebsgewöhnliche Nutzungsdauer von 5 Jahren zugemessen, die sich bei einer Betriebszeit über 500 bis zu 1.000 Stunden auf 4 Jahre verkürzt. Der Inhaber des Hotels schätzt, dass die Sonnenbank 420 Stunden pro Jahr in Betrieb ist. Der Kalkulationszinssatz beträgt 10%.

Berechnen Sie für den Inhaber des Hotels den Minutensatz in € und Cent, damit dieser eine Vorstellung über die erforderliche Höhe der Nutzungsgebühr für seine Hotelgäste erhält.

Aufgabe 62: *Maschinenstundensatz*

Die Gemeinkosten einer Spezialmaschine werden über die in Anspruch genommene Maschinenzeit mit Hilfe eines Maschinenstundensatzes kalkuliert. Für die Maschine mit einer Nutzungsdauer von voraussichtlich 12 Jahren wird eine jährliche Leistung von 1.500 Maschinenstunden erwartet. Der Anschaffungswert betrug genau 787.434,15 €. Im Anschaffungsjahr lag der WBW-Index bei 0,950; bis zum laufenden Jahr ist er auf 1,025 angestiegen. Die Kapitalbindung orientiert sich am Anschaffungswert; das Unternehmen arbeitet mit einem Kalulationszinssatz von 8%. Der elektrische Anschlusswert der Maschine beträgt 40 KW, die durchschnittliche elektrische Auslastung rund 60% und der Strompreis 0,20 €/KWh. Laut Herstellerangabe verbraucht die Maschine je Laufzeitstunde 3 Liter Kühlmittel zu je 0,38 €. Die Instandhaltungs- kosten werden mit 0,5% vom Wiederbeschaffungswert beziffert. Für Schadensversicherungen fallen jährlich 1.379,63 € Versicherungsprämie an. Die Maschine benötigt eine Stellfläche von 25 qm; der monatliche Raumkostensatz beträgt 10,55 €/qm.

a) Berechnen Sie anhand der vorliegenden Informationen den Maschinenstundensatz für das laufende Jahr.

b) Erläutern Sie, welche der Komponenten des Kostensatzes in €/Maschinenstunde sich eindeutig nicht ändern, wenn nur eine Jahresleistung von 1.200 Stunden anzusetzen ist.

Aufgabe 63: *Zuschlags- und Preiskalkulation (II)*

In der folgenden Tabelle finden Sie einige Informationen zur Kalkulation eines Farbfernsehgerätes. Außer den Angaben in der Tabelle sind zu berücksichtigen: Gewinnaufschlag (10%), Umsatzsteuer, Kundenskonto (2%) und üblicher Kundenrabatt (5%). Die Maschinenbearbeitungszeit liegt bei 18 Minuten je Gerät. Für eine Fertigungslizenz sind 9,48 € je Gerät zu entrichten.

Fertigungsmaterial		255,00 €
Materialgemeinkosten	12%	.... €
Fertigungslohn in Stelle A		22,00 €
Fertigungsgemeinkosten in Stelle A	250%	.... €
Fertigungslohn in Stelle B		40,00 €
Fertigungsgemeinkosten in Stelle B	180%	.... €
Maschinenkosten	90 €/Std.	.... €
Sondereinzelkosten der Fertigung		.... €
Herstellkosten	Übertrag:	.... €

Herstellkosten	*Übertrag:*	.... €
Verwaltungskosten	5%	.... €
Vertriebskosten	7%	.... €
Selbstkosten		.... €
	............%	.... €
Barverkaufspreis		.... €
	............%	.... €
Zielverkaufspreis		.... €
	............%	.... €
Listenverkaufspreis		.... €
	............%	.... €
Auszeichnungspreis		.... €

Vervollständigen Sie die Tabelle und ermitteln Sie den Auszeichnungspreis für ein Farbfernsehgerät. Runden Sie erforderlichenfalls Zwischenergebnisse auf € und Cent.

Aufgabe 64: *Preiskalkulation*

Ein Unternehmen hat für einen Artikel Selbstkosten in Höhe von 375,00 €/Stück ermittelt. Das Unternehmen kalkuliert mit einem Gewinnaufschlag von 16% auf die Selbstkosten. Die Kunden erhalten regelmäßig 20% Rabatt und ziehen üblicherweise 3% Skonto auf den Zielverkaufspreis. Das Unternehmen trägt außerdem die 8%-ige Verkaufsprovision vom Listenverkaufspreis, die im Durchschnitt für fremde Absatzmittler anfällt.

Berechnen Sie den Listenverkaufspreis des Artikels und stellen Sie die Preiskalkulation übersichtlich dar. Beachten Sie dabei, dass der Verkaufspreis auch die Verkaufsprovision abdecken muss.

Aufgabe 65: *Kuppelkalkulation (I)*

In einem Unternehmen werden in einem Kuppelproduktionsprozess vier Hauptprodukte erzeugt. Die Herstellkosten für diesen Prozess betragen 168.000 €. Für die Kuppelprodukte gelten folgende Daten (SEK_V = Sondereinzelkosten des Vertriebs):

Kuppel-produkt	Menge [Liter]	Verkaufspreis [€/Liter]	SEK_V [€/Liter]
A	4.000	20,00	0,74
B	3.000	30,00	0,61
C	1.000	50,00	0,85
D	2.000	10,00	0,37

Außerdem sind 5% für Verwaltungsgemeinkosten und 4% für Vertriebsgemeinkosten zu berücksichtigen.

Ermitteln Sie die Herstellkosten und die Selbstkosten je Liter der vier Kuppelprodukte nach der Verteilungsmethode.

Aufgabe 66: *Kuppelkalkulation (II)*

In einem Unternehmen werden in einem Kuppelproduktionsprozess vier Hauptprodukte erzeugt. Die Herstellkosten betragen 226.800 €. Für die Kuppelprodukte gelten folgende Daten (SEK_V = Sondereinzelkosten des Vertriebs):

Kuppel-produkt	Menge [Liter]	Verkaufspreis [€/Liter]	SEK$_V$ [€/Liter]
A	6.000	15,00	0,87
B	8.000	20,00	0,66
C	2.000	10,00	0,58
D	3.000	18,00	0,64

Außerdem sind 4% an Verwaltungsgemeinkosten sowie 2% an Vertriebsgemeinkosten zu berücksichtigen.

Ermitteln Sie die Selbstkosten pro Liter für die vier Kuppelprodukte nach der Marktpreisäquivalenzziffernmethode.

Aufgabe 67: *Kuppelkalkulation (III)*

In einem Kuppelproduktionsprozess ergeben sich Herstellkosten von insgesamt 81.800 €. Nur das Hauptprodukt, von dem 5.000 Liter hergestellt werden, wird zusätzlich mit 5% Verwaltungsgemeinkosten, 8% Vertriebsgemeinkosten sowie 1,92 €/Liter Sondereinzelkosten des Vertriebs kalkuliert.

Für die Nebenprodukte gelten folgende Angaben:

Neben-produkt	Menge [Liter]	Aufarbeitungskosten [€/Liter]	Marktpreis [€/Liter]
A	300	1,00	2,00
B	400	1,20	3,00
C	150	0,80	4,00
D	150	0,50	2,50

Berechnen Sie die Selbstkosten je Liter des Hauptproduktes.

2.5. Betriebsergebnisrechnung

Aufgabe 68: *Betriebsergebnisrechnung nach GKV und UKV (I)*

In einem Unternehmen werden folgende Beträge in Mio. € festgestellt: Umsatz 200, Gesamtkosten 196, Bestandsmehrung fertige Erzeugnisse 8, Bestandsminderung unfertige Erzeugnisse 5 sowie aktivierte Eigenleistung 4.

a) Berechnen Sie in einer tabellarischen Aufstellung das Betriebsergebnis nach dem Gesamtkostenverfahren. Weisen Sie dabei als Zwischenergebnis die Gesamtleistung aus.

b) Leiten Sie aus den Gesamtkosten der Periode die Selbstkosten des Umsatzes ab.

c) Ermitteln Sie unter Verwendung der Selbstkosten des Umsatzes das Betriebsergebnis nach dem Umsatzkostenverfahren.

Aufgabe 69: *Betriebsergebnisrechnung nach GKV und UKV (II)*

In der Erzeugnisabrechnung der Fermero AG wurden für die einzig produzierten Erzeugnisse Happy Hippo und Top Ten Teddy folgende Mengen und Bestandsänderungen erfasst. Die Bestände und Bestandsänderungen der Erzeugnisse werden zu Herstellkosten auf der Basis von Verrechnungspreisen bewertet.

	Happy Hippo	Top Ten Teddy
Produktion	2.375.000 *Stück*	1.000.000 *Stück*
Bestandsminderung	20.000 *Stück*	
Bestandsmehrung		18.860 €

Ferner weisen die Erzeugnis-, Material- und Lohnabrechnung der Fermero AG folgende Beträge aus.

	Happy Hippo	Top Ten Teddy
Umsatz	1.484.900 €	524.700 €
Fertigungsmaterial	475.000 €	150.000 €
Fertigungslohn in Fertigung I	71.250 €	20.000 €
Fertigungslohn in Fertigung II	47.500 €	22.000 €
Herstellkosten je 1.000 Stück	548,00 €	410,00 €
SEK d. Vertriebs je 1.000 Stück	10,00 €	10,00 €
Selbstkosten je 1.000 Stück	640,20 €	481,50 €

Es wurde Material im Wert von 412.000 € beschafft, für das effektiv 411.516 € zu zahlen waren, d.h. die effektiven Preise waren niedriger als die Verrechnungspreise. Die entstandene Bezugspreisabweichung wird voll in das Betriebsergebnis abgerechnet.

a) Berechnen Sie die Über- bzw. Unterdeckungen der Kostenstellen im Betriebsabrechnungsbogen des Unternehmens. Beachten Sie in Ihrer Nebenrechnung zur Ermittlung der Herstellkosten des Umsatzes die in Stück bzw. € vorgegebenen Bestandsänderungen der Erzeugnisse.

(Werte in €)	Materialbereich	Fertigung I	Fertigung II	Verw./ Vertrieb	Gesamt
Istgemeinkosten	77.380	715.285	129.344	266.735	1.188.744
Normal-ZS	12%	780%	200%	15%	-
Zuschlagsbasis					-
Normalgemeink.					
Über- (+)/Unterdeckung (-)					

b) Ermitteln Sie das Betriebsergebnis zu Normalkosten (NK) und zu Istkosten (IK) mit Hilfe des Umsatzkostenverfahrens.

(Werte in €)	Happy Hippo	Top Ten Teddy	Gesamt
Absatz in 1.000 Stück			
Umsatz	1.484.900	524.700	2.009.600
Selbstkosten d. Ums.			
Betriebserg. zu NK			
Über- (+)/Unterd. (-)	-	-	
Bezugspreisabw.	-	-	
Betriebserg. zu IK	-	-	

c) Verproben Sie das Betriebsergebnis zu Istkosten gemäß Umsatzkostenverfahren mit Hilfe des Gesamtkostenverfahrens.

Umsatz	2.009.600
Bestandsmehrung Top Ten Teddy (Vorzeichen beachten!)	....
Bestandsminderung Happy Hippo (Vorzeichen beachten!)	....
Gesamtleistung	....

Fertigungsmaterial	
Fertigungslöhne in Fertigung I	....
Fertigungslöhne in Fertigung II	....
Sondereinzelkosten des Vertriebs	....
Istgemeinkosten laut BAB	....
Bezugspreisabweichung (Vorzeichen beachten!)	....
Gesamtkosten (Ist)	....

Betriebsergebnis zu Istkosten	....

Aufgabe 70: *Betriebsergebnis und neutrales Ergebnis*

Aus der Abrechnung des zurückliegenden Monats liegen folgende Zahlen vor. Die in der Liste nicht aufgeführten kalkulatorischen Zinsen liegen um 8.500 € über den effektiven Fremdkapitalzinsen. Sofern Sie bezüglich einer Position keine Informationen bezüglich unterschiedlicher Wertansätze in Finanzbuchhaltung und Kostenrechnung finden, gehen Sie davon aus, dass die betreffenden Aufwendungen und Kosten bzw. Erträge und Leistungen identisch sind.

Materialkosten	187.500 €
Personalkosten	120.000 €
Diverse Gemeinkosten	62.400 €
Selbsterstellte Anlagen	15.800 €
Verkaufserlöse	573.300 €
Brandschaden (nicht versichert)	32.000 €
Kalkulatorische Wagnisse	17.700 €
Bilanzielle Abschreibungen	96.000 €
Kalkulatorische Abschreibungen	120.000 €
Erhöhung Bestand Fertigfabrikate	27.000 €
Verringerung Bestand Halbfabrikate	22.000 €
Spenden	3.000 €
Fremdkapitalzinsen	24.500 €

a) Berechnen Sie in einer Kontendarstellung das Betriebsergebnis.

b) Ermitteln Sie in einer Kontendarstellung das neutrale Ergebnis. Das Konto „Neutrales Ergebnis" soll sowohl die betriebsfremden Erträge und Aufwendungen als auch die Differenzen aufgrund unterschiedlicher Wertansätze in Kostenrechnung und Finanzbuchhaltung erfassen.

c) Stellen Sie das Gesamtergebnis in Kontenform dar.

Aufgabe 71: *Betriebsergebnisrechnung nach GKV und UKV (III)*

Die Metallbau-AG legt Ihnen Auszüge aus ihrer Quartalsabrechnung vor. Demnach betrugen die Einzelkosten laut Material- und Lohnabrechnung:

Fertigungsmaterial	128.000 €
Fertigungslöhne der Dreherei	50.000 €
Fertigungslöhne der Fräserei	32.000 €

Die Gemeinkosten wurden in der Kalkulation und in der Betriebsergebnisrechnung mit Hilfe der folgenden Normalzuschlagssätze verrechnet:

Materialgemeinkosten	6,0%
Fertigungsgemeinkosten der Dreherei	150,0%
Fertigungsgmeinkosten in der Fräserei	220,0%
Verwaltungsgemeinkosten	12,5%
Vertriebsgemeinkosten	12,5%

Die Istgemeinkosten des Quartals betrugen nach Kostenarten:

Verbrauchsmaterial	20.000 €
Kalkulatorische Abschreibungen	37.900 €
Sonstige Gemeinkosten, gesamt	193.370 €

Verteilt auf die Kostenstellen betrugen die Istgemeinkosten:

Materialwesen	8.000 €
Dreherei	70.000 €
Fräserei	80.000 €
Verwaltung	37.308 €
Vertrieb	55.962 €

Der Umsatz des Quartals lag bei 521.270 €. Der Anfangsbestand der Erzeugnisse betrug insgesamt 265.000 €. Am Ende des Quartals lagen Erzeugnisse im Wert von 255.000 € auf Lager.

a) Berechnen Sie die Herstellkosten des Umsatzes als Zuschlagsbasis für die Verwaltungs- und Vertriebsstelle.

b) Ermitteln Sie die Über- (+) bzw. Unterdeckungen (-) der Kostenstellen.

c) Nennen Sie drei mögliche Ursachen für Über- bzw. Unterdeckungen der Kostenstellen in einem Abrechnungsmonat.

d) Ermitteln Sie das Betriebsergebnis zu Normalkosten und zu Istkosten nach dem Umsatzkostenverfahren.

e) Verproben Sie das Betriebsergebnis nach dem Umsatzkostenverfahren, indem Sie nunmehr das Betriebsergebnis nach dem Gesamtkostenverfahren berechnen.

f) Erstellen Sie die Vorkalkulation für einen Kundenauftrag. Nach Rücksprache mit den Abteilungen Konstruktion, Arbeitsvorbereitung, Einkauf und Versand werden 5.000 € Fertigungsmaterial, 300 € Fertigungslohn in der Dreherei, 800 € Fertigungslohn in der Fräserei und 550 € für den Spezialtransport zum Kunden anfallen.

g) Erläutern Sie, warum die Vorkalkulation eines Kundenauftrags mit Hilfe von Normalzuschlagssätzen - oder, sofern das Unternehmen eine Plankostenrechnung betreibt, mit Hilfe von Planzuschlagssätzen - erfolgt.

3. Deckungsbeitragsrechnung

3.1. Kalkulation auf Teilkostenbasis

Aufgabe 72: *Zuschlagskalkulation/Teilkosten (I)*

In einem Industriebetrieb verwendet die Kostenrechnungsabteilung für die Kalkulation eines Produktes die folgenden Gemeinkostenzuschlagssätze, die auf Vollkostenbasis ermittelt wurden:

Materialgemeinkosten	50% auf die Materialeinzelkosten
Fertigungsgemeinkosten	100% auf die Fertigungseinzelkosten
Verw.- u. Vertriebsgemeink.	50% auf die Herstellkosten

Pro Einheit des zu kalkulierenden Produktes fallen 16,00 € an Materialeinzelkosten und 8,00 € an Fertigungseinzelkosten an.

Die Materialgemeinkosten und die Fertigungsgemeinkosten sind zur Hälfte variabel. Die variablen Verwaltungs- und Vertriebsgemeinkosten betragen insgesamt 25% der variablen Herstellkosten. Der Absatzpreis pro Mengeneinheit des Produktes beträgt 70,00 €.

a) Von diesem Produkt werden 8.000 ME hergestellt und abgesetzt. Berechnen Sie den Gewinn pro Stück sowie den Gesamtgewinn aus dem Verkauf der 8.000 ME.

b) Der Industriebetrieb kann zusätzlich 10.000 ME von diesem Produkt absetzen, wenn der Absatzpreis für diese Einheiten auf 50,00 €/Stück zurückgenommen wird. Für einen solchen Auftrag verfügt die Unternehmung auch noch über ausreichend freie Kapazitäten. Würden Sie dem Betrieb die Annahme dieses Auftrages empfehlen? Begründen Sie Ihre Empfehlung durch entsprechende Berechnungen.

c) Es sei unterstellt, dass für die zusätzliche Produktion der zum Preis von 50,00 € veräußerbaren Absatzmenge einmalige Umrüstkosten in Höhe von 30.000 € anfallen. Wie groß muss die Absatzmenge mindestens sein, damit sich der Zusatzauftrag für die Unternehmung lohnt?

Aufgabe 73: *Zuschlagskalkulation/Teilkosten (II)*

Ein Bonbonproduzent stellt 3 Bonbonsorten A, B und C her. Dabei fallen folgende Einzelkosten (in €/kg) an:

	A	B	C
Materialeinzelkosten	5,00	7,50	10,00
Fertigungseinzelkosten	5,00	5,00	5,00

Bisher kalkulierte die Unternehmung auf Vollkostenbasis und rechnete mit folgenden Gemeinkostenzuschlagssätzen:

Materialgemeinkosten 20% auf die Materialeinzelkosten
Fertigungsgemeinkosten 80% auf die Fertigungseinzelkosten
Verw.- und Vertriebsgemeink. 50% auf die Herstellkosten

a) Berechnen Sie den Gewinn pro kg, wenn die Absatzpreise für die Sorten A, B und C 30 €, 40 € und 50 € je kg betragen.

b) Ermitteln Sie den Unternehmensgewinn der Periode, wenn von jeder Sorte 2.000 kg hergestellt und abgesetzt werden.

c) Nach der Umstellung auf Teilkostenrechnung ermittelt die Kostenrechnungsabteilung neue Zuschlagssätze für die variablen Gemeinkosten. Beachten Sie, dass jetzt die variablen Herstellkosten die Basis für die Verwaltungs- und Vertriebsgemeinkosten bilden.

Variable Materialgemeinkosten 20%
Variable Fertigungsgemeinkosten 40%
Variable Verw. u.Vertriebsgemeink. 25%

Pro Periode fallen Fixkosten in Höhe von 42.000 € an.

Ermitteln Sie die Deckungsbeiträge der einzelnen Sorten und den Unternehmensgewinn der Periode, wenn immer noch 2.000 kg von jeder Sorte hergestellt und abgesetzt werden.

d) Die Unternehmung sieht sich gezwungen, den Preis der Sorte A auf 20,00 € pro kg zu senken. Soll das Produkt aus dem Produktions- und Absatzprogramm gestrichen werden? Argumentieren Sie unter kurz- und langfristigen Aspekten.

3.2. Ergebnisrechnung auf Teilkostenbasis

Aufgabe 74: *Ergebnisrechnung/Wirkung von Bestandsänderungen*

Die Geschäftsführerin eines Unternehmens möchte gerne wissen, ob die Höhe des Betriebsergebnisses davon abhängig ist, welches Verfahren zur Betriebsergebnisrechnung man anwendet.

Verglichen werden das Gesamtkostenverfahren auf Vollkostenbasis (GKV_{VKB}) sowie das Umsatzkostenverfahren auf Vollkostenbasis (UKV_{VKB}) mit dem Umsatzkostenverfahren auf Teilkostenbasis (UKV_{TKB}).

Es soll danach unterschieden werden, ob Bestandserhöhungen, Bestandsminderungen oder keine Bestandsveränderungen bei Erzeugnissen vorkommen.

Vermerken Sie in der folgenden Aufstellung durch Setzen der Vergleichsoperatoren >, = oder < in die leeren Kästchen zwischen den Betriebsergebnissen, ob und wie sich die Betriebsergebnisse (BE) bei den drei Verfahren unterscheiden.

Wenn keine Bestandsveränderungen bei Erzeugnissen auftreten, gilt:

BE(GKV$_{VKB}$) ☐ BE(UKV$_{VKB}$) ☐ BE(UKV$_{TKB}$)

Wenn Bestandserhöhungen bei Erzeugnissen auftreten, gilt:

BE(GKV$_{VKB}$) ☐ BE(UKV$_{VKB}$) ☐ BE(UKV$_{TKB}$)

Wenn Bestandsminderungen bei Erzeugnissen auftreten, gilt:

BE(GKV$_{VKB}$) ☐ BE(UKV$_{VKB}$) ☐ BE(UKV$_{TKB}$)

Aufgabe 75: *Ergebnisrechnung/Umsatzkostenverfahren*

a) Erläutern Sie, warum sich das Betriebsergebnis beim Umsatzkostenverfahren auf Teilkostenbasis vom Betriebsergebnis beim Umsatzkostenverfahren auf Vollkostenbasis unterscheidet, wenn bei den unfertigen oder fertigen Erzeugnissen Bestandsveränderungen vorliegen.

b) In einem Unternehmen werden in einem Abrechnungszeitraum sowohl bei unfertigen Erzeugnissen als auch bei fertigen Erzeugnissen Bestandsmehrungen festgestellt. Erläutern Sie, ob das Betriebsergebnis bei Anwendung des Umsatzkostenverfahrens auf Vollkostenbasis oder bei Anwendung des Umsatzkostenverfahrens auf Teilkostenbasis höher ist.

Aufgabe 76: *Umsatzkostenverfahren/Bestandserhöhungen*

Die Betriebsabrechnung eines Motorradherstellers hat für den abgelaufenen Monat folgende Kosten- und Leistungsinformationen für einen Motorradtyp festgehalten:

Produktionsmenge	10.000 Stück
Absatzmenge	7.000 Stück
Gesamtkosten	120.000.000 €
Gesamte Herstellkosten	90.000.000 €
Fixe Herstellkosten	54.000.000 €
Gesamte Verwaltungsgemeinkosten	18.000.000 €
Variable Verwaltungsgemeinkosten	6.000.000 €
Gesamte Vertriebsgemeinkosten	12.000.000 €
Fixe Vertriebsgemeinkosten	6.000.000 €

Zu Beginn des Monats war das Erzeugnislager leer. Die Veränderung des Lagerbestands für Erzeugnisse wurde - je nach zugrunde liegendem Rechnungssystem - zu vollen oder zu variablen Herstellkosten bewertet.

Die Erlöse des Monats betrugen 109.960.000 €.

a) Bestimmen Sie das Betriebsergebnis nach dem Umsatzkostenverfahren auf Vollkostenbasis.

b) Bestimmen Sie das Betriebsergebnis nach dem Umsatzkostenverfahren auf Teilkostenbasis.

c) Erläutern Sie, worauf es zurückzuführen ist, dass die Betriebsergebnisse sich unterscheiden. Berechnen Sie, wodurch der Differenzbetrag zustande kommt.

Aufgabe 77: *Gesamtkosten- und Umsatzkostenverfahren/Bestandsminderungen*

In der Sparte Elektronik eines Konzerns wurden im abgelaufenen Monat folgende Informationen für einen Elektromotor ermittelt:

Produktionsmenge	6.000 Stück
Absatzmenge	8.000 Stück
Gesamtkosten	9.000.000 €
Gesamte Herstellkosten	6.600.000 €
Fixe Herstellkosten	4.200.000 €
Gesamte Verwaltungsgemeinkosten	1.400.000 €
Fixe Verwaltungsgemeinkosten	1.000.000 €
Gesamte Vertriebsgemeinkosten	1.000.000 €
Fixe Vertriebsgemeinkosten	500.000 €

Die Kostensituation hat sich gegenüber den Vormonaten nicht geändert. Die Lagerbestandsentnahmen wurden - je nach Rechnungssystem - zu vollen oder zu variablen Herstellkosten bewertet. Die Erlöse betrugen 16.000.000 €.

a) Bestimmen Sie das Betriebsergebnis nach dem Gesamtkostenverfahren auf Vollkostenbasis.

b) Berechnen Sie das Betriebsergebnis nach dem Umsatzkostenverfahren auf Vollkostenbasis.

c) Bestimmen Sie das Betriebsergebnis nach dem Umsatzkostenverfahren auf Teilkostenbasis.

d) Weisen Sie rechnerisch den Unterschied der Betriebsergebnisse beim Umsatzkostenverfahren auf Teilkostenbasis und beim Umsatzkostenverfahren auf Vollkostenbasis nach.

Aufgabe 78: *Umsatzkostenverfahren nach Produkten differenziert*

Ein Sportartikelhersteller produziert Fußbälle und Handbälle. Am Ende des Monats Mai liegen folgende Daten vor: die produzierten und abgesetzten Mengen (M_P, M_A), die Absatzpreise (p), die Materialeinzelkosten (MEK) und die Fertigungseinzelkosten (FEK).

Produkt	M_P [ME]	M_A [ME]	p [€/ME]	MEK [€/ME]	FEK [€/ME]
Fußbälle	4.000	4.400	110,00	50,00	15,00
Handbälle	3.000	2.700	40,00	20,00	8,00

Aus dem Betriebsabrechnungsbogen sind folgende Gemeinkostenbeträge zu entnehmen:

MGK	26.000 €	VwGK	24.706 €
FGK	100.800 €	VtGK	12.353 €

a) Ermitteln Sie das nach Produkten differenzierte Betriebsergebnis mit Hilfe des Umsatzkostenverfahrens auf Vollkostenbasis für den Monat Mai und analysieren Sie das Ergebnis.

b) Die Unternehmensleitung beschließt auf eine Teilkostenrechnung überzugehen. Die Einzelkosten werden dabei als variabel angesehen, bzgl. der Gemeinkosten wird eine Kostenauflösung durchgeführt, die für den Monat Mai zu folgendem Ergebnis führt.

Gemein- kostenart	gesamt [€]	fix [€]	variabel [€]
MGK	26.000,00	13.000,00	13.000,00
FGK	100.800,00	60.480,00	40.320,00
VwGK	24.706,00	24.706,00	0,00
VtGK	12.353,00	7.274,00	5.079,00

Ermitteln Sie den nach Produkten differenzierten Deckungsbeitrag und das Betriebsergebnis mit Hilfe des Umsatzkostenverfahrens auf Teilkostenbasis und analysieren Sie Ihre Ergebnisse.

Aufgabe 79: *Mehrstufige Deckungsbeitragsrechnung*

Das Hotel Waidmannsheil stellt die Betriebsergebnisrechnung in Form einer mehrstufigen Deckungsbeitragsrechnung auf. Für den Abrechnungszeitraum ergeben sich dabei folgende nach Kostenträgern differenzierte Werte.

(Werte in €)	Beherbergung			Gastronomie	
	Nobel	Prestige	Classic	Speisen	Getränke
Umsatz	380.000	600.000	420.000	470.000	293.000
Variable Kosten	18.000		16.000	280.000	97.000
Deckungsbeitrag 1	....	....	....	....	....
Produktfixe Kosten	27.000	26.000	18.000	36.000	6.000
Deckungsbeitrag 2	....	....	....	....	....
summiert		....			....
Gruppenfixe Kost.		1.044.000			277.000
Deckungsbeitrag 3		....			....
summiert			....		
Hotelfixe Kosten			237.000		
Betriebserg. zu NK					
Unterdeckung				....	
Betriebserg. zu IK				....	

Die variablen Kosten in Zimmern der Kategorie Prestige ergeben sich aus dem Verbrauch an Wasser, Energie, Seife etc. zu insgesamt 3,75 € je Übernachtung; es wurden 6.400 Übernachtungen dieser Kategorie verbucht.

Aufgrund der Abrechnung des Materialeinsatzes und diverser anderer Verbräuche zu Normalkosten (NK) entstand eine Unterdeckung von insgesamt 9.000 €.

Vervollständigen Sie die Tabelle und ermitteln Sie das effektive Betriebsergebnis, d.h. das Betriebsergebnis zu Istkosten (IK).

3.3. Break-Even-Analyse

Aufgabe 80: *Break-Even-Analyse (I)*

Die Pharma-Sparte eines Chemieunternehmens weist für eine Creme monatliche Fixkosten in Höhe von 323.000 € aus. Die Creme wird in Tiegeln zu jeweils 50 ccm verpackt. Der Nettoverkaufspreis je Tiegel beträgt 23,80 €. Die variablen Kosten je 1.000 ccm Creme liegen bei 112,00 €. Außerdem sind für den fremd bezogenen Kunststofftiegel Materialeinzelkosten in Höhe von 1,20 € je Stück zu berücksichtigen. Derzeit werden 20.000 Tiegel pro Monat produziert und abgesetzt.

a) Ermitteln Sie das monatliche Betriebsergebnis.

b) Berechnen Sie die Break-Even-Menge und den Break-Even-Umsatz.

c) Berechnen Sie den Sicherheitsabstand in %.

Aufgabe 81: *Break-Even-Analyse (II)*

Das Zweisaisonhotel Roter Teufel in Lenggries bietet Übernachtung mit Frühstück. Das Hotel hat 260 Tage im Jahr geöffnet, ist mit 85 Betten ausgestattet und erzielt eine durchschnittliche Auslastung von 55%. Die Logisgemeinkosten betragen 505.648 €, davon sind 75% Fixkosten. Der Wareneinsatz für ein Frühstück beträgt 3,64 €. Der Hotelier rechnet derzeit mit einem durchschnittlichen Bettengrundpreis inklusive Frühstück von 59,00 €.

a) Berechnen Sie die Kapazität, die derzeitige Beschäftigung sowie die fixen Logisgemeinkosten gesamt und die variablen Logisgemeinkosten je Übernachtung.

b) Berechnen Sie den Deckungsbeitrag je Übernachtung und insgesamt sowie das Betriebsergebnis.

c) Ermitteln Sie die Mindestauslastung (Break-Even-Menge) in Anzahl der Übernachtungen und Prozent.

d) Ein holländisches Reisebüro bietet dem Unternehmer die Abnahme eines festen Kontingents von 2.600 Übernachtungen zum Grundpreis von 38,00 € für das nächste Jahr an. Entscheiden Sie über Annahme oder Ablehnung des Reisebüroangebotes.

e) Berechnen Sie das Betriebsergebnis unter Einbeziehung des Reisebüroangebotes.

Aufgabe 82: *Break-Even-Preis*

Das Hotel Waidmannsheil möchte als attraktives Pauschalangebot „Ein Wochenende für Verliebte" für junge und junggebliebene Paare mit Übernachtung und Frühstück von Freitag bis Sonntag (= zwei Personen à zwei Übernachtungen) einführen.

Man rechnet fest mit 450 zusätzlichen Buchungen dieses Angebots im kommenden Jahr, zu dessen Durchführung eine zusätzliche Reinigungskraft (30.389 €/Jahr) fest eingestellt werden muss. Außerdem ist davon auszugehen, dass auch Paare, die ohnehin an diesen Tagen im Hause gastieren, von dem Pauschalangebot Gebrauch machen und dadurch im folgenden Jahr 350 Normalbuchungen für Übernachtung mit Frühstück mit einem Deckungsbeitrag von jeweils 167 € verloren gehen.

Die Pauschalbuchungen verursachen variable Kosten für Verbrauchsstoffe, Verschleiß etc. in Höhe von 1,75 € je Übernachtung und Person sowie für Frühstück in Höhe von 4,45 € je Übernachtung und Person. Der Hotelmanager will außerdem ein Neuntel seiner festen Personalkosten (180.000 €/Jahr) über das Pauschalangebot verrechnen.

a) Erläutern Sie, welche fixen Kostenbestandteile für die Berechnung des Break-Even-Preises für das Pauschalangebot zu berücksichtigen sind. Diskutieren Sie auch die Bedeutung der verlorenen Normalbuchungen.

b) Berechnen Sie den Break-Even-Preis für das Pauschalangebot im kommenden Jahr.

Aufgabe 83: *Break-Even-Analyse im Mehrproduktbetrieb*

Ein Unternehmen, das drei Produktarten herstellt und verkauft, legt für den abgelaufenen Monat folgende, noch unvollständige einstufige Deckungsbeitragsrechnung vor.

Produkte	A	B	C	Gesamt
Umsatz (€)	98.300	45.000	88.500	231.800
Variable Kosten (€)	88.470	20.250	53.100	161.820
Deckungsbeitrag (€)	9.830	24.750	35.400	69.980
Deckungsgrad (%)	....	....	....	....
Fixkosten				....
Betriebsergebnis				14.280

a) Vervollständigen Sie die Tabelle. Runden Sie erforderlichenfalls den Deckungsgrad auf eine Nachkommastelle.

b) Berechnen Sie den Break-Even-Umsatz und den Sicherheitskoeffizienten, wenn ein Absatzmengenrückgang alle Produktarten relativ im gleichen Maße betrifft.

c) Berechnen Sie den Break-Even-Umsatz und den Sicherheitskoeffizienten, wenn der Absatzmengenrückgang nur das Produkt C betrifft.

d) Berechnen Sie, um wie viele € sich das Betriebsergebnis verbessert, wenn unter sonst gleichen Bedingungen der Umsatz der Produktart B um 12.400 € steigt.

Aufgabe 84: *Break-Even-Analyse und kritische Übergangsmenge*

Der Hersteller eines Prüfgerätes arbeitet im Inland mit 195.000 € Fixkosten monatlich und mit 310 € variablen Stückkosten. Der Verkaufspreis liegt bei 360 € je Stück. Der Hersteller überlegt, die Fertigung ins Ausland zu verlegen. Die Produktionsanlage in Deutschland könnte dann für andere Zwecke genutzt werden, die eine vollständige Deckung der bisherigen Fixkosten gewährleisten. Bei einer

Verlagerung der Produktion ins Ausland bleibt der Verkaufspreis unverändert; die variablen Stückkosten fallen auf 285 €. Für die Auslandsfertigung fallen Fixkosten in Höhe von 163.650 € pro Monat an. Außerdem ist zusätzlich ein Transporter erforderlich, dessen Kosten noch zu ermitteln sind. Der Kaufpreis des Transporters einschließlich Nebenkosten beträgt 160.000 €, seine betriebsgewöhnliche Nutzungsdauer liegt bei 8 Jahren. Für Betrieb, Wartung, Steuern, Versicherung etc. sind jährlich 10.000 € anzusetzen. Kalkulatorische Zinsen ermittelt der Hersteller nach der Durchschnittsmethode mit dem Zinssatz von 7,5%.

a) Berechnen Sie die Break-Even-Menge, den Break-Even-Umsatz und die Break-Even-Kosten bei der derzeitigen Fertigung im Inland, jeweils bezogen auf einen Monat.

b) Prüfen Sie, ob die Fixkosten der Fertigung im Inland (195.000 €) für die Berechnung der Break-Even-Menge bei Auslandsfertigung relevant sind.

c) Berechnen Sie, mit welcher monatlichen Stückzahl der Hersteller bei Auslandsfertigung die Gewinnschwelle erreicht. Ermitteln Sie den zugehörigen Umsatz und die zugehörigen Kosten.

Gehen Sie im Folgenden davon aus, dass trotz der Verlagerung der Fertigung ins Ausland am bisherigen Standort 73.350 € Fixkosten verbleiben, die dem Vertrieb der Prüfgeräte zuzurechnen sind.

d) Berechnen Sie nunmehr die Break-Even-Menge, den Break-Even-Umsatz und die Break-Even-Kosten bei Auslandsfertigung, jeweils bezogen auf einen Monat.

e) Ermitteln Sie, ab welcher Menge nunmehr die Auslandsfertigung geringere Kosten aufweist als die bisherige Inlandsfertigung.

Aufgabe 85: *Kostenanalyse und Umsatzrentabilität*

Die Kapazität eines Apparatebauers beträgt monatlich 1.500 Stück. Die Gesamtkosten bei Vollauslastung liegen bei 810.000 €. Bei einer Monatsproduktion von 1.180 Stück entstehen Kosten in Höhe von insgesamt 682.000 €. Die variablen Kosten verlaufen proportional. Die Erzeugnisse können zu 680 € je Stück abgesetzt werden.

a) Berechnen Sie die variablen Kosten und die Fixkosten pro Monat bei Vollauslastung.

b) Ermitteln Sie die Stückkosten, den Stückgewinn und den Gesamtgewinn bei einem Beschäftigungsgrad von 70%.

c) Berechnen Sie die Fixkosten pro Stück bei einer Produktion von 300, 600, 900, 1.200 und 1.500 Stück. Welchen Effekt erkennen Sie anhand Ihrer Ergebnisse?

d) Es soll eine Umsatzrentabilität von 15% erzielt werden. Berechnen Sie die dazu erforderliche Menge.

e) Mitbewerber am Markt zwingen das Unternehmen zur Preissenkung. Die Kapazität kann nur zu 84% genutzt werden. Berechnen Sie den erforderlichen Stückpreis, damit das Unternehmen gerade noch seine vollen Kosten decken kann.

Das Unternehmen könnte ca. 2.000 Stück monatlich absetzen. Es wird erwogen, die Kapazität durch den Einsatz neuer zusätzlicher Maschinen und mittels moderner Fertigungsmethoden um 40% zu erhöhen. Dadurch entstehen gegenüber der bestehenden Ausstattung um 50% höhere Fixkosten, andererseits lassen sich die variablen Stückkosten um 10% senken.

f) Berechnen Sie für die neue Situation die Stückkosten und den Gesamtgewinn bei einer Produktion von 2.000 Stück und einem Verkaufspreis von 680 €/Stück.

g) Berechnen Sie den erforderlichen Verkaufspreis, um bei einer Produktion von 2.000 Stück eine Umsatzrentabilität von 25% zu erzielen.

3.4. Entscheidungsrechnung

Aufgabe 86: *Programmoptimierung bei einem Engpass*

Ein Serienfertiger produziert die Produkte A, B, C und D. Er verfügt über eine Maschinenkapazität von 2.500 Stunden pro Monat. Die monatlichen Fixkosten betragen 132.100 €. Ferner sind folgende Zahlen bekannt.

	A	B	C	D
Absatzhöchstmenge (Stk.)	9.000	18.000	6.000	6.000
Maschinenzeit (Min./Stk.)	5	3	12	10
Deckungsbeitrag (€/Stk.)	7,00	0,30	9,60	5,00

Optimieren Sie das Absatz-/Produktionsprogramm für die nächste Periode, und berechnen Sie das neue Betriebsergebnis.

Aufgabe 87: *Ergebnisberechnung und Programmoptimierung*

Ein Unternehmen fertigt die Produkte A, B, C und D. Im vergangenen Monat betrugen die Fixkosten 123.100 €. Ferner stehen aus dem Abrechnungsmonat folgende Zahlen zur Verfügung.

	A	B	C	D
Absatzhöchstmenge (Stk.)	8.000	16.000	5.000	6.000
Absatzmenge (Stk.)	7.200	7.000	3.750	6.000
Fertigungszeit(Min./Stk.)	6	2	12	10
Umsatz (€)	140.400	151.900	165.375	103.380
Variable Kosten (€/Stk.)	12,00	22,40	34,50	12,23

a) Ermitteln Sie in einer übersichtlichen Aufstellung in der Form einer Deckungsbeitragsrechnung das Betriebsergebnis des abgelaufenen Monats.

b) Optimieren Sie das Absatz-/Produktionsprogramm für den nächsten Monat und berechnen Sie das neue Betriebsergebnis. Beachten Sie dabei folgende Veränderungen:

- Die Fertigungszeit ist wegen diverser Instandhaltungsmaßnahmen auf 2.400 Stunden beschränkt.
- Aufgrund wirksam werdender Tarifanhebungen bei den Gehältern steigen die Fixkosten um monatlich 1.200 €.

Aufgabe 88: *Programmplanung/Fremdbezug (I)*

Eine Unternehmung kann in der kommenden Periode 3 Erzeugnisse produzieren und absetzen. Zur Produktion wird ein bestimmter Rohstoff benötigt; von ihm stehen in der kommenden Periode nur 2.200 Faktoreinheiten (FE) zur Verfügung.

In der folgenden Tabelle werden für die drei Erzeugnisse die Absatzpreise, die maximalen Absatzmengen in der kommenden Periode, die variablen Stückkosten und die Produktionskoeffizienten (der Faktorverbrauch je Mengeneinheit) für den Rohstoff angegeben. Die Fixkosten betragen 5.000 € pro Periode.

Erzeugnis	A	B	C
Maximale Absatzmenge [ME]	500	150	600
Produktionskoeffizient [FE/ME]	1	2	3
Absatzpreis [€/ME]	50,00	50,00	95,00
Variable Stückkosten [€/ME]	40,00	40,00	50,00

a) Bestimmen Sie das gewinnmaximale Produktions- und Absatzprogramm. Wie hoch ist der Gewinn in der kommenden Periode?

b) Es gilt die gleiche Datensituation wie in a). Das Unternehmen hat aber zusätzlich die Möglichkeit, das Erzeugnis A, das es wie angegeben für einen Absatzpreis von 50,00 €/ME verkaufen kann, für 44,00 €/ME fremd zu beziehen.

Ermitteln Sie das gewinnmaximale Produktions- und Absatzprogramm sowie den Gewinn der kommenden Periode für diese neue Situation.

Aufgabe 89: *Programmplanung/Fremdbezug (II)*

Ein Unternehmen kann in der kommenden Periode 3 Erzeugnisse produzieren und absetzen. Zur Produktion wird eine Spezialmaschine benötigt, die in der kommenden Periode aber nur für 2.000 Zeiteinheiten [ZE] zur Verfügung steht.

In der folgenden Tabelle werden für die drei Erzeugnisse die Absatzpreise, die maximalen Absatzmengen in der kommenden Periode, die variablen Stückkosten und die Produktionskoeffizienten (der Zeitbedarf je Mengeneinheit) angegeben. Die Fixkosten betragen in der nächsten Periode 7.500 €.

Erzeugnis	A	B	C
Maximal absetzbare Menge [ME]	400	500	500
Produktionskoeffizient [ZE/ME]	2	1	2
Absatzpreis [€/ME]	40,00	40,00	80,00
Variable Stückkosten [€/ME]	30,00	30,00	50,00

a) Bestimmen Sie das gewinnmaximale Produktions- und Absatzprogramm. Wie hoch ist der Gewinn in der kommenden Periode?

b) Es gilt die gleiche Datensituation wie in a). Das Unternehmen hat aber zusätzlich die Möglichkeit, das Erzeugnis B, das es wie angegeben für einen Absatzpreis von 40,00 €/ME verkaufen kann, für 29,00 €/ME fremd zu beziehen.

Ermitteln Sie das gewinnmaximale Produktions- und Absatzprogramm für diese Datensituation. Wie hoch ist nun der Gewinn in der kommenden Periode?

Aufgabe 90: *Programmoptimierung und Zusatzauftrag*

Ein Hersteller elektronischer Bausteine stellt vier Artikel A, B, C und D her. Absatz- und Produktionsmenge stimmen stets überein. Aus dem abgelaufenen Quartal liegen folgende Daten vor.

Artikel	Absatz (Stück)	Verkaufspreis (€/Stück)	Variable Kosten (€/Stück)	Fertigungszeit (Stunden/Stück)
A	60.000	25,60	20,00	0,08
B	80.000	23,80	20,80	0,04
C	100.000	22,20	19,80	0,03
D	40.000	28,00	24,00	0,08

Die gesamten Fixkosten des Quartals lagen bei 820.000 €. Die oben genannten variablen Stückkosten beruhen auf dem Ansatz von Standardverrechnungspreisen für das Fertigungsmaterial und von Normalkostensätzen für die Kalkulation der Gemeinkosten. Die Materialabrechnung zeigt verrechnete Materialkosten in Höhe von 2.200.000 €, die effektiven Beträge liegen bei 2.180.000 €. Der Betriebsabrechnungsbogen weist Kostenstellenunterdeckungen in Höhe von 44.000 € auf.

a) Ermitteln Sie in einer geordneten Aufstellung das Betriebsergebnis zu Normalkosten (NK).

b) Leiten Sie vom Betriebsergebnis zu Normalkosten zum effektiven Betriebsergebnis zu Istkosten (IK) über.

c) Bei welchem Preis liegt die jeweilige absolute (kurzfristige) Preisuntergrenze der vier Artikel? Begründen Sie Ihr Ergebnis.

d) Bestimmen Sie das optimale Produktionsprogramm für das gleich lange Folgequartal, und berechnen Sie anhand einer Deckungsbeitragsrechnung das neue Betriebsergebnis (zu verrechneten Kosten). Dabei ist davon auszugehen, dass die Verkaufszahlen der abgelaufenen Periode aufgrund der Marktlage nicht gesteigert werden können und dass infolge von Umbaumaßnahmen nur 7.000 Fertigungsstunden zur Verfügung stehen.

e) Dem Unternehmen wird ein Zusatzauftrag (Z) zu folgenden Konditionen angeboten.

Auftragsmenge	10.000	Stück
Verkaufspreis	13,00	€/Stück
Variable Kosten	9,40	€/Stück
Fertigungszeit	3	Minuten/Stück

108 *Deckungsbeitragsrechnung*

Begründen Sie rechnerisch, ob der Zusatzauftrag unter Berücksichtigung des Engpasses angenommen werden soll. Geben Sie im Falle einer Änderung das neue optimale Produktionsprogramm und das neue Betriebsergebnis an.

Aufgabe 91: *Fremdbezug und Zusatzauftrag*

Ein Unternehmen kann in der kommenden Periode fünf Erzeugnisse produzieren und absetzen. Zur Produktion wird ein bestimmter Rohstoff benötigt; von ihm stehen in der kommenden Periode nur 40.000 Faktoreinheiten (FE) zur Verfügung.

In der folgenden Tabelle werden für die fünf Erzeugnisse die Absatzpreise, die maximalen Absatzmengen in der kommenden Periode, die variablen Stückkosten und die Produktionskoeffizienten für den Rohstoff angegeben. Die Fixkosten betragen in der kommenden Periode 150.000 €.

Erzeugnis	A	B	C	D	E
Absatzhöchstmenge [ME]	3.000	4.000	3.000	2.000	4.000
Produktionskoeff. [FE/ME]	2	5	5	4	4
Absatzpreis [€/ME]	50,00	40,00	60,00	58,00	98,00
Variable Stückk. [€/ME]	40,00	50,00	40,00	30,00	62,00

a) Bestimmen Sie das gewinnmaximale Produktions- und Absatzprogramm. Wie hoch ist der Gewinn in der kommenden Periode?

b) Es gilt die gleiche Datensituation wie in a). Das Unternehmen hat aber zusätzlich die Möglichkeit, das Erzeugnis D, welches es wie angegeben für einen Absatzpreis von 58,00 €/ME verkaufen kann, für 42,00 €/ME fremd zu beziehen.

Ermitteln Sie unter diesen veränderten Bedingungen das gewinnmaximale Produktions- und Absatzprogramm und den Gewinn der kommenden Periode.

c) Es gilt die gleiche Datensituation wie in a). Nun wird der Unternehmung ein Zusatzauftrag über 2000 ME zum Preis von 70 € pro ME angeboten. Die Bearbeitung des Zusatzauftrags würde zu variablen Stückkosten von 46,00 € führen, und pro ME wären 4 Faktoreinheiten des Rohstoffs erforderlich.

Ermitteln Sie das gewinnmaximale Produktions- und Absatzprogramm und den Gewinn der kommenden Periode für diese Situation. Soll der Zusatzauftrag angenommen werden? Welches ist die kurzfristige Preisuntergrenze für diesen Auftrag?

Aufgabe 92: *Programmoptimierung und Preisuntergrenze*

Obst- und Gemüsehändler Knolle steht am Freitagmorgen gegen 4.30 Uhr im Großmarkt, um sich für den Wochenendmarkt einzudecken. Da er nicht über ein gekühltes Lager verfügt, darf er sich nur für den Freitag und den Samstag bevorraten. Das Ladevolumen seines Transporters beträgt maximal 18 cbm. Um die Stammkundschaft wie gewohnt zu bedienen, muss er gewisse Mindestmengen der Naturprodukte bereithalten. Im Einzelnen bestehen folgende Vorgaben.

	Mindestmenge	Höchstmenge	Lademenge je cbm
Kartoffeln	500 kg	2.000 kg	16 Säcke à 25 kg
Gemüse	180 kg	1.500 kg	20 Kartons à 12 kg
Erdbeeren	100 kg	1.000 kg	40 Steigen à 10 Schalen zu je 500 g
Äpfel	180 kg	1.200 kg	24 Kisten à 10 kg
Birnen	120 kg	600 kg	16 Kartons à 10 kg

An diesem Morgen werden die Naturprodukte am Großmarkt wie folgt angeboten: Kartoffeln zu 12,00 €/Sack, Gemüse zu 10,20 €/Karton, Erdbeeren zu 14,30 €/Steige, Äpfel zu 11,00 €/Kiste und Birnen zu 18,00 €/Karton. Im Verkauf wird Knolle hingegen folgende Preise erzielen: für Kartoffeln 1,20 €/kg, für Gemüse 1,75 €/kg, für Erdbeeren 2,20 €/Pfund, für Äpfel 2,70 €/kg und für Birnen 2,90 €/kg.

Knolles Verkaufsstand auf dem Wochenendmarkt ist mit 20 qm hinreichend groß; die Standmiete für beide Tage beträgt zusammengenommen 24,40 €/qm. Zum Verkauf setzt Knolle Hilfskräfte ein; insgesamt kalkuliert er mit 30 Stunden à 14,00 €. Die Reinigungspauschale und die Werbekostenumlage dieses Wochenendmarktes betragen zusammen 610,00 €.

a) Berechnen Sie die optimalen Mengen, die Knolle für den Markt einkaufen sollte, sowie den maximalen Erfolgsbeitrag des Wochenendmarktes insgesamt.

b) Erläutern Sie, warum in dieser Situation nur von einem Erfolgsbeitrag des Wochenendmarktes gesprochen werden kann, aber nicht vom Gewinn oder Betriebsergebnis des Händlers Knolle.

c) Knolle überlegt, ob er auch einige wenige Steigen Neuseeländische Kiwi-Früchte einkaufen sollte. Doch stehen die Verkaufspreise derzeit unter Druck. Der Einkaufspreis je Steige beträgt 18,00 €; jede Steige beinhaltet 60 Stück Kiwi-Früchte. Das erforderliche Ladevolumen je Steige beträgt 0,025 cbm.

Berechnen Sie unter diesen Bedingungen, welchen Preis je Stück Kiwi Händler Knolle mindestens erzielen muss, damit der zunächst geplante Erfolgsbeitrag des Marktes nicht sinkt.

Aufgabe 93: *Werbung, Fremdbezug und Zusatzauftrag*

Ein Unternehmen kann in der kommenden Periode fünf Erzeugnisse produzieren und absetzen. Zur Produktion wird eine Spezialmaschine benötigt, die in der kommenden Periode nur 30.000 Zeiteinheiten (ZE) zur Verfügung steht.

In der folgenden Tabelle werden für die fünf Erzeugnisse die Absatzpreise, die variablen Stückkosten, die maximalen Absatzmengen in der kommenden Periode und die Produktionskoeffizienten angegeben. Die Fixkosten der Periode betragen 64.500 €.

Erzeugnis	A	B	C	D	E
Absatzhöchstmenge [ME]	4.000	2.000	5.000	1.500	3.000
Produktionskoeff. [ZE/ME]	2	2	4	3	5
Absatzpreis [€/ME]	40,00	50,00	30,00	40,00	30,00
Variable Stückk. [€/ME]	30,00	42,00	38,00	19,00	20,00

a) Ermitteln Sie das gewinnmaximale Produktions- und Absatzprogramm für die kommende Periode. Wie hoch ist der Gewinn in der kommenden Periode?

b) Für Werbezwecke steht ein einmaliger Betrag von 1.500 € zur Verfügung, der konzentriert für ein Erzeugnis eingesetzt werden soll. Für welches Erzeugnis würden Sie werben, wenn bei jedem Erzeugnis durch den Werbeeinsatz die in obiger Tabelle angegebenen maximalen Absatzmengen um 10% gesteigert werden könnten? Lohnt sich der Werbeeinsatz überhaupt? Welcher zusätzliche Gewinn ergibt sich ggf. durch den Werbeeinsatz?

c) Es gilt die gleiche Datensituation wie in der Aufgabe a). Das Unternehmen hat aber zusätzlich die Möglichkeit, die Produkte B und D fremd zu beziehen. Der Fremdbezugspreis für Produkt B beträgt 44,00 €/ME und der für Produkt D 31,00 €/ME. Wie sieht nun das gewinnmaximale Produktions- und Absatzprogramm aus? Welcher Gewinn ergibt sich durch diese Maßnahme?

d) Es gilt wieder die Datensituation der Aufgabe a). Nun wird dem Unternehmen die Abwicklung eines Zusatzauftrages über 3.000 ME zum Preis von 40,00 €/ME angeboten. Die Bearbeitung des Zusatzauftrages würde zu variablen Stückkosten von 28,00 €/ME führen. Pro ME wären 2 ZE der Kapazität erforderlich.

Ermitteln Sie das gewinnmaximale Produktions- und Absatzprogramm und den Gewinn der kommenden Periode für diese Situation. Soll der Zusatzauftrag angenommen werden? Wo liegt die kurzfristige Preisuntergrenze für diesen Auftrag?

Aufgabe 94: *Fremdbezug, Zusatzauftrag und Verfahrenswahl*

Ein Unternehmen kann in der kommenden Periode vier Erzeugnisse produzieren und absetzen. Zur Produktion wird ein bestimmter Rohstoff benötigt; von ihm stehen in der kommenden Periode nur 4.000 Faktoreinheiten (FE) zur Verfügung.

In der folgenden Tabelle werden für die vier Erzeugnisse die Absatzpreise, die variablen Stückkosten, die maximalen Absatzmengen in der kommenden Periode und die Produktionskoeffizienten für den Rohstoff angegeben. Die Fixkosten betragen 3.000 € pro Periode.

Erzeugnis	A	B	C	D
Absatzhöchstmenge [ME]	500	500	500	400
Produktionskoeff. [FE/ME]	2	2	5	6
Absatzpreis [€/ME]	30,00	40,00	60,00	54,00
Variable Stückk. [€/ME]	20,00	28,00	40,00	36,00

a) Ermitteln Sie das gewinnmaximale Produktions- und Absatzprogramm und den Gewinn für die kommende Periode.

b) Es gilt die gleiche Datensituation wie in der Aufgabe a). Das Unternehmen hat aber zusätzlich die Möglichkeit, die Produkte A und C fremd zu beziehen. Der Fremdbezugspreis für Produkt A beträgt 24,00 €/ME und der für Produkt C liegt bei 38,00 €/ME. Berechnen Sie nun das gewinnmaximale Produktions- und Absatzprogramm und den Gewinn.

c) Es gilt wieder die Datensituation der Aufgabe a). Nun wird der Unternehmung die Abwicklung eines Zusatzauftrages über 200 ME zum Preis von 50,00 €/ME angeboten. Die Bearbeitung des Zusatzauftrages würde zu variablen Stückkosten von 28,00 €/ME führen, und pro ME wären 4 Faktoreinheiten des Rohstoffs erforderlich. Ermitteln Sie das gewinnmaximale Produktions- und Absatzprogramm und den Gewinn der kommenden Periode für diese Situation. Soll der Zusatzauftrag angenommen werden? Wo liegt seine kurzfristige Preisuntergrenze?

d) Es gilt wieder die Datensituation der Aufgabe a). Die einzige Änderung betrifft die variablen Stückkosten. Der verwendete Rohstoff kann nicht mehr durchgehend zu 5,00 €/FE, sondern – da der Stammlieferant Lieferschwierigkeiten hat – nur noch nach der jeweiligen Bezugsquelle gestaffelt bezogen werden.

	Lieferant X	Lieferant Y	Lieferant Z
Kaufpreis [€/FE]	5,00	7,00	10,00
Max. Liefermenge [FE]	2.000	1.000	1.000

Ermitteln Sie nun das gewinnmaximale Produktions- und Absatzprogramm und den Gewinn der kommenden Periode.

4. Plankostenrechnung

4.1. Grundlagen

Aufgabe 95: *Grundlagen von Plankostenrechnungssystemen*

Entscheiden Sie bei den folgenden Aussagen jeweils, ob die Aussage richtig oder falsch ist.

a) In der starren Plankostenrechnung werden für die Planbeschäftigung echte Planwerte ermittelt.
b) Die flexible Plankostenrechnung auf Vollkostenbasis unterscheidet in der Kostenträgerrechnung zwischen fixen und variablen Kosten.
c) Die starre Plankostenrechnung nimmt in der Kostenstellenrechnung eine Trennung in fixe und variable Kostenbestandteile vor.
d) In der flexiblen Plankostenrechnung auf Teilkostenbasis werden Verbrauchsabweichungen ermittelt.
e) Die Kalkulationsergebnisse der flexiblen Plankostenrechnung auf Vollkostenbasis können als Entscheidungsgrundlage für kurzfristige Entscheidungen verwendet werden.
f) In der starren Plankostenrechnung werden Verbrauchsabweichungen ermittelt.
g) Die flexible Plankostenrechnung auf Vollkostenbasis ermittelt Beschäftigungsabweichungen.
h) In der starren Plankostenrechnung findet eine laufende monatliche Anpassung der Planwerte an veränderte Beschäftigungsgrade statt.
i) Die flexible Plankostenrechnung auf Teilkostenbasis nimmt eine jährliche Anpassung der Planwerte an veränderte Datenkonstellationen vor.

j) Die Grenzplankostenrechnung ist für Zwecke der Kostenkontrolle geeignet.

k) Bei der flexiblen Plankostenrechnung auf Vollkostenbasis hat man Kenntnis über die Grenzkosten (variable Kosten) der betrieblichen Leistungen.

l) Bei der flexiblen Plankostenrechnung auf Teilkostenbasis hat man Kenntnis über die Grenzkosten (variable Kosten) der betrieblichen Leistungen.

m) Die starre Plankostenrechnung trennt in der Kostenträgerrechnung die fixen von den variablen Kosten.

n) Die flexible Plankostenrechnung auf Vollkostenbasis passt jährlich die Planwerte an veränderte Datenkonstellationen an.

o) In der Grenzplankostenrechnung werden Fixkosten auf die Kostenträger verrechnet.

p) Die flexible Plankostenrechnung auf Vollkostenbasis ist für Zwecke der Kostenkontrolle geeignet.

q) Die Kalkulationsergebnisse der flexiblen Plankostenrechnung auf Teilkostenbasis sind als Entscheidungshilfe für kurzfristige Entscheidungen geeignet.

r) Die starre Plankostenrechnung verrechnet Fixkosten auf die Kostenträger.

s) Die Grenzplankostenrechnung unterscheidet in der Kostenstellenrechnung nicht zwischen fixen und variablen Kostenbestandteilen.

t) In der flexiblen Plankostenrechnung auf Vollkostenbasis findet eine laufende monatliche Anpassung der Planwerte an die Beschäftigung statt.

u) Die Grenzplankostenrechung ermittelt eine Beschäftigungabweichung.

v) In der starren Plankostenrechnung wird eine Gesamtabweichung ermittelt.

4.2. Plankostenrechnung auf Vollkostenbasis

Aufgabe 96: *Grundmodell der Plankostenrechnung*

Für die Kostenstelle Montage wird eine Beschäftigung von 4.200 Leistungseinheiten (LE) geplant. Die zugehörigen Plankosten betragen 315.000 €; sie sind zu 40% fix.

a) Berechnen Sie die fixen und variablen Plankosten sowie den gesamten und den variablen Plankostenverrechnungssatz in €/LE.

b) Geben Sie die Kostenfunktionen für die verrechneten Plankosten sowie für die Sollkosten an.

c) Ermitteln Sie die verrechneten Plankosten sowie die Sollkosten für Beschäftigungsgrade von 0%, 25%, 50%, 75%, 100% und 125%.

d) Veranschaulichen Sie die Linie der verrechneten Plankosten und die Linie der Sollkosten in einem Kostendiagramm.

Nach Ablauf der Periode beträgt die Istbeschäftigung 2.730 LE. Die Abrechnung weist 252.350 € Istkosten aus.

e) Berechnen Sie den Beschäftigungsgrad.

f) Der Betrieb setzt die starre Plankostenrechnung ein. Ermitteln Sie die verrechneten Plankosten und die Gesamtabweichung. Veranschaulichen Sie Ihre Ergebnisse in einem Kostendiagramm.

g) Der Betrieb setzt die flexible Plankostenrechnung auf Vollkostenbasis ein. Ermitteln Sie die verrechneten Plankosten, die Sollkosten, die Verbrauchsabweichung, die Beschäftigungsabweichung und die Gesamtabweichung. Veranschaulichen Sie Ihre Ergebnisse in einem Kostendiagramm.

h) Nennen Sie je zwei mögliche Ursachen für Verbrauchs- und Beschäftigungsabweichungen.

Aufgabe 97: *Flexible Plankostenrechnung auf Vollkostenbasis*

Ein Metallverarbeitungsbetrieb setzt die flexible Plankostenrechnung ein. Für die Kostenstelle Montage stellt die Abrechnung im Monat August folgende Daten fest:

Istkosten zu Istpreisen	28.230 €
Istkosten zu Planpreisen	27.980 €
Plankosten gesamt	30.000 €
Plankosten fix	18.000 €
Beschäftigungsgrad	80%

a) Berechnen Sie die Preisabweichung.

b) Ermitteln Sie die Verbrauchsabweichung.

c) Berechnen Sie die Beschäftigungsabweichung.

d) Ermitteln Sie die Gesamtabweichung.

Aufgabe 98: *Kostenbericht bei flexibler Plankostenrechnung auf Vollkostenbasis*

Der Kostenrechner eines mittelständischen Unternehmens, das die flexible Plankostenrechnung auf Vollkostenbasis einsetzt, will in einer Krisensitzung den Kostenbericht (Soll-Ist-Vergleich) für die Kostenstelle Dreherei vorlegen. Leider liegen ihm aus der letzten Abrechnungsperiode nur die im folgenden Bericht eingetragenen Werte vor.

Helfen Sie dem Kostenrechner, indem Sie die fehlenden Informationen an den gepunkteten Stellen ergänzen.

Soll-Ist-Vergleich der Kostenstelle Dreherei für Oktober						
Planbezugsgröße	3.740 Fertigungsstunden (h)					
Istbezugsgröße	2.992 Fertigungsstunden (h)					
Beschäftigungsgrad	.... %					
Kostenart	Plankosten			Soll-kosten	Ist-kosten	Verbr.-abw.
	variabel	fix	gesamt			
Fertigungslöhne	119.680	0	....	....	95.744	....
Hilfslöhne	23.820	34.200	....	....	54.236	....
Sonstige Kosten	43.500	78.000	....	....	114.380	....
Summe	....	....	....	....	....	....
Plankost.satz (€/h)	....	....	....			
Verrechnete Plank.			....			
Beschäftigungsabw.			....			
Gesamtabweichung			....			

Aufgabe 99: *Flexible Plankostenrechnung mit Variator*

Ein Dienstleistungsbetrieb setzt die flexible Plankostenrechnung ein. Die Abrechnung einer Kostenstelle weist für den Monat März des laufenden Geschäftsjahres Istkosten auf Basis der Bewertung zu Istpreisen in Höhe von 252.042 € aus; darin sind +2% Preisabweichung gegenüber den Istkosten auf Basis der Bewertung zu Planpreisen enthalten. Die Verbrauchsabweichung beträgt 3.116 €. Die Istbeschäftigung wurde mit 5.290 Leistungseinheiten (LE) festgestellt. Sie liegt um 15% über der Planbeschäftigung. Bei Planbeschäftigung beträgt der Variator 7.

a) Berechnen Sie den Plankostenverrechnungssatz in €/LE.

   Hinweis: Es ist zweckmäßig, die Sollkosten in Abhängigkeit vom Beschäftigungsgrad zu beschreiben und die variablen und fixen Plankosten jeweils als Anteil der gesamten Plankosten darzustellen.

b) Es ist davon auszugehen, dass jede Leistungseinheit einem Zeitäquivalent von 24 Minuten entspricht. Berechnen Sie nunmehr den Plankostenverrechnungssatz pro Stunde.

c) Ermitteln Sie die Beschäftigungs- und die Gesamtabweichung.

Aufgabe 100: *Plankostenverrechnungssatz*

Das Hotel Waidmannsheil setzt neuerdings die flexible Plankostenrechnung ein. Für den Abrechnungszeitraum Oktober des laufenden Jahres zeigt der Ist-BAB auf der Basis von Planpreisen für die Kostenstelle Verpflegung Küche Kosten von insgesamt 14.350 €. Dieser Betrag liegt um die Verbrauchsabweichung in Höhe von 484,72 € über den Sollkosten für die Istbeschäftigung von 1.320 Essen. Dabei wurde die Planbeschäftigung sogar um 10% übertroffen. Bei Planbeschäftigung beträgt der Fixkostenanteil 60%.

Berechnen Sie den Plankostenverrechnungssatz pro Essen.

Aufgabe 101: *Fixkostenermittlung*

Der Kostenrechner eines mittelständischen Unternehmens, das die flexible Plankostenrechnung auf Vollkostenbasis einsetzt, will in einer Krisensitzung über die Fixkosten im Unternehmen berichten. Leider liegen ihm aus der letzten Abrechnungsperiode nur folgende Angaben vor.

Beschäftigungsgrad	65%
Istkosten zu Istpreisen	700.400 €
Verbrauchsabweichung	26.000 €
Gesamtabweichung	116.400 €

Die Istkosten zu Istpreisen beinhalten eine Verteuerung gegenüber den Planpreisen von 3%.

Helfen Sie dem Kostenrechner und bestimmen Sie die Höhe der Fixkosten des Unternehmens.

Hinweis: Ermitteln Sie zunächst die Beschäftigungsabweichung; sie beschreibt hier die zu wenig verrechneten Fixkosten.

Aufgabe 102: *Soll-Ist-Vergleich bei flexibler Plankostenrechnung*

Aus der Jahresplanung der Kostenstelle Endmontage eines Maschinenbauunternehmens leitet der Kostenrechner für den Monat April mit 20 Arbeitstagen maschinell den an den gepunkteten Stellen noch zu vervollständigenden Kostenplan ab (vgl. nächste Seite).

a) Ermitteln Sie aus den Daten des Kostenplans für den Monat April den proportionalen, den fixen und den vollen Verrechnungssatz der Kostenstelle.

Kostenplan der Kostenstelle Endmontage für April			
Planbeschäftigung (Fertig.std.)	1.440		
Lohnsatz (€/Fertigungsstd.)	30,00		
Plankosten	*variabel*	*fix*	*gesamt*
Fertigungslöhne	43.200,00	0,00	43.200,00
Personalzusatzk. auf Fertig.löhne	25.920,00	8.640,00	34.560,00
Hilfslöhne inkl. Personalzusatzk.	2.022,40	3.033,60	5.056,00
Energiekosten	1.152,00	0,00	1.152,00
Sonstige Kosten	1.145,60	22.886,40	24.032,00
Summe	....	....	....
Plankostenverrechnungssatz	....	....	....

In der laufenden Abrechnung für den Monat April wird für die Endmontage eine Fertigungsleistung von 1.116 Fertigungsstunden ermittelt. Die Istkosten der einzelnen Kostenarten sind dem folgenden, noch unvollständigen Soll-Ist-Vergleich zu entnehmen.

b) Berechnen Sie in der folgenden Tabelle (vgl. nächste Seite) die Sollkosten und die Verbrauchsabweichungen der einzelnen Kostenarten und der Kostenstelle Endmontage insgesamt, die Beschäftigungsabweichung und die Gesamtabweichung.

c) Erläutern Sie die Bedeutung und zwei mögliche Ursachen von Verbrauchsabweichungen.

d) Erklären Sie verbal und rechnerisch unter Zuhilfenahme des fixen Plankostenverrechnungssatzes die Beschäftigungsabweichung.

e) Berechnen Sie, wie sich die Abweichungen auf das effektive Betriebsergebnis des Unternehmens im Monat April auswirken. Das

Unternehmen ermittelt das Betriebsergebnis mit dem Umsatzkostenverfahren zunächst auf der Basis verrechneter Kosten und anschließend das effektive Betriebsergebnis. Das Betriebsergebnis zu verrechneten Kosten beträgt 110.000 €.

Soll-Ist-Vergleich der Kostenstelle Endmontage für April			
Planbeschäftigung (Fertigungsstd.)	1.440		
Istbeschäftigung (Fertigungsstd.)	1.116		
Beschäftigungsgrad (Prozent)	....		
	Sollkosten	*Istkosten*	*Verbrauchsabweichung*
Fertigungslöhne	....	33.480,00	....
Personalzusatzk. auf Fertig.löhne	....	29.027,30	....
Hilfslöhne inkl. Personalzusatzk.	....	4.969,35	....
Energiekosten	....	948,40	....
Sonstige Kosten	....	25.274,95	....
Summe	....	93.700,00	....
Verrechnete Plankosten	....		
Beschäftigungsabweichung	....		
Gesamtabweichung	....		

4.3. Plankostenrechnung auf Teilkostenbasis

Aufgabe 103: *Flexible Plankostenrechnung zu Voll- und Teilkosten*

In einem Unternehmen arbeitet man auf der Basis einer flexiblen Plankostenrechnung auf Vollkostenbasis. In einer Kostenstelle wird für den kommenden Monat eine Planbeschäftigung von 1.200 ME festgelegt. Die geplanten Gemeinkosten dieser Kostenstelle belaufen sich auf 12.000 €, davon sind 7.200 € fix. Nach Ablauf des Monats wird festgestellt, dass die Istbeschäftigung 1.400 ME betragen hat, gleichzeitig sind Istkosten von 16.000 € angefallen.

a) Ermitteln Sie die Verbrauchsabweichung, die Beschäftigungsabweichung und die Gesamtabweichung der Kostenstelle.

b) Erläutern Sie, welche der unter a) genannten Abweichungen auftreten, wenn die Unternehmung mit einer Grenzplankostenrechnung arbeitet.

Aufgabe 104: *Abweichungen bei flexibler Plankostenrechnung*

Eine Reparaturwerkstatt plant für den Monat März des laufenden Geschäftsjahres die Leistung von 8.000 Stunden. Der volle Plankostenverrechnungssatz wird mit 80,00 €/Stunde ermittelt. Die Plankosten sind zu 40% fix. Nach Ablauf des Monats wird eine Istbeschäftigung von 7.200 Stunden festgestellt. Der auf Basis der Istkosten zu statistischen Zwecken ermittelte Istkostensatz beträgt 83,00 €/Stunde.

a) Ermitteln Sie die Beschäftigungs-, die Verbrauchs- und die Gesamtabweichung bei Anwendung der flexiblen Plankostenrechnung auf Vollkostenbasis.

b) Begründen Sie, welche der unter a) genannten Abweichungen bei Anwendung der flexiblen Plankostenrechnung auf Teilkostenbasis nicht auftritt. Zeigen Sie, wie und unter welcher Bezeichnung bei diesem System der Plankostenrechnung die dadurch verlorene Information ersatzweise berechnet wird.

c) Veranschaulichen Sie Ihre Ergebnisse zu a) in einer Skizze.

Aufgabe 105: *Kostenbericht bei flexibler Plankostenrechnung auf Teilkostenbasis*

Der Kostenrechner eines mittelständischen Unternehmens, das die flexible Plankostenrechnung auf Teilkostenbasis einsetzt, will in einer Krisensitzung den Kostenbericht (Soll-Ist-Vergleich) für die Kostenstelle Fräserei vorlegen. Leider liegen ihm aus der letzten Abrechnungsperiode nur die im folgenden Bericht eingetragenen Werte vor.

Helfen Sie dem Kostenrechner, indem Sie die fehlenden Informationen an den gepunkteten Stellen ergänzen.

Soll-Ist-Vergleich der Kostenstelle Fräserei für Oktober					
Planbezugsgröße	1.200 Fertigungsstunden (h)				
Istbezugsgröße	.... Fertigungsstunden (h)				
Beschäftigungsgrad	87,50 %				

| Kostenart | Plankosten ||| Soll-kosten | Ist-kosten | Verbr.-abw. |
	variabel	fix	gesamt			
Fertigungslöhne	28.000	0	....	....	24.500	....
Hilfslöhne	12.000	....	16.000	....	10.950	....
Sonstige Kosten	....	38.000	76.000	....	33.800	....
Summe	....	....	....	....	....	....
Plankost.satz (€/h)	....	....	....			
Verrechnete Plank.*)	....					
Nutzkosten	....					
Leerkosten	....					

*) Beachten Sie, dass die fixen Plankosten als Block in die Betriebsergebnisrechnung fließen und nicht auf Kostenträger verrechnet werden.

4.4. Sonderaspekte der Plankostenrechnung

Aufgabe 106: *Kostenplanung bei flexibler Plankostenrechnung*

Ein Unternehmen des Maschinenbaus setzt zur Steuerung und Kontrolle der Kostenstellen die flexible Plankostenrechnung zu Vollkosten ein. Die Kostenplanung basiert auf einer Beschäftigungsplanung und erfolgt für den Zeitraum eines Jahres (250 Arbeitstage). Die Plankosten aller Kostenarten werden auf der Basis von Verrechnungspreisen ermittelt.

Gegenstand der folgenden Betrachtungen ist die Kostenstelle Endmontage, in der insgesamt 12 Mitarbeiter im Fertigungslohn diverse Baugruppen zu unterschiedlichen Maschinen zusammenbauen. Aufgrund der variantenreichen Produktpalette erfolgt die Endmontage manuell. Die Kostenstruktur ist durch einen hohen Anteil der Personalkosten geprägt. Die Fertigungszeiten für die Montage der Maschinen werden von der Arbeitsvorbereitung ermittelt; diese Zeiten dienen sowohl der Fertigungsplanung als auch der Ermittlung des Fertigungslohns.

Die Beschäftigungsplanung erfolgt in der Kostenstelle Endmontage auf der Basis der Zahl der Fertigungslöhner (kapazitätsorientiert). Je Fertigungslöhner wird für das Planjahr eine durchschnittliche Fertigungszeit von 1.500 Stunden angesetzt. Neben der Fertigungszeit fallen Hilfslohnzeiten für Anlernen, Warten, Reinigen des Arbeitsplatzes etc. an. Die effektive Jahresanwesenheitszeit beträgt rund 1.580 Stunden je Fertigungslöhner.

Der durchschnittliche Fertigungslohnsatz der Kostenstelle Endmontage wird mit 30,00 € je Fertigungsstunde geplant. Auf die Fertigungslöhne sind Personalzusatzkosten in Höhe von 80% zu verrechnen; diese sind zu drei Viertel beschäftigungsproportional, zu einem

Viertel beschäftigungsunabhängig. Die Hilfslöhne werden einschließlich der Personalzusatzkosten mit 63.200 € angesetzt; der Variator dieser Kostenart ist 4. Die Energiekosten sind vollständig leistungsabhängig. Auf jeweils drei Fertigungsstunden fällt eine Maschinenstunde an. Die installierte maximale elektrische Maschinenlast beträgt 20 KW, die durchschnittliche Auslastung 60%. Der Strompreis liegt bei 0,20 €/KWh. Die sonstigen Kosten der Kostenstelle Endmontage betragen 14.320 € proportional und 286.080 € fix.

a) Erläutern Sie, warum die Fertigungszeit hier eine geeignete Bezugsgröße für die Beschäftigung ist, und berechnen Sie auf der Basis der vorliegenden Daten die Planbeschäftigung des Jahres.

b) Berechnen Sie innerhalb des nachfolgenden Kostenplans die Plankosten der einzelnen Kostenarten und der Kostenstelle Endmontage insgesamt. Ermitteln Sie anschließend den variablen, den fixen sowie den vollen Verrechnungssatz der Kostenstelle.

Kostenplan der Kostenstelle Endmontage			
Planbeschäftigung (Fertig.std.)	....		
Fertigungslohnsatz (€/Fertig.std.)	....		
Plankosten	variabel	*fix*	gesamt
Fertigungslöhne	....	....	....
Personalzusatzk. auf Fertigungslöhne	....	....	....
Hilfslöhne inkl. Personalzusatzk.			
Energiekosten			
Sonstige Kosten			
Summe	....	....	....
Plankostenverrechnungssatz	....	....	....

Aufgabe 107: *Kostenkontrolle bei Spezialabweichungen*

In der Montageabteilung eines Kunststoffwerkes wird im Monat Mai an 20 Werktagen im Einschichtbetrieb gearbeitet. In einer Schicht zu 8 Stunden können 24 Kunststoffbehälter hergestellt werden.

Das Unternehmen plant für den Monat Mai eine Produktion von insgesamt 480 Behältern. Für die Fertigung eines Behälters benötigt man 3 Fertigungsstunden. Die Fixkosten betragen monatlich 96.000 €. Die Kostenplanung liefert folgende Daten:

Lohnkosten pro Fertigungsstunde	22,00 €
Stromverbrauch pro Fertigungsstunde	50 kwh
Wasserverbrauch pro Fertigungsstunde	2 m³
Strompreis pro kwh	0,30 €
Wasserpreis pro m³	5,00 €

Die sonstigen variablen Gemeinkosten betragen 12.000 € für die Planbeschäftigung. Eine Erhöhung der Produktion kann durch Überstunden erreicht werden, für die ein Zuschlag von 50% zu zahlen ist.

Tatsächlich beträgt die Produktion des Monats Mai 600 Behälter, und die Istkosten liegen bei 210.000 €.

a) Ermitteln Sie die Verbrauchsabweichung, die Überstundenabweichung, die Beschäftigungsabweichung und die Gesamtabweichung.

b) Geben Sie Empfehlungen, wie der Controller weiter vorgehen soll, und analysieren Sie die Ergebnisse aus Teilaufgabe a).

c) Erläutern Sie neben den genannten Überstunden weitere Maßnahmen, mit deren Hilfe sich die Mehrproduktion erreichen lässt.

Aufgabe 108: *Differenzierte und kumulative Abweichungsanalyse*

Im Rahmen eines Kundenauftrags wird ein bestimmtes Material eingesetzt. Im Rahmen der Vorkalkulation des Auftrags rechnet man mit einer Planverbrauchsmenge von 200 kg zu einem Planpreis in Höhe von 10 €/kg. Tatsächlich werden 240 kg des Materials verbraucht, und der Einstandspreis liegt bei 12 €/kg.

a) Nennen Sie vier mögliche Ursachen für Über- bzw. Unterschreitungen der Ist- gegenüber der Planverbrauchsmenge. Führen Sie zu jeder Ursache ein Beispiel an.

b) Berechnen Sie mit Hilfe der differenzierten Abweichungsanalyse die Mengenabweichung, die Preisabweichung, die Abweichung zweiten Grades (Mischabweichung) und die Gesamtabweichung, die durch den Einsatz des Materials entstanden ist.

c) Berechnen Sie mit Hilfe der kumulativen Abweichungsanalyse ausgehend von den Istkosten und in der aufgeführten Reihenfolge die Preisabweichung, die Mengenabweichung sowie die Gesamtabweichung. Erläutern Sie, weshalb die Preisabweichung jetzt von der Preisabweichung gegenüber den Ergebnissen bei der differenzierten Abweichungsanalyse gemäß Aufgabenteil b) abweicht.

Lösungen

1. Einführung und Grundlagen

1.1. Teilgebiete und Grundbegriffe des unternehmerischen Rechnungswesens

Aufgabe 1: *Aufgaben und Teilgebiete des Rechnungswesens*

a) Das Rechnungswesen dient der Erfassung, Verarbeitung und Auswertung /der wichtigsten/ Mengen- und Wertbewegungen eines Unternehmens.	*aller*
b) Die Finanzbuchhaltung ist als Informationsquelle für /die Unternehmensleitung/ bestimmt und soll die Erfolgs-, Vermögens-, Schulden- und Liquiditätslage dokumentieren.	*Unternehmensexterne*
c) Die Gestaltung des /externen/ Rechnungswesens orientiert sich an den Zwecken, die ihm aus Sicht der Unternehmensleitung zukommen.	*internen*
d) Die /Betriebs/buchhaltung entspricht der Finanzbuchhaltung, die /Geschäfts/buchhaltung der Kosten- und Leistungsrechnung.	*Geschäfts* *Betriebs*
e) Die Nebenbuchhaltungen umfassen die Lohn- und Gehaltsbuchhaltung, die Anlagenbuchhaltung und die /Kosten- und Leistungsrechnung/.	*Materialbuchhaltung*
f) Die Finanzbuchhaltung umfasst auch Wertverbräuche in Form von Katastrophenschäden.	✓
g) Die Kosten- und Leistungsrechnung konzentriert sich auf betriebs/fremde/ Leistungserstellungen und Güterverbräuche.	*zweckbezogene*
h) Betriebliche Statistik, Planungsrechnung und /Finanzbuchhaltung/ sind die Kernbereiche der	*Kosten-/Leis-*

Betriebswirtschaft und des betrieblichen Controllings.

i) Finanzbuchhaltung und Kosten- und Leistungsrechnung sind /~~stets vollständig unabhängig voneinander~~/. — *tungsrechnung* / *direkt miteinander verbunden*

j) Im Rahmen der /~~Kosten- und Leistungsrechnung~~/ werden die gesetzlichen Gestaltungsspielräume zur Beeinflussung des Jahresabschlusses genutzt. — *Finanzbuchhaltung*

k) Die Kosten- und Leistungsrechnung sollte sich auf eine objektive Datenbasis stützen, damit die richtigen, existenzsichernden Entscheidungen getroffen werden können. — ✓

Aufgabe 2: *Auszahlung, Ausgabe, Aufwand, Kosten (I)*

	Auszahlg.	Ausgabe	Aufwand	Kosten
a) Anzahlung Fertigungsstraße	50.000			
b) Darlehn Tilgung	60.000			
Zinsen für Dez.	600			
c) Januargehalt	10.000	10.000	10.000	10.000
d) Bezahlung der Butter	5.800			
e) Verbrauch Salz			560	672
f) Trockenmilchlieferung		9.800		
g) LKW Kauf	20.000	240.000		
LKW Abschrbg.			2.000	2.500
h) Kalkulatorische Wagnisse				2.400

Aufgabe 3: *Auszahlung, Ausgabe, Aufwand, Kosten (II)*

a)

	Auszahlung	Ausgabe	Aufwand	Kosten
20.03.	0	0	0	0
08.04.	* 0	** 8.600	0	0
05.05.	8.600	*** 0	0	0
17.05.	0	0	3.440	4.000
12.06.	0	0	2.580	3.000
31.12.	8.600	8.600	6.020	7.000

* noch kein Geldabgang
** Schuldenzugang in Höhe von 8.600
*** Auszahlung über 8.600 wird durch Schuldenabgang in gleicher Höhe kompensiert

b) Zum Ende des Geschäftsjahres liegen noch 150 Drückergarnituren à 17,20 € auf Lager, entsprechend einem Wert von 2.580 €. Um diesen Betrag differieren Ausgabe und Aufwand. Mit dem Verbrauch der restlichen Drückergarnituren - z.B. im Folgejahr - wird auch zusätzlicher Aufwand in Höhe von 2.580 € anfallen, sodass über den Gesamtzeitraum letztlich Ausgabe und Aufwand übereinstimmen.

Aufgabe 4: *Grundbegriffe des Rechnungswesens*

a) Wenn liquide Mittel abfließen, ohne dass Güter /~~verbraucht~~/ worden sind, dann handelt es sich um eine Auszahlung, jedoch nicht um eine Ausgabe. | *beschafft*

b) Einnahmen und /~~Erträge~~/ einer Periode stimmen immer dann überein, wenn der Zugang liquider Mittel gleich dem Umsatz der Periode ist. | *Einzahlungen*

c) Wenn der Endbestand eines Rohstoffes in einer Periode größer als der Anfangsbestand ist, so muss eine /~~Einzahlung~~/ stattgefunden haben. | *Ausgabe*

d) Ausgaben und Auszahlungen fallen immer dann auseinander, wenn /~~Lagerbestandsveränderungen~~/ stattfinden. | *Kreditvorgänge*

e) Anderskosten sind kalkulatorische Kosten, denen Aufwand in anderer Höhe gegenübersteht. | ✓

f) Eine Gutschrift auf dem Bankkonto ist nur dann gleichzeitig /~~ein Ertrag~~/ der Periode, wenn in derselben Periode ein Veräußerungsvorgang stattgefunden hat. | *eine Einnahme*

g) Bei der Inanspruchnahme von Dienstleistungen decken sich in der Regel Aufwendungen, /~~Auszahlungen~~/ und Kosten. | *Ausgaben*

h) /~~Einnahmen und Ausgaben~~/ sind stets erfolgswirksam und erhöhen bzw. vermindern den Erfolg in der Finanzbuchhaltung. | *Erträge und Aufwendungen*

i) Zu den neutralen Aufwendungen rechnen betriebsfremde, außerordentliche und /~~kostenrechnerisch anders bewertete~~/ Aufwendungen. | *periodenfremde*

j) Kapitaleinlagen und -entnahmen der Eigner führen zwar zu /~~Erträgen und Aufwendungen~~/, sind aber niemals erfolgswirksam. | *Ein- u. Auszahlungen bzw. Einnahmen u. Ausgaben*

Aufgabe 5: *Bewegungsgrößen des Rechnungswesens*

a) Zahlungsrechnung

Die Zahlungsrechnung erfordert eine monatliche Fortschreibung der Ein- und Auszahlungen ausgehend vom Geld-Anfangsbestand.

	März	April	Mai	Juni	Juli
Geld-Anfangsbestand	22.500	5.200	200	40.975	56.625
Einzahlungen ...					
aus Forderungen Anfang März	19.000	19.000	19.000		
aus Verkäufen April		9.800	19.600		
aus Verkäufen Mai			13.475	26.950	
aus Verkäufen Juni					39.935
aus Vermietung	2.400	2.400	2.400	2.400	2.400
Auszahlungen ...					
für Lieferverb. Anfang März	-5.000	-5.000			
für Lieferung Eisenrohlinge	-20.000	-16.000			
für Löhne	-7.000	-7.000	-7.000	-7.000	-7.000
für Reparatur Maschine		-600			
für weitere betr. zahl. Aufwend.	-3.500	-3.500	-3.500	-3.500	-3.500
für zahlungswirks. Mietaufw.	-1.200	-1.200	-1.200	-1.200	-1.200
für Reparatur Dachrinne		-900			
für Zinsen Bankdarlehen	-2.000	-2.000	-2.000	-2.000	-2.000
Geld-Endbestand	5.200	200	40.975	56.625	85.260

b) Einnahmen-/Ausgaben-Rechnung

	März	April	Mai	Juni	Juli
Geld- u. Kredit-Anfangsbestand	-170.500	-218.700	-201.200	-172.075	-142.950
Einnahmen ...					
aus Verkäufen		29.400	40.425	40.425	
aus Vermietung	2.400	2.400	2.400	2.400	2.400
Ausgaben ...					
für Erlösberichtig. (Verk. Juni)					-490
für Lieferung Eisenrohlinge	-36.000				
für Löhne	-7.000	-7.000	-7.000	-7.000	-7.000
für Reparatur Maschine		-600			
für weitere betr. zahl. Aufwend.	-3.500	-3.500	-3.500	-3.500	-3.500
für zahlungswirks. Mietaufw.	-1.200	-1.200	-1.200	-1.200	-1.200
für Reparatur Dachrinne	-900				
für Zinsen Bankdarlehen	-2.000	-2.000	-2.000	-2.000	-2.000
Geld- u. Kredit-Endbestand	-218.700	-201.200	-172.075	-142.950	-154.740

c) FiBu-Erfolgsrechnung

	März	April	Mai	Juni	Juli	gesamt
Erträge						
Erlöse		29.400	40.425	40.425		110.250
B.mehrg. Schraub.		4.860				4.860
Mieterträge	2.400	2.400	2.400	2.400	2.400	12.000

Fortsetzung zu c)

	März	April	Mai	Juni	Juli	gesamt
Aufwendungen						
B.mindrg. Schraub.			-2.430	-2.430		-4.860
Erlösberichtigung					-490	-490
Materialverbrauch		-12.000	-12.000	-12.000		-36.000
Löhne	-7.000	-7.000	-7.000	-7.000	-7.000	-35.000
Reparatur Maschi.		-600				-600
Weitere betr. Aufw.	-5.000	-5.000	-5.000	-5.000	-5.000	-25.000
Aufw. Mietshaus	-1.900	-1.900	-1.900	-1.900	-1.900	-9.500
Repar. Dachrinne	-900					-900
Zinsen Bankdarl.	-2.000	-2.000	-2.000	-2.000	-2.000	-10.000
FiBu-Erfolg	-14.400	8.160	12.495	12.495	-13.990	4.760

d) Betriebsergebnisrechnung

	März	April	Mai	Juni	Juli	gesamt
Leistungen						
Erlöse		29.400	40.425	40.425		110.250
B.mehrg. Schraub.		4.860				4.860
Kosten						
B.mindrg. Schraub.			-2.430	-2.430		-4.860
Erlösberichtigung					-490	-490
Materialverbrauch		-12.000	-12.000	-12.000		-36.000

Fortsetzung zu d)

	März	April	Mai	Juni	Juli	gesamt
Löhne	-7.000	-7.000	-7.000	-7.000	-7.000	-35.000
Reparatur Maschi.		-600				-600
Weitere betr. Aufw.	-5.300	-5.300	-5.300	-5.300	-5.300	-26.500
Kalkulat. Zinsen	-1.800	-1.800	-1.800	-1.800	-1.800	-9.000
Betriebsergebnis	-14.100	7.560	11.895	11.895	-14.590	2.660

Aufgabe 6: *Zwecke und Aufgaben der Kostenrechnung*

a) Zielmaßstäbe der Kostenrechnung sind insbesondere /die Liquidität/ und die Wirtschaftlichkeit. — *das Betriebsergebnis*

b) Wirtschaftliches Verhalten aller Unternehmensbeteiligten wirkt sich günstig auf die Höhe des Betriebsergebnisses aus. — ✓

c) Ein Unternehmen arbeitet /wirtschaftlich/, wenn die Leistungen größer sind als die Kosten. — *erfolgreich*

d) Wenn ein Unternehmen dauerhaft /wirtschaftlich/ arbeitet, ist es in seiner Existenz kaum gefährdet. — *erfolgreich*

e) Die Bereitstellung von Unterlagen für Entscheidungen über Preisober- und Preisuntergrenzen, die Sortimentsgestaltung sowie Eigenfertigung und Fremdbezug sind typische /Dokumentationsaufgaben der Finanzbuchhaltung/. — *Planungsaufgaben der Kosten- u. Leistungsrechnung*

f) Die Gewinnung und Bereitstellung von Unterlagen, die die tatsächlichen Mengen- und Wertströme als Leistungen und Kosten wiedergeben, bezeichnet man als Dokumentation. ✓

g) Zu den Kontrollaufgaben der Kosten- und Leistungsrechnung gehören die Kontrolle der Wirtschaftlichkeit, die Beurteilung des Betriebsergebnisses und /~~die Versendung von Mahnungen~~/. | *die Lokalisierung von Erfolgsquellen*

h) Planungsrechnungen dienen der Vorbereitung betrieblicher Entscheidungen und sollten auf der Basis von /~~Istdaten erfolgen, da nur diese hinreichend sicher bekannt sind~~/. | *Plandaten erfolgen*

i) Kontrollrechnungen in Form eines /~~Soll-Ist-Vergleiches~~/ werden dadurch erschwert, dass sich die Rahmenbedingungen wie Betriebsgröße, Produktionsprogramm und Leistungsprozess unterscheiden. | *Betriebsvergleichs*

j) Eine Kontrollrechnung durch /~~Soll-Ist-Vergleich~~/ ist kritisch zu beurteilen, weil unter Umständen „Schlendrian mit Schlendrian" verglichen wird. | *Zeitvergleich*

k) Bei einer jahresbezogenen Planung sollte die Kontrolle /~~zum Jahresende~~/ erfolgen, um rechtzeitig Fehlentwicklungen zu erkennen. | *unterjährig, z.B. monatlich*

l) Kosten- und Leistungsziele im Sinne von Budgets dienen zum einen als Zielvorgabe und Anreiz, zum anderen bilden sie einen Maßstab für Kontrollrechnungen. ✓

Aufgabe 7: *Datengewinnung in der Kostenrechnung*

Es sind vier Schritte erforderlich:

- Aus den gesamten Aufwendungen der Periode müssen die neutralen Aufwendungen (außerordentliche, periodenfremde, betriebsfremde Aufwendungen) ausgesondert werden, weil sie die interne Erfolgsrechnung nicht berühren.

- Von den Zweckaufwendungen werden einige Aufwandsarten unverändert übernommen. In der Kostenrechnung heißen sie Grundkosten.

- Die übrigen Zweckaufwandsarten werden mit anderen Werten übernommen; kostenrechnerisch heißen sie Anderskosten.

- Schließlich werden noch einige Kostenarten hinzugefügt, die in der Finanzbuchhaltung nicht als Aufwand erfasst werden; man nennt sie Zusatzkosten.

1.2. Kostenbegriffe und Kostenfunktionen

Aufgabe 8: *Kostenauflösung*

Die allgemeine Kostenfunktion hat folgende Form:

$K = K_f + k_v \cdot B$

mit K_f = Fixkosten
k_v = variable Stückkosten
B = Beschäftigung

a) Differenzen-Quotienten-Verfahren

$$k_v = \frac{11.250 - 8.475}{875 - 600} = 10,\overline{09}$$

$$K = K_f + 10,\overline{09} \cdot B$$

$$11.250 = K_f + 10,\overline{09} \cdot 875$$

$$K_f = 2.420,\overline{45}$$

$$K = 2.420,\overline{45} + 10,\overline{09} \cdot B$$

b) Reihenhälften-Verfahren

Beim Reihenhälften-Verfahren werden die empirischen Daten in zwei Hälften geteilt, und zwar in eine untere und eine obere Hälfte. Die Maschinenstunden erscheinen dabei in aufsteigender Reihenfolge. Dann wird für jede Datenhälfte das arithmetische Mittel der Bezugsgrößen und Kostenwerte bestimmt. Auf die beiden so ermittelten Wertepaare wendet man dann das Differenzen-Quotienten-Verfahren an.

Monat	Beschäftigung (Maschinenstunden)	Stromkosten (€)
August	600	8.475
Februar	625	8.250
Juli	650	9.750
März	675	9.525
Januar	700	10.500
April	725	10.275
⌀ untere Hälfte	662,5	9.462,50

Einführung und Grundlagen - Lösungen

Monat	Beschäftigung (Maschinenstunden)	Stromkosten (€)
Dezember	750	9.750
November	775	11.025
September	800	10.500
Mai	825	11.000
Juni	850	11.625
Oktober	875	11.250
⌀ obere Hälfte	812,5	$10.858,\overline{33}$

$$k_v = \frac{10.858,\overline{33} - 9.462,50}{812,50 - 662,50} = 9,30\overline{55}$$

$$K = K_f + 9,30\overline{55} \cdot B$$

$$10.858,\overline{33} = K_f + 9,30\overline{55} \cdot 812,50$$

$$K_f = 3.297,566113$$

$$K = 3.297,566113 + 9,30\overline{55} \cdot B$$

c) Lineare Einfach-Regression

$$k_v = \frac{n \sum_{i=1}^{n} B_i K_i - \sum_{i=1}^{n} B_i \sum_{i=1}^{n} K_i}{n \sum_{i=1}^{n} B_i^2 - \left(\sum_{i=1}^{n} B_i \right)^2}$$

$$K_f = \frac{\sum_{i=1}^{n} B_i^2 \sum_{i=1}^{n} K_i - \sum_{i=1}^{n} B_i \sum_{i=1}^{n} B_i K_i}{n \sum_{i=1}^{n} B_i^2 - \left(\sum_{i=1}^{n} B_i \right)^2}$$

$$\sum_{i=1}^{n} B_i = 8.850$$

$$\sum_{i=1}^{n} K_i = 121.925$$

$$\sum_{i=1}^{n} B_i^2 = 6.616.250$$

$$\sum_{i=1}^{n} B_i K_i = 90.864.375$$

$$k_v = \frac{12 \cdot 90.864.375 - 8.850 \cdot 121.925}{12 \cdot 6.616.250 - 8.850^2} = 10{,}56993$$

$$K_f = \frac{6.616.250 \cdot 121.925 - 90.864.375 \cdot 8.850}{12 \cdot 6.616.250 - 8.850^2} = 2.365{,}093287$$

$$K = 2.365{,}09 + 10{,}56993 \cdot B$$

Aufgabe 9: *Strukturierung der Kosten*

a) Die /Kostenstellenrechnung/ beinhaltet eine Unterteilung der Kosten nach der Art der Verbrauchsgüter. | *Kostenarten-rechnung*

b) Die Fertigungstiefe eines Unternehmens ist umso /höher/, je größer der Anteil der Materialkosten bzw. je niedriger der Anteil der Personalkosten an den Gesamtkosten ist. | *geringer*

c) Die Kosten für verschiedene Arten von Erzeugnissen und Dienstleistungen sowie Aufträge werden üblicherweise auf /Kostenstellen/ verbucht. | *Kostenträger*

d) /~~Variable Kosten~~/ entstehen für den Verbrauch von Gütern und Dienstleistungen, die von extern bezogen werden; /~~fixe Kosten~~/ fallen für Leistungen an, die eine Kostenstelle für andere Kostenstellen erbringt. | *Primärkosten*

Sekundärkosten

e) Kosten, die einem Bezugsobjekt direkt zugerechnet werden können, bezeichnet man als /~~variable Kosten~~/. | *Einzelkosten*

f) Kosten, die einem Kostenträger, z.B. einem Auftrag, direkt zugerechnet werden können, bezeichnet man üblicherweise (nur) als Einzelkosten; hingegen bezeichnet man Gemeinkosten auch als Kostenstelleneinzelkosten, wenn sie einer Kostenstelle eindeutig und direkt zugeordnet werden können. | ✓

g) Variable Kosten verhalten sich beschäftigungsabhängig, d.h. sie steigen degressiv, proportional oder /~~stufenweise~~/, wenn die Beschäftigung steigt. | *progressiv*

h) Eine Kapazitätsausweitung durch Investitionen ist im Allgemeinen mit /~~Normalkosten~~/ verbunden; die Kostenkurve weist an der bisherigen Kapazitätsgrenze /~~einen Knick~~/ auf. | *sprungfixen Kosten*

eine Sprungstelle

i) Bei rückläufiger Beschäftigung sinken die Kosten nicht in dem Maße, wie sie bei zunehmender Beschäftigung steigen; dieser Sachverhalt hat seinen Grund in der /~~Zahlungsunwirksamkeit~~/ der Kosten. | *Remanenz*

Aufgabe 10: *Kostengrößen*

a) Mit der angegebenen Gesamtkostenfunktion von K = 800 + 1,5 M ist festgelegt, dass die Fixkosten 800 GE ausmachen und die variablen Kosten durch die (Teil-)Funktion 1,5 M bestimmt sind. Aufgrund dieser Funktion liegt ein proportionaler Kostenverlauf vor, weil mit jeder zusätzlichen Mengeneinheit 1,5 GE an variablen Kosten zusätzlich anfallen.

b) - Gesamtkosten: K = 800 + 1,5 · 500 = 1.550 [GE]

- Variable Gesamtkosten: K_v = 1,5 · 500 = 750 [GE]

- Fixe Gesamtkosten: K_f = 800 [GE]

- Gesamte Stückkosten: $k = \dfrac{K}{M} = \dfrac{800 + 1,5 \cdot 500}{500} = 3,1$ [GE/ME]

- Variable Stückkosten: $k_v = \dfrac{K_v}{M} = \dfrac{1,5 \cdot 500}{500} = 1,5$ [GE/ME]

- Fixe Stückkosten: $k_f = \dfrac{K_f}{M} = \dfrac{800}{500} = 1,6$ [GE/ME]

c) Durch die Rationalisierungsmaßnahmen werden nicht die fixen Kosten, die weiterhin 800 GE betragen, sondern die variablen Kosten betroffen. Während bisher und auch weiterhin bei einer Produktion bis zu 200 ME die variablen Kosten durch die Funktion 1,5 M bestimmt sind, ist nun bei einer Produktion von über 200 ME von variablen Kosten in Höhe von 1,2 M auszugehen. Dabei ist zu beachten, dass gemäß der vorliegenden Kostenfunktion diese variablen Kosten für alle hergestellten Mengeneinheiten anfallen, unabhängig davon, ob es sich dabei z.B. um die erste oder die fünfhundertste Mengeneinheit handelt.

Bei einem Beschäftigungsgrad von 100%, also einer Produktion von 500 ME ergeben sich folgende Kostengrößen:

- Gesamtkosten: $K = 800 + 1{,}2 \cdot 500 = 1.400$ [GE]

- Variable Gesamtkosten: $K_v = 1{,}2 \cdot 500 = 600$ [GE]

- Fixe Gesamtkosten: $K_f = 800$ [GE]

- Gesamte Stückkosten: $k = \dfrac{K}{M} = \dfrac{800 + 1{,}2 \cdot 500}{500} = 2{,}8$ [GE/ME]

- Variable Stückkosten: $k_v = \dfrac{K_v}{M} = \dfrac{1{,}2 \cdot 500}{500} = 1{,}2$ [GE/ME]

- Fixe Stückkosten: $k_f = \dfrac{K_f}{M} = \dfrac{800}{500} = 1{,}6$ [GE/ME]

Aufgabe 11: *Beschäftigung und Kosten*

a)

Beschäftigung (Std.)	Variable Ko. (€)	Gesamtkosten (€)	Stückkosten (€/Std.)
400	30.000	150.000	375
800	60.000	180.000	225
1.200	90.000	210.000	175
1.600	120.000	240.000	150
2.000	150.000	270.000	135
2.400	180.000	300.000	125

b)

Beschäftigung (Std.)	Variable Ko. (€)	Gesamtkosten (€)	Stückkosten (€/Std.)
2.800	210.000	420.000	150
3.500	262.500	472.500	135
4.200	315.000	525.000	125

c)

Beschäftigung (Std.)	Variable Ko. (€)	Gesamtkosten (€)	Stückkosten (€/Std.)
2.800	210.000	420.000	150,00
2.400	180.000	390.000	162,50
2.000	150.000	360.000	180,00

Im Vergleich zur Lösung gemäß a) zeigt sich, dass bei einer Beschäftigung von 2.400 bzw. 2.000 Stunden jetzt die Gesamtkosten um jeweils 90.000 € höher liegen, da die aufgebauten Fixkosten weiterhin wirksam bleiben.

Die Fixkosten sind insofern remanent, als sie mit dem Rückgang der Beschäftigung unter 2.400 Stunden nicht automatisch wegfallen. Wegen der Kostenremanenz ist also sorgfältig zu überlegen, ob die durch Investitionen geschaffene Kapazität auch nachhaltig genutzt werden kann.

d) Die sprungfixen Kosten in Höhe von 90.000 € sind letztlich beeinflussbar, da sie durch entsprechende Maßnahmen - allerdings in der Regel zeitversetzt - wieder abgebaut werden können. Der Zeitversatz bis zum Abbau der Fixkosten ist wesentlich abhängig von der Kündigungsfrist (z.B. bis zu 15 Monaten bei Kündigung mit einem Vorlauf von drei Monaten bei einjähriger Kündigungsfrist zum Jahresende).

e)

Beschäftigung (Std.)	Variable Ko. (€)	Gesamtkosten (€)	Stückkosten (€/Std.)
2.800	230.000	350.000	125
3.500	328.000	448.000	128
4.200	426.000	546.000	130

Die Kosten je Stunde liegen bei 2.800 und 3.500 Stunden je Periode noch unter denen nach der Kapazitätserweiterung gemäß b), lediglich bei 4.200 Stunden wird die Vergabe von Unteraufträgen an fremde Consultants geringfügig teurer. Sofern der Verkauf von 4.200 Beratungsstunden nicht dauerhaft gesichert ist, sollten also im Hinblick auf die höhere Flexibilität eher Unteraufträge vergeben werden, vgl. auch die Argumentation gemäß c) und d).

f) Kostenfunktion zu a)

$K(x) = 120.000 + 75x$ $\quad\quad 0 \leq x \leq 2.400$

Kostenfunktion zu a)/b)

$K(x) = 120.000 + 75x$ $\quad\quad 0 \leq x \leq 2.400$
$K(x) = 210.000 + 75x$ $\quad\quad 2.400 < x \leq 4.200$

Kostenfunktion zu a)/e)

$K(x) = 120.000 + 75x$ $\quad\quad 0 \leq x \leq 2.400$
$K(x) = 300.000 + 125 \cdot (x-2.400)$ $\quad\quad 2.400 < x \leq 2.800$
$K(x) = 350.000 + 140 \cdot (x-2.800)$ $\quad\quad 2.800 < x \leq 4.200$

g) Grenzkosten zu a)

$K'(x) = 75$ $\quad\quad 0 \leq x \leq 2.400$

Grenzkosten zu a)/b)

K'(x) = 75 $0 \leq x \leq 2.400$
K'(x) = 75 $2.400 < x \leq 4.200$

Grenzkosten zu a)/e)

K'(x) = 75 $0 \leq x \leq 2.400$
K'(x) = 125 $2.400 < x \leq 2.800$
K'(x) = 140 $2.800 < x \leq 4.200$

h) Da die Grenzkosten in allen Fällen zu g) innerhalb der Teilbereiche konstant sind, müssen die Gesamtkostenkurven in diesen Stundenintervallen linear verlaufen.

i) Wenn eine nachhaltige Auslastung mit 4.200 Stunden sichergestellt ist, empfiehlt sich die *Kapazitätserweiterung gemäß b)* mit Vollauslastung. In diesem Fall wird ein Periodengewinn von 42.000 € entsprechend 4.200 Stunden à 10 € erzielt. Bei 3.500 Stunden beträgt das Ergebnis 0 €, bei 2.800 Stunden fällt ein Verlust von 42.000 € an.

Sofern nur kurzzeitig über 2.400 Stunden verkauft werden können, empfiehlt sich die *Vergabe von Unteraufträgen*, allerdings nur so lange, wie die variablen Stückkosten niedriger sind als der Verkaufspreis. In der vorliegenden Situation wird mit 2.800 Stunden à 10 € der maximale Gewinn in Höhe von 28.000 € erzielt. Bei 3.500 Stunden beträgt der Gewinn 24.500 €, bei 4.200 Stunden 21.000 €.

j) Der bisherige Gewinn in der Ausgangssituation beträgt 24.000 € (= 2.400 · 60 - 120.000). Dieser soll weiterhin erzielt werden. Also muss für die Beratungszeit in Stunden (x) gelten:

$24.000 = 60x - 210.000$

$x = 234.000/60 = 3.900$ Stunden

Aufgabe 12: *Umsatzmaximum, Gewinnmaximum und Break-Even-Punkt bei linearem Gesamtkostenverlauf*

$K(M) = 10.000 + 500\,M$

$p(M) = 2.000 - 10\,M$

a) Umsatzmaximum

$U = p \cdot M$

$U = 2.000\,M - 10\,M^2$

$U' = 2.000 - 20\,M = 0$

$M = 100$

$U'' = -20 < 0 \quad \Longrightarrow$ Umsatzmaximum bei $M = 100$

$p(M=100) = 1.000$

$U(M=100) = 100.000$

b) Gewinnmaximum

$G = U - K$

$G = 1.500\,M - 10\,M^2 - 10.000$

$G' = 1.500 - 20\,M = 0$

$M = 75$

$G'' = -20 < 0$ ==> Gewinnmaximum bei $M = 75$

$p(M=75) = 1.250$

$G(M=75) = 46.250$

c) Break-Even-Punkt

$G = 0$

$1.500\,M - 10\,M^2 - 10.000 = 0$

$M^2 - 150\,M + 1.000 = 0$

$M_1 = 143{,}007 \approx 143$

$M_2 = 6{,}9926 \approx 7$

$p(M=6{,}9926) = 1.930$ Break-Even-Punkt (Gewinnschwelle)

$p(M=143{,}007) = 570$ Gewinngrenze

d) Langfristige Preisuntergrenze (= gesamte Stückkosten)

$$k = \frac{K(M)}{M} = \frac{10.000 + 500 \cdot M}{M} = \frac{10.000 + 500 \cdot 100}{100} = 600$$

Kurzfristige Preisuntergrenze (= variable Stückkosten)

$k_v = 500$

Aufgabe 13: *Umsatzmaximum, Gewinnmaximum und Preisuntergrenze bei s-förmigem Gesamtkostenverlauf*

a) Preis-Absatz-Funktion, Umsatzfunktion, Grenzumsatzfunktion

Die Preis-Absatzfunktion lautet:

$p(M) = 440 - 2\,M$ [GE/ME]

Die Umsatzfunktion ergibt sich durch Multiplikation der Preis-Absatz-Funktion mit der Ausbringungsmenge M zu

$U(M) = (440 - 2\,M)\,M = 440\,M - 2\,M^2$ [GE]

Die Grenzumsatzfunktion ergibt sich aus der ersten Ableitung der Umsatzfunktion nach der Ausbringungsmenge, also

$U'(M) = 440 - 4\,M$ [GE/ME]

b) Umsatzmaximum

Das Umsatzmaximum ergibt sich, indem die erste Ableitung der Umsatzfunktion gleich null gesetzt und nach M aufgelöst wird.

$U'(M) = 440 - 4\,M = 0$
$\qquad\qquad M = 110$
$U''(M) = -4 \qquad \Longrightarrow$ Umsatzmaximum bei $M = 110$

Der umsatzmaximale Preis ergibt sich zu

$p(M=110) = 440 - 2 \cdot 110 = 440 - 220 = 220$ [GE/ME]

Die Höhe des Umsatzmaximums beträgt damit 24.200 GE.

c) Gewinnmaximum

Der Gewinn ergibt sich aus dem Umsatz abzüglich der Kosten.

$G(M) = 440\,M - 2\,M^2 - 0{,}04\,M^3 + 3\,M^2 - 180\,M - 2.000$ [GE]

$G(M) = 260\,M + M^2 - 0{,}04\,M^3 - 2.000$

Das Gewinnmaximum errechnet sich, indem die erste Ableitung der Gewinnfunktion nach M gleich null gesetzt und nach M aufgelöst wird.

$G'(M) = 260 + 2\,M - 0{,}12\,M^2 = 0$

$M^2 - 16\,\tfrac{2}{3}\,M - 2.166\,\tfrac{2}{3} = 0$

$M_{1/2} = 8\,\tfrac{1}{3} \pm \sqrt{\dfrac{625}{9} + 2.166\,\tfrac{2}{3}}$

$M_{1/2} = 8\,\tfrac{1}{3} \pm 47{,}287536$

$M_1 = 55{,}62$ [ME]

Die zweite Lösung ist negativ und fällt damit aus dem ökonomisch relevanten Bereich.

Der gewinnmaximale Preis liegt bei M = 55,62 und beträgt

$p = 440 - 2 \cdot 55{,}62 = 328{,}76$ [GE/ME]

Die Höhe des Gewinnmaximums ergibt sich an dieser Stelle zu

$G = 260 \cdot 55{,}62 + 55{,}62^2 - 0{,}04 \cdot 55{,}62^3 - 2.000 = 8.672{,}18$ [GE]

d) Langfristige Preisuntergrenze (= gesamte Stückkosten)

$$k(M) = \frac{K(M)}{M} = 0{,}04\ M^2 - 3\ M + 180 + \frac{2000}{M}$$

$$k(M=40) = 0{,}04 \cdot 40^2 - 3 \cdot 40 + 180 + \frac{2000}{40} = 174\ [\text{GE/ME}]$$

Kurzfristige Preisuntergrenze (= variable Stückkosten)

$$k_v(M=40) = 0{,}04 \cdot 40^2 - 3 \cdot 40 + 180 = 124\ [\text{GE/ME}]$$

1.3. Kostenrechnungssysteme und -prinzipien

Aufgabe 14: *Kostenrechnungssysteme (I)*

a) Eine wirkungsvolle Kostenkontrolle ist mit der Istkostenrechnung wegen fehlender geeigneter Vergleichsmaßstäbe bzw. Vorgabegrößen nicht möglich.	✓
b) In der Istkostenrechnung werden Abschreibungen nach der /tatsächlichen/ Nutzungsdauer berechnet.	*betriebsgewöhnlichen*
c) Um zufällige Kostenschwankungen zu vermeiden, werden in der Istkostenrechnung sporadisch anfallende Kostenbeträge wie Urlaubsgeld und Versicherungsprämien /auf den letzten Monat des Jahres verbucht/.	*zeitlich gleichmäßig auf die Monate verteilt*
d) Erfolgt die laufende Kostenabrechnung mit gleichbleibenden Normalkostensätzen, können sich Unterschiede zwischen den verrechneten Kosten und den erfassten Istkosten ergeben.	✓

e) Die /~~Plan~~/kostenrechnung basiert auf den Durchschnittsdaten vergangener Rechnungsperioden, die zur Verbesserung der Aussagefähigkeit der Kostenrechnung an erwartete Mengen- und Preisänderungen angepasst werden. — *Normal*

f) In der Normalkostenrechnung werden z.B. für den Zeitraum eines Jahres gleichbleibende Kalkulationssätze gebildet; mit ihrer Hilfe lassen sich Kostenschwankungen wie in der laufenden Istkostenrechnung ausgleichen und sinnvolle (Vor-) Kalkulationen erstellen. — ✓

g) Im Rahmen der /~~Normal~~/kostenrechnung wird zwischen einer flexiblen und einer starren Rechnung unterschieden, je nachdem, ob /~~primäre und sekundäre~~/ Kosten getrennt verrechnet werden oder nicht. — *Plan*; *variable und fixe*

h) Die Kostenkontrolle erfolgt in der flexiblen Plankostenrechnung in Form eines Vergleichs der /~~Plan~~/kosten mit den Istkosten. — *Soll*

i) In der /~~Normal~~/kostenrechnung werden stets auch die fixen Kosten auf die Kostenträger verrechnet. — *Voll*

j) Die Teilkostenrechnung weist als Differenz aus Erlös und variablen Kosten den /~~Liquiditätsüberschuss~~/ aus; sie wird deshalb auch als /~~Finanzplanung~~/ bezeichnet. — *Deckungsbeitrag*; *Deckungsbeitragsrechnung*

k) In der Teilkostenrechnung ergibt die Differenz aus Deckungsbeitrag und /~~Teil~~/kosten das Betriebsergebnis. — *Fix*

l) Zur Lösung von Planungs-, Entscheidungs- bzw. Dispositionsaufgaben empfiehlt sich der Einsatz

der Teilkostenrechnung auf /Ist/kostenbasis.	*Plan*
m) In der betrieblichen Praxis hat sich die /Normal/ kostenkalkulation neben der /Plan/kostenkalkulation behaupten können, weil sie insbesondere bei Auftragsfertigung Anhaltswerte für vollkostendeckende Absatzpreise liefert.	*Voll* *Teil*
n) Häufig können Teil- und Vollkostenrechnung bei Einsatz von DV-Anwendungsprogrammen mit vertretbarem Aufwand parallel betrieben werden.	✓
o) Bei einem Stückpreis von 12,50 € und /-/ Stückkosten von 6,80 € beträgt der Stückdeckungsbeitrag 5,70 €.	*variablen*
p) Einen wesentlichen Mangel der herkömmlichen Formen der Kostenrechnung auf Voll- und Teilkostenbasis sehen Kritiker in der unzureichenden Berücksichtigung der immer stärker ansteigenden /Material/kosten.	*Gemein*
q) Der Fokus der herkömmlichen Form der Kostenrechnung liegt in den so genannten direkten Leistungsbereichen.	✓
r) Die /Plan/kostenrechnung will auch die indirekten Leistungsbereiche (planende, steuernde Abteilungen) betrachten, Kostentransparenz schaffen und die dort anfallenden Gemeinkosten auf der Basis von Mengengrößen verrechnen.	*Prozess*
s) Ein Prozesskostensatz von 95 €/Bestellvorgang sagt aus, dass eine einzelne Bestellung im Durchschnitt diesen Betrag an Kosten hervorruft; darin sind die Fixkosten der Kostenstelle Einkauf /noch nicht/ enthalten.	*bereits*

t) Aufgrund der wachsenden Bedeutung der Gemeinkostenbereiche bzw. der indirekten Bereiche wird die Prozesskostenrechnung die traditionelle Form der Kostenrechnung in vielen Unternehmen /~~ersetzen~~/. | *ergänzen*

Aufgabe 15: *Kostenrechnungssysteme (II)*

In der *Istkostenrechnung* werden die tatsächlich angefallenen Kosten erfasst und verrechnet. Eine reine Istkostenrechnung gibt es nicht, da immer auch Kostenarten mit Durchschnitts- oder Plankostencharakter verrechnet werden (z. B. kalkulatorische Abschreibungen). *Vorteile*: Ermittlung des Betriebsergebnisses und eine Nachkalkulation sind möglich. *Nachteile*: eine Kostenkontrolle ist nicht möglich, da kein akzeptabler Vergleichsmaßstab vorliegt; die Istkostenrechnung ist mit einem hohen Rechenaufwand verbunden; dispositive Entscheidungen sind nicht möglich;

In der *Normalkostenrechnung* verzichtet man auf Belege und arbeitet mit „normalisierten Kosten", die auf Durchschnittswerten der Vergangenheit beruhen, wobei aber aktuelle Trends Berücksichtigung finden. Die Normalisierung erfolgt für Preise und/oder Mengen. *Vorteile*: Zufälligkeiten lassen sich ausschließen; der Rechenaufwand ist nicht so hoch. *Nachteile*: eine Kostenkontrolle ist nur begrenzt möglich; für dispositive Zwecke nicht geeignet; eine Nachkalkulation ist nicht möglich;

In der *Plankostenrechnung* werden aus den Planverbrauchsmengen und den Planpreisen die Plankosten für das zukünftige wirtschaftliche Geschehen ermittelt. Eine Plankostenrechnung ohne Istkostenrechnung ist aber nicht denkbar, weil die Plankosten der Vergleichsmaßstab für die Istkosten sind. *Vorteile*: eine wirksame Kostenkontrolle ist möglich; auch dispositive Entscheidungen können nun fundiert getroffen werden. *Nachteile*: da auch eine Istkostenrechnung geführt werden muss, ist der Rechenaufwand höher; die Aufspaltung der Kosten in fixe und variable Bestandteile ist aufwendig.

Aufgabe 16: *Kostenrechnungsprinzipien (I)*

a) Wird der Rechnungsbetrag für die Fremdreinigung der Büros nach Maßgabe der gereinigten Fläche verteilt, so wird das Durchschnittsprinzip angewendet.	✓
b) Werden die Material- und Lohnkosten einem Kundenauftrag eindeutig aufgrund von Belegen zugerechnet, so spricht man von der Anwendung des /~~Kostentragfähigkeits~~/prinzips.	*Verursachungs*
c) Das /~~Verursachungs~~/prinzip wird für die Kostenrechnung abgelehnt, da die danach verrechneten Kosten nicht als Grundlage betrieblicher Entscheidungen geeignet sind.	*Kostentragfähigkeits*
d) In einer /~~Teil~~/kostenrechnung kommen stets auch das Durchschnitts- bzw. Tragfähigkeitsprinzip zum Einsatz, da sich ansonsten die Fixkosten nicht auf die einzelnen Kostenträgereinheiten verrechnen lassen.	*Voll*
e) Wird die Fertigungszeit als Grundlage der Verteilung von fertigungsbezogenen Fixkosten verwendet, entspricht dieses Vorgehen dem /~~Verursachungs~~/prinzip.	*Durchschnitts*

f) Das /~~Durchschnitts~~/prinzip setzt einen kausalen Zusammenhang zwischen Kostenträger und Kostenhöhe voraus. — *Verursachungs*

g) Die gesamten Stückkosten ein und desselben Produkts können schon aufgrund der Verwendung unterschiedlicher Prinzipien der Kostenverrechnung differieren. — ✓

h) Zur Erfassung und Verrechnung von Kostenbeträgen sollte man zunächst prüfen, ob das /~~Durchschnitts~~/prinzip anwendbar ist. Ist das nicht der Fall, kommen alternativ das /~~Verursachungs~~/prinzip und - falls auch dieses nicht greift - das Kostentragfähigkeitsprinzip in Betracht. — *Verursachungs* / *Durchschnitts*

i) Letztlich lassen sich nur variable Kosten einer einzelnen Produkteinheit verursachungsgerecht zurechnen, nicht jedoch fixe Kosten. — ✓

j) Die Kosten- und Leistungsrechnung ist eine periodenbezogene Rechnung. Geplant und budgetiert wird in der Regel /~~quartalsweise~~/, die Abrechnung und der Soll-Ist-Vergleich erfolgen /~~zum Jahresende~~/. Dabei sollte die Strukturierung der Kosten kontinuierlich beibehalten werden. — *jahresweise* / *monatlich*

k) Das Bemühen um eine detaillierte Kostenrechnung findet seine Grenze in der geforderten Wirtschaftlichkeit der Kostenrechnung daselbst. — ✓

Aufgabe 17: *Kostenrechnungsprinzipien (II)*

Produktart		A	B	C	Gesamt
Menge	Stück	350	400	170	
Verkaufspreis	€/Stk.	12,50	25,00	13,80	
Einzelkosten	€/Stk.	4,28	5,23	3,69	
Maschinenzeit	Min./Stk.	2	4	3	
Masch.zeit ges.	Minuten	700	1.600	510	2.810
Umsatz	€	4.375,00	10.000,00	2.346,00	16.721,00
Einzelkosten	€	1.498,00	2.092,00	627,30	4.217,30
Gemeinkosten	€	2.100,00	4.800,00	1.530,00	8.430,00
Kosten gesamt	€	3.598,00	6.892,00	2.157,30	12.647,30
Ergebnis	€	777,00	3.108,00	188,70	4.073,70
Stückergebnis	€/Stk.	2,22	7,77	1,11	

Aufgabe 18: *Kostenrechnungsprinzipien und -systeme*

a) Zur Betriebsergebnisrechnung siehe Folgeseite. Nach dem Verursachungsprinzip werden den Artikeln zunächst nur die variablen Material- und Lohnkosten zugerechnet, wie hier geschehen.

	A	B	C	D
Materialkosten (€/Stück)	6,00	5,00	4,00	5,00
Lohnkosten (€/Stück)	2,00	1,00	1,00	6,00
Variable Kosten (€/Stk.)	8,00	6,00	5,00	11,00

	A	B	C	D	Gesamt
Menge (Stück)	1.500	2.000	2.500	1.000	
Verkaufspreis (€/Stück)	14,00	10,00	10,00	14,50	
Variable Kosten (€/Stk.)	8,00	6,00	5,00	11,00	
Deckungsbeitrag (€/Stk.)	6,00	4,00	5,00	3,50	
Deckungsbeitrag (€)	9.000	8.000	12.500	3.500	33.000
Fixkosten (€)					27.000
Betriebsergebnis (€)					6.000

b)

	A	B	C	D	Gesamt
Menge (Stück)	1.500	2.000	2.500	1.000	7.000
Fixe Kosten (€/Stück)	3,85714	3,85714	3,85714	3,85714	3,85714
Variable Kosten (€/Stk.)	8,00	6,00	5,00	11,00	
Volle Kosten (€/Stück)	11,85714	9,85714	8,85714	14,85714	

c)

	A	B	C	D	Gesamt
Menge (Stück)	1.500	2.000	2.500	1.000	
Materialeinsatz (kg/Stück)	3,0	2,5	2,0	2,5	
Materialeinsatz gesamt (kg)	4.500	5.000	5.000	2.500	17.000
Fixe Kosten (€/Stück)	4,76471	3,97059	3,17647	3,97059	1,58824
Variable Kosten (€/Stk.)	8,00	6,00	5,00	11,00	
Volle Kosten (€/Stück)	12,76471	9,97059	8,17647	14,97059	

d)

	A	B	C	D	Gesamt
Menge (Stück)	1.500	2.000	2.500	1.000	
Materialkosten (€/Stück)	6,00	5,00	4,00	5,00	
Materialkosten ges. (€)	9.000	10.000	10.000	5.000	34.000
Fixe Kosten (€/Stück)	4,76471	3,97059	3,17647	3,97059	0,79412
Variable Kosten (€/Stk.)	8,00	6,00	5,00	11,00	
Volle Kosten (€/Stück)	12,76471	9,97059	8,17647	14,97059	

Die Lösungen sind identisch, weil ein linearer Zusammenhang zwischen Materialeinsatz und Materialkosten besteht, und zwar über den Materialpreis von einheitlich 2,00 €/kg. Deshalb liegt auch der Fixkostenverteilung nach den Materialkosten als Wertgröße letztlich das Durchschnittsprinzip zu Grunde.

e)

	A	B	C	D	Gesamt
Menge (Stück)	1.500	2.000	2.500	1.000	
Verkaufspreis (€/Stück)	14,00	10,00	10,00	14,50	
Variable Kosten (€/Stk.)	8,00	6,00	5,00	11,00	
Variable Kosten ges. (€)	12.000	12.000	12.500	11.000	47.500
Fixe Kosten (€/Stück)	4,54737	3,41053	2,84211	6,25263	0,568421
Volle Kosten (€/Stück)	12,54737	9,41053	7,84211	17,25263	
Stückergebnis (€/Stück)	1,45263	0,58947	2,15789	-2,75263	
Betriebsergebnis ges. (€)	2.179	1.179	5.395	-2.753	6.000

f)

	A	B	C	D	Gesamt
Menge (Stück)	1.500	2.000	2.500	1.000	
Verkaufspreis (€/Stück)	14,00	10,00	10,00	14,50	
Umsatz (€)	21.000	20.000	25.000	14.500	80.500
Fixe Kosten (€/Stück)	4,69566	3,35404	3,35404	4,86336	0,335404
Variable Kosten (€/Stk.)	8,00	6,00	5,00	11,00	
Volle Kosten (€/Stk.)	12,69566	9,35404	8,35404	15,86336	
Stückergebnis (€/Stück)	1,30434	0,64596	1,64596	-1,36336	
Betriebsergebnis ges. (€)	1.957	1.292	4.115	-1.363	* 6.000

* rundungsbedingte Abweichung um 1 €

g)

	A	B	C	D	Gesamt
Menge (Stück)	1.500	2.000	2.500	1.000	
Verkaufspreis (€/Stück)	14,00	10,00	10,00	14,50	
Deckungsbeitrag (€/Stk.)	6,00	4,00	5,00	3,50	
Erfolgs-/Deck.beitrag (€)	9.000	8.000	12.500	3.500	33.000
Fixe Kosten (€/Stk.)	4,90909	3,27273	4,09091	2,86364	0,818182
Variable Kosten (€/Stk.)	8,00	6,00	5,00	11,00	
Volle Kosten (€/Stück)	12,90909	9,27273	9,09091	13,86364	
Stückergebnis (€/Stück)	1,09091	0,72727	0,90909	0,63636	
Betriebsergebnis ges. (€)	1.636	1.455	2.273	636	6.000

h) Der Vergleich der artikelbezogenen Betriebsergebnisse nach den Vollkostenrechnungsansätzen gemäß e), f) und g) zeigt erhebliche Lösungsabweichungen je nach der gewählten Verteilungsgrundlage für die Fixkosten; das gilt sowohl für die Stück- als auch für die Gesamtbetrachtung.

Z.B. fällt auf, dass das Betriebsergebnis des Artikels D bei der Verteilung der Fixkosten nach variablen Kosten gemäß e) und Umsatz gemäß f) negativ ist, während es beim Deckungsbeitrag als Schlüsselgröße gemäß g) positiv ist. Nachhaltige Schlussfolgerungen zur Erfolgsfähigkeit der einzelnen Artikel sind deshalb nur auf der Grundlage der Deckungsbeitragsrechnung gemäß a) möglich, weil die verursachungsgerecht ermittelten Deckungsbeiträge stets eindeutig sind.

Hingegen ergeben sich bei Anwendung des Durchschnitts- und Tragfähigkeitsprinzips unterschiedliche Stückkosten und damit auch unterschiedliche Stückgewinne, wenn die Mengen der Artikel steigen oder fallen bzw. wenn in der Mengenstruktur der Verkaufszahlen Veränderungen eintreten. Durch Mengenänderungen allein bei einem Artikel ändert sich der Stückgewinn der übrigen.

Der Leser mag dies nachvollziehen, indem er z.B. die Menge des Artikels A von 1.500 auf 3.500 Stück anhebt und die Rechnung nach Aufgabenteil b) erneuert. In diesem Fall ergeben sich nämlich fixe Stückkosten von jeweils 3,00 €, sodass sich die gesamten Stückkosten des Artikels B - obwohl seine Menge sich nicht verändert hat - von ca. 9,86 € auf 9,00 € reduzieren.

2. Vollkostenrechnung und ihre Teilgebiete

2.1. Überblick

Aufgabe 19: *Aussagen zu einem Kostenrechnungssystem*

a) Üblicherweise werden die /Primär/kosten direkt auf die Kostenträger kalkuliert; bisweilen werden sie auch hilfsweise als Verrechnungsbasis oder zu Informationszwecken in die Kostenstellenrechnung übernommen.	*Einzel*
b) Die Primärkosten werden als Grundkosten unverändert aus den Vorsystemen (FiBu und Nebenbuchhaltungen) übernommen oder als /Endkosten/ in der Kostenrechnung erzeugt.	*kalkulatorische Kosten*
c) Zu den /Einzel/kosten rechnen u.a. Gehälter und kalkulatorische Abschreibungen. Sofern diese Kosten einzelnen Kostenstellen direkt und eindeutig zugeordnet werden können, tragen sie auch die Bezeichnung Kostenstelleneinzelkosten.	*Gemein*
d) Um die auf Kostenstellen erfassten Gemeinkosten auf Kostenträger zu verrechnen, ist es im Rahmen der Kosten/träger/rechnung erforderlich, Kostensätze für die Kalkulation zu bilden.	*stellen*
e) Werden in einer Periode mit Hilfe der Kalkulationssätze /zu viel/ Kosten verrechnet, so entsteht eine Kostenunterdeckung.	*zu wenig*
f) Kostenüber- und Kostenunterdeckungen werden üblicherweise aus der Kostenstellenrechnung direkt als Korrekturposten in die Betriebsergebnisrechnung geschleust.	✓

g) Eine Kostenüberdeckung hat zur Folge, dass das tatsächliche Betriebsergebnis /niedriger/ ist als das zunächst auf der Basis der Kalkulationssätze ermittelte Betriebsergebnis. | *höher*

h) Die Kostenträgerzeitrechnung weist die Einzel- und Gemeinkosten der Kostenträger für eine Periode aus; werden zusätzlich die /Erträge/ berücksichtigt, entsteht aus der Kostenträgerzeitrechnung die Betriebsergebnisrechnung. | *Leistungen*

2.2. Kostenartenrechnung

Aufgabe 20: *Aussagen zu Aufgaben der Kostenartenrechnung und zur Kostenartengliederung*

a) In einem Jahr fallen voraussichtlich folgende Beträge für Urlaubsgeld an: Januar 220, März 300, Juli 400, August 430, Dezember 160, übrige Monate je 50. Dann beträgt der zeitlich verteilte Betrag bei gleichmäßiger Verteilung /175/ pro Monat. | *155*

b) Anhand der Kostenartenrechnung lässt sich die Entwicklung z.B. des Personalkostenanteils und des /Verwaltungs/kostenanteils an den Gesamtkosten im Zeitablauf verfolgen. | *Material*

c) Ein Betriebsvergleich anhand der Kostenartenstruktur wird u.a. dann verzerrt, wenn die Vergleichsunternehmen eine andere /Rechtsform/ aufweisen. | *Betriebsgröße, Produktionsstruktur*

d) Um das Betriebsergebnis einer Periode festzustellen, genügt es, die über alle Kostenarten summierten Kosten der Periode von den gesamten /~~Einnahmen~~/ abzusetzen; damit ist /~~auch eine~~/ Aussage über die Erfolgsquellen möglich. — *Leistungen jedoch keine*

e) Sofern ein Unternehmen keine Kostenstellen- und Kostenträgerrechnung einsetzt, enthält die Kostenrechnung nur /~~Einzelkosten~~/. — *primäre Kosten*

f) Kostenarten werden zu Kostenartengruppen, Kostenartengruppen zu Hauptgruppen und /~~Kontenklassen zu Kostenarten~~/ zusammengefasst. — *Hauptgruppen zu Kontenklassen*

g) Kostenarten werden meist numerisch verschlüsselt; dabei beschreibt die /~~letzte~~/ Ziffer in der Regel die Kontenklasse. — *erste*

h) Kostenarten sollten so gebildet werden, dass gleiche Verbrauchsgüter stets unter derselben Kostenarten-Nummer erfasst werden, unabhängig davon, wer die Kontierung zu welchem Zeitpunkt vornimmt. — ✓

i) Mischkostenarten wie „Sonstige Kosten" /~~erleichtern spürbar die Kontierung~~/; sie sollten vom Kontierenden dann herangezogen werden, wenn eine Zuordnung zu einer anderen Kostenart /~~zu mühsam erscheint~~/. — *verringern die Aussagefähigkeit der Kostenrechnung nicht möglich ist*

Aufgabe 21: *Aussagen zu Materialkosten*

a) Die Materialkosten ergeben sich als Produkt aus /~~Einkaufsmenge~~/ und Preis. — *Verbrauchsmenge*

b) Im Rahmen der Zugangsmethode wird unterstellt, dass alle Zugänge einer Rechnungsperiode in derselben Periode /~~verkauft~~/ werden. — *verbraucht*

c) Nach der Inventurmethode ergibt sich für einen Periodenanfangsbestand von 50, Zugänge von 170 und einen Endbestand von 35 ein Periodenverbrauch von /~~155~~/. — *185*

d) Die /~~retrograde Methode~~/ schreibt den Bestand fort; danach ergibt sich der Verbrauch als die Summe der erfassten Entnahmen. — *Skontrationsmethode*

e) Die /~~Skontrationsrechnung~~/ setzt genaue Kenntnisse über den Materialverbrauch je Produkteinheit voraus; dieser ist z.B. in Rezepturen oder Stücklisten niedergelegt. — *retrograde Methode bzw. Rückrechnung*

f) Für die laufende Anwendung in der Kostenrechnung kommt die /~~Zugangs~~/methode nicht in Frage, da sie im Allgemeinen nur jahresbezogene Verbrauchsangaben ermöglicht. — *Inventur*

g) Die Differenz der Verbräuche nach Inventurmethode und Skontrationsmethode beschreibt den außerordentlichen Verbrauch. — ✓

h) Die /~~retrograde Methode~~/ ist für Kostenrechnungszwecke weniger geeignet, da sie weder eine Aussage über den Verwendungsort noch über den Verwendungszweck des verbrauchten Materials erlaubt. — *Inventurmethode*

i) Wenn sich zu Periodenbeginn bereits Aufträge in Arbeit befinden und am Periodenende alle Aufträge abgeschlossen sind, kann die Skontrationsmethode einen kleineren Verbrauch als die retrograde Methode liefern. — ✓

j) Istpreise werden auf der Basis der Einstandspreise fortgeschrieben. Der Einstandspreis einer Materiallieferung umfasst Preisminderungen wie Rabatte, /jedoch keine/ Bezugsnebenkosten. | *und auch*

k) Beträgt der Einstandspreis einer Materiallieferung 23,80 € je Stück und liegt der Zieleinkaufswert bei 28.000 € für eine Nettoliefermenge von 1.200 Stück, so betragen - Zahlung auf Ziel vorausgesetzt - die Bezugsnebenkosten insgesamt /675/ €. | *560*

l) Istpreise können als Durchschnitts- oder Verbrauchsfolgepreise gebildet werden; /erstere/ spielen in der Kostenrechnung keine Rolle. | *letztere*

m) Periodische Durchschnittspreise sind für die Kostenrechnung /besser/ geeignet als gleitende Durchschnittspreise, da sie nur einmal am Ende einer Rechnungsperiode gebildet werden. | *weniger gut*

n) In der Kostenrechnung wird häufig mit festen Verrechnungspreisen auch für das Material gearbeitet; deshalb entstehen im Vergleich zu den effektiven Einstandspreisen regelmäßig /Umwertungs/differenzen, die in der Ergebnisrechnung als Korrekturposten auszuweisen sind. | *Bezugspreis*

Aufgabe 22: *Ermittlung des Materialverbrauchs*

Befundrechnung: Verbrauch = 200 + 1.050 − 120 = 1.130 kg
Retrograde Methode: Verbrauch = 30 · 20 + 40 · 12 = 1.080 kg
Fortschreibung: Verbrauch = 500 + 300 + 300 = 1.100 kg

Die retrograde Methode gibt an, was hätte verbraucht werden dürfen (1.080 kg), die Fortschreibungsmethode zeigt an, was laut Materialentnahmeschein entnommen wurde (1.100 kg) und die Befundrechnung gibt an, was tatsächlich das Lager verlassen hat (1.130 kg). Die 20 kg Differenz zwischen retrograder und Fortschreibungsmethode sind entweder schon vom Lager entnommen, aber noch nicht verarbeitet worden oder aber auf Ausschuss zurückzuführen. Die 30 kg Differenz zwischen Fortschreibungsmethode und Befundrechnung beruhen auf Buchungsfehlern, Schwund oder Diebstahl.

Aufgabe 23: *Materialverbrauch und Materialkosten*

a) Inventurmethode (da der Gesamtverbrauch zu ermitteln ist)

Gesamtverbrauch = 220 + 300 + 200 - 182 = 538 Stück
Materialkosten = 538 · 45,00 = 24.210 €

b) Skontrationsmethode

Verbrauch = 140 + 140 + 210 + 35 + 5 = 530 Stück
Materialkosten = 530 · 45,00 = 23.850 €

c) Retrograde Methode

Verbrauch = 72 · 7 = 504 Stück
Materialkosten = 504 · 45,00 = 22.680 €

d) Verbrauch für Ware in Arbeit = 530 - 5 - 504 = 21 Stück
Materialkosten für Ware in Arbeit = 21 · 45,00 = 945 €

e) Inventurdifferenz = 220+300+200-530-182 = 8 Stück à 45,00 €
Wert der Inventurdifferenz = 8 · 45,00 = 360 €

f) Bezugspreisabweichung = 300 · 2,80 € - 200 · 1,70 €
   = 840 € - 340 € = 500 €

Das effektive Betriebsergebnis steigt gegenüber dem Betriebsergebnis zu Verrechnungspreisen.

g) Umwertungsdifferenz = 182 · (46,50 € - 45,00 €)
   = 182 · 1,50 € = 273 €

Das effektive Betriebsergebnis steigt in der Periode der Umbewertung um diesen Betrag. Mit dem Verbrauch des von der Umwertung betroffenen Materials in den folgenden Perioden steigen jedoch die Materialkosten infolge des höheren Verrechnungspreises in Höhe von 46,50 €, mit denen die Verbräuche nunmehr bewertet werden.

h)

		Menge	Preis	Wert
01.01.	Anfangsbestand	220	45,00	9.900,00
14.02.	Zugang	300	42,20	12.660,00
21.04.	Zugang	200	46,70	9.340,00
		720	44,31	31.900,00
13.01.	Abgang	-140	44,31	-6.203,40
15.03.	Abgang	-140	44,31	-6.203,40
09.04.	Abgang	-210	44,31	-9.305,10
14.06.	Abgang	-35	44,31	-1.550,85
17.09.	Abgang	-5	44,31	-221,55
		-530	44,31	-23.484,30
	Endbestand (Buch)	190	-	8.415,70
	Inventurdifferenz	8	-	351,28
31.12.	Endbestand (Inv.)	182	44,31	8.064,42

i)

	Menge	Preis	Wert
01.01. Anfangsbestand	220	45,00	9.900,00
13.01. Abgang	-140	45,00	-6.300,00
14.02. Zugang	300	42,20	12.660,00
	380	42,79	16.260,00
15.03. Abgang	-140	42,79	-5.990,60
09.04. Abgang	-210	42,79	-8.985,90
21.04. Zugang	200	46,70	9.340,00
	230	46,19	10.623,50
14.06. Abgang	-35	46,19	-1.616,65
17.09. Abgang	-5	46,19	-230,95
Endbestand (Buch)	190	-	8.775,90
Inventurdifferenz	8	-	369,32
31.12. Endbestand (Inv.)	182	46,19	8.406,58

j)

	Menge	Preis	Wert
Anfangsbestand	220	45,00	9.900,00
Zugänge (gesamt)	500	-	22.000,00
Summe	720		31.900,00

	Menge	Preis	Wert
Endbestand (Inventur)	182	46,19	8.406,58
Abgänge (gesamt)	530	-	23.124,10
Inventurdifferenz	8	-	369,32
Summe	720		31.900,00

Da die Bedingung „Anfangsbestand + Zugänge = Endbestand + Abgänge" - hier: 31.900 € = 31.900 € - erfüllt ist, ist die Rechnung korrekt.

Aufgabe 24: *Ermittlung der Materialkosten*

1.4.	AB	30 ME	·	13,00 €/ME	= 390 €
4.4.	Abgang	10 ME	·	13,00 €/ME	= 130 €
	EB_1	20 ME	·	13,00 €/ME	= 260 €
9.4.	Zugang	20 ME	·	15,00 €/ME	= 300 €
	EB_2	40 ME	·	*14,00 €/ME*	= 560 €
11.4.	Abgang	15 ME	·	14,00 €/ME	= 210 €
13.4.	Abgang	15 ME	·	14,00 €/ME	= 210 €
	EB_3	10 ME	·	14,00 €/ME	= 140 €
18.4.	Zugang	30 ME	·	12,67 €/ME	= 380 €
	EB_4	40 ME	·	*13,00 €/ME*	= 520 €
25.4.	Zugang	30 ME	·	15,33 €/ME	= 460 €
	EB_5	70 ME	·	*14,00 €/ME*	= 980 €

Die Durchschnittspreise zum 10.04., 20.04. und 30.04. entsprechen in dieser Reihenfolge den *kursiv* gedruckten Beträgen.

Die Methode der rollenden Durchschnittspreise ist im Hinblick auf

- die Ermittlung des Betriebsergebnisses: vorteilhaft, da Veränderungen der Faktorpreise erfasst werden;
- die Kontrolle der Wirtschaftlichkeit: nicht geeignet, da zufällige Schwankungen nicht ausgeschlossen sind;
- die Entscheidungsunterstützungsfunktion: nicht geeignet, da Wiederbeschaffungswerte, ersatzweise Tageswerte, anzusetzen sind.

Aufgabe 25: *Materialverbrauch/Materialkosten*

a) Befundrechnung: Verbrauch = 200 + 900 − 420   = 680 kg
   Retrograde Meth.: Verbrauch = 20 · 10 + 30 · 15   = 650 kg
   Fortschreibung: Verbrauch = 200 + 200 + 260   = 660 kg

b)

1.11.	AB	200 kg	·	10,00 €/kg	=	2.000 €
8.11.	Zugang	400 kg	·	10,75 €/kg	=	4.300 €
	EB$_1$	600 kg	·	*10,50 €/kg*	=	6.300 €
15.11.	Abgang	200 kg	·	10,50 €/kg	=	2.100 €
	EB$_2$	400 kg	·	10,50 €/kg	=	4.200 €
21.11.	Zugang	400 kg	·	11,30 €/kg	=	4.520 €
	EB$_3$	800 kg	·	*10,90 €/kg*	=	8.720 €
23.11.	Abgang	200 kg	·	10,90 €/kg	=	2.180 €
	EB$_4$	600 kg	·	10,90 €/kg	=	6.540 €
26.11.	Zugang	100 kg	·	12,30 €/kg	=	1.230 €
	EB$_5$	700 kg	·	11,10 €/kg	=	7.770 €
27.11.	Abgang	260 kg	·	11,10 €/kg	=	2.886 €
	EB$_6$	440 kg	·	*11,10 €/kg*	=	4.884 €

Die Durchschnittspreise zum 09.11., 22.11. und 28.11. sind in obiger Aufstellung in der angegebenen Reihenfolge kursiv gedruckt.

c) Methode der rollenden Durchschnittspreise (vgl. obige Tabelle)

Bewerteter Verbrauch = 2.100 + 2.180 + 2.886 = 7.166 €
Bewerteter Bestand   = 4.884 €

d) Gewogenes Durchschnittspreisverfahren (vgl. obige Tabelle)

Durchschnittspreis im November
= (2.000 + 4.300 + 4.520 + 1.230) / (200 + 400 + 400 + 100)
= 12.050 / 1.100
= 10,954545 €/kg

Verbrauch = (200 + 200 + 260) · 10,954545 = 7.230 €
Bestand   = 440 · 10,954545 = 4.820 €

Aufgaben 26: *Bewertung des Materialverbrauchs*

a) Dokumentation: Bewertung mit rollenden Durchschnittspreisen
b) Kontrolle: Bewertung mit festen Verrechnungspreisen
c) Entscheidungsunterstützung: Bewertung mit Wiederbeschaffungswerten, ersatzweise mit Tageswerten

Aufgabe 27: *Bewertung eines Einbauteils*

Anzusetzen ist der Wiederbeschaffungswert. Dies ist vor allem bei steigenden Preisen wichtig, denn nur so kann die Substanz des Unternehmens erhalten werden. Wiederbeschaffungspreise müssen geschätzt werden. Hier sind es 567 €. Häufig bereitet allerdings die Schätzung des Wiederbeschaffungspreises Schwierigkeiten. Dann wird ersatzweise der Tagespreis - hier 630 € - angesetzt.

Aufgabe 28: *Energiekosten*

a) Stromverbrauch = (456.440 - 75.000)/128 = 2.980 MWh

b)

	Verbrauch €	Grundgeb. €	Gesamt €
Produktionsstrom	[1] 303.360	59.648	363.008
Beheizungsstrom	[2] 73.600	14.471	88.071
Beleuchtungsstrom	[3] 4.480	881	5.361
Gesamt	381.440	75.000	456.440

[1] $2.370 \cdot 128$

[2] $(1.150 \cdot 100 \cdot 5.000 / 1.000.000) \cdot 128 = 575 \cdot 128$

[3] $(1.150 \cdot 10 \cdot 250 \cdot 10 / 1.000.000 + 6,25) \cdot 128 = 35 \cdot 128$

c)

	Verbrauch €	Grundgeb. €	Gesamt €
Produktionshalle	[1] 353.760	69.558	423.318
Verwaltungsgebäude	[2] 26.880	5.285	32.165
Außenanlagen	[3] 800	157	957
Gesamt	381.440	75.000	456.440

[1] $(2.370 + (750 \cdot 100 \cdot 5.000 + 750 \cdot 10 \cdot 250 \cdot 10) / 1.000.000) \cdot 128 = 2.763{,}75 \cdot 128$

[2] $((400 \cdot 100 \cdot 5.000 + 400 \cdot 10 \cdot 250 \cdot 10) / 1.000.000) \cdot 128 = 210 \cdot 128$

[3] $6{,}25 \cdot 128$

d) Lediglich die Verbrauchskosten für den Produktionsstrom kommen als beschäftigungsabhängige und damit als variable Kosten in Betracht. Ob der Produktionsstrom tatsächlich variabel ist oder gegebenenfalls für Anlagenbetrieb auch ohne Produktion als Fixkosten anfällt, ist im Einzelfall zu analysieren. Hier sei unterstellt, dass der Produktionsstrom vollständig variabel ist. Alle übrigen Kosten seien als fix einzustufen.

	Verbrauch €	Grundgeb. €	Gesamt €
Energiekosten	381.440	75.000	456.440
davon variabel	303.360	0	303.360
fix	78.080	75.000	153.080

e) Abschlagsbetrag $= 456.440 \cdot 1{,}05 / 12$
$= 479.262 / 12 = 39.938{,}50$ €/Monat

f) Da der Energieverbrauch kontinuierlich über das Jahr verteilt anfällt, entsprechen die Energiekosten dem monatlichen Abschlagsbetrag in Höhe von 39.938,50 €.

g)

(€ je Monat)	März - August	Jan., Feb., Sept. - Dez.
Verbr. Produktionsstrom	1) 29.493,33	2) 23.594,67
Verbr. Beheizungsstrom	3) 6.440,00	3) 6.440,00
Verbr. Beleuchtungsstrom	4) 392,00	4) 392,00
Grundgebühr	5) 6.562,50	5) 6.562,50
Gesamt	42.887,83	36.989,17

1) 2.370 · 1,25 / 13,5 · 134,40
2) 2.370 · 1,00 / 13,5 · 134,40
3) 1.150 · 100 · 5.000 / 1.000.000 / 12 · 134,40
4) (1.150 · 10 · 250 · 10 / 1.000.000 + 6,25) / 12 · 134,40
5) 78.750 / 12

h)

(€ je Monat)	März - August	Jan., Feb., Sept. - Dez.
Verbr. Produktionsstrom	1) 33.180,00	2) 23.594,67
Verbr. Beheizungsstrom	2) 6.440,00	2) 6.440,00
Verbr. Beleuchtungsstrom	2) 392,00	2) 392,00
Grundgebühr	2) 6.562,50	2) 6.562,50
Gesamt	46.574,50	36.989,17

1) 2.370 · 1,25 / 12 · 134,40
2) unverändert, vgl. g)

Aufgabe 29: *Aussagen zu Personalkosten*

a) Zuschläge für Überstunden und Samstagsarbeit sowie Zulagen für Erschwernisse (z.B. Lärmbelastung) rechnen zu den Personal/~~zusatz~~/kosten. | *basis*

b) Fertigungslöhne fallen für am Produkt erbrachte Leistungen an, die einen unmittelbaren Arbeitsfortschritt bewirken. Sie werden als /~~Gemeinkosten~~/ auf /~~Kostenstellen~~/ verrechnet.	*Einzelkosten Kostenträger*
c) Tätigkeiten, die nur /~~eine geringe Vorbildung erfordern~~/, werden üblicherweise mit Hilfslöhnen entgolten.	*mittelbar leistungsbezogen sind*
d) Je nach der /~~Verbuchung~~/ der Löhne wird zwischen Leistungslöhnen und Zeitlöhnen unterschieden.	*Ab- bzw. Berechnung*
e) Bei Leistungslöhnen verhält sich die Lohnhöhe im Allgemeinen proportional zur Leistungsmenge (in Stück bzw. /~~Anwesenheits~~/stunden). Je nach Berechnungsbasis spricht man auch von Geld- und Zeitakkord.	*Vorgabe*
f) Für die Erfassung und Verrechnung der Personalzusatzkosten ist es unerheblich, ob sie auf gesetzliche, tarifliche oder freiwillige Regelungen zurückgehen.	✓
g) Die Gehaltsnebenkosten sind in der Regel geringer als die Lohnnebenkosten. Dies ist wesentlich darin begründet, dass /~~Angestellte weniger oft krank sind als Arbeiter~~/.	*Gehälter für Urlaub etc. Personalbasiskosten sind*
h) Die verschiedenen Personalzusatzkosten können artenweise erfasst und zeitlich gleichmäßig verteilt werden. Eine Alternative dazu besteht in der kalkulatorischen Verrechnung der Zusatzkosten als Zuschlag auf die Personalbasiskosten.	✓
i) Eine Senkung der Arbeitgeberbeiträge zu den Zweigen der Sozialversicherung um 20% gegen-	

über dem aktuellen Status bewirkt eine Verringerung der Personalzusatzkosten um /den gleichen/
Prozentsatz.

	einen nur geringeren

j) Der kalkulatorische Unternehmerlohn muss in /Kapital/gesellschaften als fiktives Entgelt für die // Gesellschafter angesetzt werden. Er stellt Zusatzkosten dar.

	Personen geschäfts- führenden

k) Der kalkulatorische Unternehmerlohn sollte sich an der Vergütung orientieren, die /der geschäfts- führende Inhaber anderswo aufgrund seiner Aus- bildung erzielen würde/.

	ein Manager vergleichbarer Unternehmen erhält

l) Die sonstigen Personalkosten können sowohl primäre als auch sekundäre Kosten beinhalten.

	✓

Aufgabe 30: *Personalkosten*

a)

Leistungslöhner	
Tägl. Arbeitszeit (Std.)	7,5
Leistungsgrad	125%
Lohnsatz (€/V-Std.)	23,20
Feiertage	10
Werktage	250
Urlaubstage	30
Krankheitstage	12
Arbeitstage effektiv	208
Jahresarbeitszeit (Std.)	1.560
Vorgabezeit je Jahr (V-Std.)	1.950
Leistungslohn (Personalbasiskosten)	45.240,00

Leistungslöhner (Fortsetzung)	
Feiertagslohn	2.175,00
Krankheitslohn (80%)	2.088,00
Urlaubslohn	6.525,00
Urlaubsgeld (40%)	2.610,00
13. Monatseinkommen	4.712,50
AG-Anteil Vermögensbildung (2/3)	624,00
Zwischensumme	*63.974,50*
AG-Anteil zur Sozialversicherung (20%)	12.794,90
Beitrag zur Berufsgenossenschaft (2%)	1.279,49
Schwerbehindertenausgleichsabgabe	150,00
Personalzusatzkosten	32.958,89
in % der Personalbasiskosten	*72,85%*
Personalkosten je Mitarbeiter	78.198,89
Leistungslöhner	25
Personalkosten insgesamt	1.954.972,25

Zeitlöhner	
Tägl. Arbeitszeit (Std.)	7,5
Lohnsatz (€/Std.)	22,40
Feiertage	10
Werktage	250
Urlaubstage	30
Krankheitstage	15
Arbeitstage effektiv	205
Jahresarbeitszeit (Std.)	1.537,5
Zeitlohn (Personalbasiskosten)	34.440,00
Feiertagslohn	1.680,00
Krankheitslohn (80%)	2.016,00
Urlaubslohn	5.040,00
Urlaubsgeld (40%)	2.016,00

Fortsetzung zur Aufstellung der Zeitlöhner siehe nächste Seite!

Zeitlöhner (Fortsetzung)		
13. Monatseinkommen		3.640,00
AG-Anteil Vermögensbildung (2/3)		624,00
Zwischensumme	*49.456,00*	
AG-Anteil zur Sozialversicherung (20%)		9.891,20
Beitrag zur Berufsgenossenschaft (2%)		989,12
Schwerbehindertenausgleichsabgabe		150,00
Personalzusatzkosten		26.046,32
in % der Personalbasiskosten	*75,63%*	
Personalkosten je Mitarbeiter		60.486,32
Zeitlöhner		5
Personalkosten insgesamt		302.431,60

Angestellte		
Durchschnittliches Monatsgehalt		6.100,00
Feiertage		10
Werktage		250
Urlaubstage		30
Krankheitstage		12
Arbeitstage effektiv		208
Gehälter (Personalbasiskosten)		73.200,00
Urlaubsgeld (40%)		3.378,46
13. Monatseinkommen		6.100,00
AG-Anteil Vermögensbildung (2/3)		624,00
Zwischensumme	*83.302,46*	
AG-Anteil zur Sozialversicherung (20%)		16.660,49
Beitrag zur Berufsgenossenschaft (0,5%)		416,51
Schwerbehindertenausgleichsabgabe		150,00
Personalzusatzkosten		27.329,47
in % der Personalbasiskosten	*37,34%*	
Personalkosten je Mitarbeiter		100.529,47
Angestellte		2
Personalkosten insgesamt		201.058,94

b) Die Personalzusatzkosten können durch Zwölftelung gleichmäßig auf die Monate verteilt werden. Dieses Vorgehen setzt etwa gleich viele Werktage je Monat und eine gleichmäßige Arbeitsverteilung über das Jahr voraus.

Die Personalzusatzkosten können auch nach dem Anteil der Monatsarbeitstage auf die Monate verteilt werden, z.B. entfällt auf den Februar mit 18 Arbeitstagen ein Anteil von 18/250 der jährlichen Personalzusatzkosten. Diese Variante bietet sich bei schwankender Anzahl Werktage je Monat an, setzt jedoch eine etwa gleichbleibende tägliche Arbeitszeit voraus.

Schließlich bietet es sich an, die Personalzusatzkosten auf der Basis der effektiv je Monat gezahlten Löhne und Gehälter mit Hilfe des Personalzusatzkostensatzes zu verrechnen, der aus einer jahresbezogenen Prognose- oder Planungsrechnung abgeleitet wird. Dann ist gewährleistet, dass die verrechneten Personalzusatzkosten „passend" zur jeweiligen Leistung verrechnet werden, auch wenn diese von Monat zu Monat schwankt.

In allen Fällen können die effektiven von den verrechneten Personalzusatzkosten abweichen. Solche Abweichungen sind in der Ergebnisrechnung als Verrechnungsdifferenzen auszuweisen.

c)

Angestellte nach Umbuchungen	
Durchschnittliches Monatsgehalt	6.100,00
Feiertage	10
Werktage	250
Urlaubstage	30
Krankheitstage	12
Arbeitstage effektiv	208
Gehälter für Arbeit (Personalbasiskosten)	58.560,00

Angestellte nach Umbuchungen (Fortsetzung)		
Gehälter für Feiertage		2.815,38
Gehälter für Krankheit		3.378,46
Gehälter für Urlaub		8.446,15
Urlaubsgeld (40%)		3.378,46
13. Monatseinkommen		6.100,00
AG-Anteil Vermögensbildung (2/3)		624,00
Zwischensumme	*83.302,46*	
AG-Anteil zur Sozialversicherung (20%)		16.660,49
Beitrag zur Berufsgenossenschaft (0,5%)		416,51
Schwerbehindertenausgleichsabgabe		150,00
Personalzusatzkosten		41.969,47
in % der Personalbasiskosten	*71,67%*	
Personalkosten je MA		100.529,47
Angestellte		2
Personalkosten insgesamt		201.058,94

d) Kalkulatorische Unternehmerlöhne sind in folgender Höhe anzusetzen für

   - den Inhaber-Geschäftsführer Peter Müller   230.000 €
   - die Ehefrau von Peter Müller   48.000 €
   - die OHG insgesamt   278.000 €

Aufgabe 31: *Aussagen zu kalkulatorischen Abschreibungen*

a) Die Totalkapazität eines Betriebsmittels bezeichnet das Gesamtnutzungspotenzial, d.h. die Summe aller Nutzungseinheiten zum /~~Jahresbeginn~~/.   *Zeitpunkt der Inbetriebnahme*

b) Kalkulatorische Abschreibungen erfassen den technisch oder rechtlich bedingten ordentlichen Werteverzehr. Der außerordentliche Werteverzehr-

Vollkostenrechnung und ihre Teilgebiete - Lösungen

zehr wird in der Kostenrechnung /nicht/ berücksichtigt.	*über kalkulatorische Anlagewagnisse*
c) Die Höhe der kalkulatorischen Abschreibungen ist abhängig /vom zugrundeliegenden Kostenrechnungssystem/, von der Abschreibungsbasis und von der Nutzungsdauer.	*von der Abschreibungsmethode*
d) Die Methode der linearen Abschreibung erfasst insbesondere den /Gebrauchs/verschleiß.	*Zeit*
e) Die Leistungsabschreibung dient der Erfassung des Gebrauchsverschleißes. Sie bietet sich nur an, wenn die Leistungsinanspruchnahme periodisch ohne große Mühe gemessen werden kann.	✓
f) Der Ausgangswert für die Berechnung der kalkulatorischen Abschreibungen ist /wie/ in der Finanzbuchhaltung der Wiederbeschaffungswert.	*anders als*
g) Der Wiederbeschaffungswert (WBW) im engeren Sinne ist der Preis, der /ohne/ Anschaffungsnebenkosten am Ende der Nutzungsdauer für die Wiederbeschaffung eines funktionsgleichen Anlagegutes zu zahlen ist. In der betrieblichen Praxis wird /ausnahmsweise/ anstelle dieses Betrages der sogenannte Tageswert als WBW im weiteren Sinne eingesetzt.	*einschließlich* *regelmäßig*
h) Der WBW entspricht den Anschaffungskosten dividiert durch den Preisindex im /Basisjahr - das sind 100,0%-/ und multipliziert mit dem Preisindex im laufenden Jahr.	*Anschaffungsjahr*
i) Der Anschaffungswert einer DV-Anlage betrug 37.000 €. Der WBW-Index ist von 98,0% im Anschaffungsjahr auf 93,1% im laufenden Jahr	

gesunken. Dann liegt der aktuelle Wiederbeschaffungswert bei /38.947,37/ €. | *35.150*

j) Kalkulatorische Abschreibungen werden /nicht mehr/ verrechnet, wenn die Summe der Abschreibungen den Anschaffungswert schon übersteigt oder die betriebsgewöhnliche Nutzungsdauer überschritten ist. | *auch dann noch*

k) Bei der kalkulatorischen Abschreibung mit Nachholung entspricht die Summe der kalkulatorischen Abschreibungen dem Wiederbeschaffungswert am Ende der /steuerlichen/ Abschreibungsdauer, sodass die Substanzerhaltung unter Berücksichtigung der Verteuerung gesichert erscheint. | *betriebsgewöhnlichen/- kalkulatorischen*

Aufgabe 32: *Kalkulatorische Abschreibungen*

a) Lineare Abschreibung

$$\frac{WBW - L_n}{ND} = \frac{600.000 - 50.000}{5} = 110.000 \text{ € jährlich}$$

Monatliche Abschreibung = 9.166,67 €

b) Geometrisch-degressive Abschreibung auf den Liquidationserlös

Ermittlung des Abschreibungsprozentsatzes p:

$$p = 1 - \sqrt[n]{\frac{L_n}{WBW}} = 1 - \sqrt[5]{\frac{50.000}{600.000}} = 0,391635$$

Jahr	Jährliche Abschreibung (€)	Restbuchwert (€)	Monatl. Abschreibung (€)
1	234.981,39	365.018,61	19.581,78
2	142.954,30	222.064,31	11.912,86
3	86.968,30	135.096,01	7.247,36
4	52.908,41	82.187,60	4.409,03
5	32.187,60	50.000,00	2.682,30

c) Arithmetisch-degressive (digitale) Abschreibung

Ermittlung des Degressionsbetrags d:

$$d = \frac{WBW - Ln}{1+2+3+4+5} = \frac{550.000}{15} = 36.666,67 \text{ €/Jahr}$$

Jahr	Jährl. Abschreibung (€)	Monatl. Abschreib. (€)
1	183.333,33	15.277,78
2	146.666,67	12.222,22
3	110.000,00	9.166,67
4	73.333,33	6.111,11
5	36.666,67	3.055,56

d) Leistungsabhängige Abschreibung

$$\text{Abschreibungsbetrag} = \frac{550.000}{1.100.000} = 0{,}50 \text{ €/km}$$

Jahr	Jährl. Abschreibung (€)	Monatl. Abschreib. (€)
1	50.000	4.166,67
2	100.000	8.333,33
3	120.000	10.000,00
4	150.000	12.500,00
5	130.000	10.833,33

Aufgabe 33: *Kombination von Abschreibungsmethoden*

Bilanziell ergibt sich nach drei Jahren ein Restbuchwert von 1.600.000 · $0{,}8^3$ = 819.200 €. Dieser Betrag wird dann für die restliche Abschreibungsdauer linear abgeschrieben, also pro Jahr 163.840 €. Am Ende des 4. Jahres ergibt sich somit ein bilanzieller Restbuchwert von 655.360 €.

In der Kostenrechnung müssen die Abschreibungsbeträge wie folgt auf die beiden Abschreibungsmethoden verteilt werden:

leistungsabhängig   880.000 €
digital   720.000 €

Ermittlung des leistungsabhängigen Abschreibungsbetrages:

Bei einem Ausgangsbetrag von 880.000 € werden pro ME 0,88 € abgeschrieben. Das ergibt bei bisher produzierten 600.000 ME einen Betrag von 528.000 €.

Ermittlung des bisherigen digitalen Abschreibungsbetrages:

$$\text{Degressionsbetrag} = \frac{720.000}{1+2+3+4+5+6+7+8} = \frac{720.000}{36}$$

Degressionsbetrag = 20.000 €

Gesamtabschreibung bis Ende des vierten Jahres:

D · (8+7+6+5) = 20.000 · 26 = 520.000 €

Insgesamt sind damit leistungsmäßig und digital 528.000 + 520.000 = 1.048.000 € abgeschrieben worden, sodass sich ein Restbuchwert von 1.600.000 - 1.048.000 = 552.000 € ergibt.

Aufgabe 34: *Kalkulatorische Abschreibungen mit Nachholung*

Jahr	WBW-Index	WBW	Kumulierte Abschreibung	Abschreib. des laufenden Jahres
1	1,1500	138.000,00	23.000,00	23.000,00
2	1,1775	141.300,00	47.100,00	24.100,00
3	1,2250	147.000,00	73.500,00	26.400,00
4	1,2700	152.400,00	101.600,00	28.100,00
5	1,3000	156.000,00	130.000,00	28.400,00
6	1,3500	162.000,00	162.000,00	32.000,00

Bei dieser Methode ist zu berücksichtigen, dass in jedem Jahr zunächst die kumulierte Abschreibung bis einschließlich des Jahres ermittelt wird. Zum Beispiel sind bis einschließlich des zweiten Jahres kumulierte Abschreibungen von (141.300 / 6) · 2 = 47.100 € anzusetzen.

Aufgabe 35: *Abschreibungen in Finanzbuchhaltung und Kostenrechnung*

a)/b)

	lineare Abschreibung		degressiv-lineare Abschr.		
Jahr	Restbuchwert	Abschreibung	Restbuchwert		Abschreibung
3	400.000	25.000	400.000	d	40.000
4	375.000	50.000	360.000	d	72.000
5	325.000	50.000	288.000	d	57.600
6	275.000	50.000	230.400	d	46.080
7	225.000	50.000	184.320	l	40.960
8	175.000	50.000	143.360	l	40.960
9	125.000	50.000	102.400	l	40.960
10	75.000	50.000	61.440	l	40.960
11	25.000	25.000	20.480	l	20.480

c)

	AW = 400.000		
Jahr	WBW-Faktor	WBW	lineare Abschr.
3	1,0272	400.000	16.667
4	1,0584	412.150	34.346
5	1,0772	419.470	34.956
6	1,1250	438.084	36.507
7	1,1745	457.360	38.113
8	1,1934	464.720	38.727

d)

	AW = 400.000			
Jahr	WBW-Faktor	WBW	kumulierte Abschreibung	Abs. lfd. Jahr *mit Nachholung*
3	1,0272	400.000	16.667	16.667
4	1,0584	412.150	51.519	34.852
5	1,0772	419.470	87.390	35.871
6	1,1250	438.084	127.775	40.385
7	1,1745	457.360	171.510	43.735
8	1,1934	464.720	212.997	41.487

e) Die Verteuerung beträgt (1,1934/1,0272-1) · 100% = ca. 16,2%.

f) Neuer WBW-Faktor in 07 = 1,1745/1,1250 = 1,0440
Neuer WBW-Faktor in 08 = 1,1934/1,1250 = 1,0608

g) Die kalkulatorischen Abschreibungen der Jahre 07 und 08 ändern sich durch die Normierung der Indexreihe auf das Jahr 06 nicht.

h) Nach den vorgelegten Indexreihen sind die Preise für DV-Geräte kontinuierlich gefallen, während sich die Apothekeneinrichtungen ständig verteuert haben. Da es sich bei dem vorliegenden Anlagegut um eine automatisierte Einrichtung handelt, trifft unter Umständen die Indexreihe für die bisher rein mechanischen Apothekeneinrichtungen die tatsächliche Preisentwicklung nicht. Während der möbelmäßige und mechanische Kaufpreisanteil in der Regel einer Verteuerung unterliegt, ist bei den elektronischen und DV-gestützten Komponenten der Apothekeneinrichtung ggf. mit einem Preisrückgang zu rechnen. Insofern bietet sich eine Trennung des DV-Anteils und des Möbelanteils im Kaufpreis an.

Aufgabe 36: *Kalkulatorische Abschreibungen und Zinsen*

$WBW_{08} = (AW_{05} \cdot Index_{08})/Index_{05} = 222.857{,}14 \; €$

$WBW_{09} = (AW_{05} \cdot Index_{09})/Index_{05} = 228.571{,}43 \; €$

$WBW_{10} = (AW_{05} \cdot Index_{10})/Index_{05} = 238.095{,}24 \; €$

Kalkulatorische Abschreibungen = WBW/ND
Kalkulatorische Zinsen = (WBW/2) · 0,06

Jahr	Kalk. Abschreibungen [€/Jahr]	Kalkulatorische Zinsen [€/Jahr]
08	22.285,71	6.685,71
09	22.857,14	6.857,14
10	23.809,52	7.142,86

Aufgabe 37: *Aussagen zu kalkulatorischen Zinsen*

a) Die kalkulatorischen Zinsen entsprechen dem /Q̶u̶o̶t̶i̶e̶n̶t̶e̶n̶/ aus betriebsnotwendigem Kapital und Kalkulationszinssatz.   *Produkt*

b) Das betriebsnotwendige Kapital wird aus dem

Vermögen abgeleitet; nicht betriebsnotwendige
Vermögensbestandteile werden ausgegliedert. ✓

c) Das nicht abnutzbare Anlagevermögen wird mit
den /halben/ Anschaffungskosten in das betriebsnotwendige Vermögen eingerechnet. — *vollen*

d) Die Kapitalbindung eines abnutzbaren Anlagegutes /steigt/ im Zeitablauf durch die über den Marktpreis verdienten Abschreibungen. — *sinkt*

e) Beträgt der Anschaffungswert einer Maschine 456.000 €, so wird nach der Durchschnittsmethode eine mittlere Kapitalbindung von 228.000 € angenommen. ✓

f) Nach der /Restwert/methode bleiben die kalkulatorischen Zinsen des abnutzbaren /betriebsfremden/ Anlagevermögens während der Nutzungsdauer unverändert. — *Durchschnitts betrieblichen*

g) Sowohl das nicht abnutzbare Anlagevermögen als auch das Umlaufvermögen werden mit dem vollen Anschaffungs- bzw. Herstellungswert in das betriebsnotwendige Vermögen einbezogen; für das Umlaufvermögen wird bei unterjährigen Schwankungen ein Jahresdurchschnitt gebildet. ✓

h) Zum so genannten Abzugskapital rechnen /geleistete/ Anzahlungen, Lieferantenkredite und /Rücklagen/. Sie sind jedoch nur dann vom betriebsnotwendigen Vermögen abzusetzen, wenn sie tatsächlich zinsfrei sind. — *erhaltene Rückstellungen*

i) Der Kalkulationszinssatz orientiert sich am /Geldmarkt/zinssatz; gebräuchlich sind Sätze zwischen 7% und 12%. — *Kapitalmarkt*

Aufgabe 38: *Kalkulatorische Zinsen (I)*

a)

(Werte in T€)	Durchschnittsmethode	
Grundstücke		600
Bauten	(764+336)/2	550
Maschinen	(877+773)/2	825
LKW	(420+180)/2	300
Vorräte	(423+328+271+354+424)/5	360
Sonst. Umlaufvermögen		275
Gesamt		2.910

b)

(Werte in T€)	Restwertmethode	
Grundstücke		600
Bauten	(764+(764-48))/2	740
Maschinen	(877+(877-174))/2	790
LKW	(420+(420-80))/2	380
Vorräte	(423+328+271+354+424)/5	360
Sonst. Umlaufvermögen		275
Gesamt		3.145

c) Bei der Durchschnittsmethode wird das betriebsnotwendige Vermögen für abnutzbare Anlagegüter über den Gesamtnutzungszeitraum gleich hoch angesetzt, und zwar mit dem halben Anschaffungswert bzw. dem Mittelwert aus Anschaffungswert und Restwert am Ende der Nutzungsdauer. Hingegen wird das betriebsnotwendige Vermögen für abnutzbare Anlagegüter nach der Restwertmethode jährlich neu aus den jeweiligen Restbuchwerten ermittelt; häufig erfolgt auch hierbei noch eine Durchschnittsbildung aus dem Restbuchwert zu Jahresbeginn und zu Jahresende. Im vorliegenden Fall liegen bei den Bauten und für den LKW die Restbuchwerte deutlich über den Durchschnittswerten für die

Gesamtnutzungsdauer. Das liegt daran, dass sich das Gebäude noch in einer frühen Abschreibungsphase befindet bzw. der LKW noch vollständig neu ist.

d) Das abnutzbare Anlagevermögen wird dann gleichmäßig mit kalkulatorischen Zinsen belastet, wenn es eine gemischte Altersstruktur aufweist, d.h. wenn neben älteren auch jüngere Vermögenspositionen vorhanden sind. Gerade bei jungen, neu gegründeten Unternehmen mit einem hohen Anteil neuer bzw. noch junger abnutzbarer Vermögenspositionen führt die Restwertmethode zu einer (zu) hohen Belastung mit kalkulatorischen Zinsen.

e)

(Werte in €)	Durchschnittsmeth.	Restwertmethode
Betriebsnotwendiges Vermögen = betr.notw. Kap. ohne Abzugsk.	2.910.000	3.145.000
Abzugskapital (erhalt. Anzahlg., Lieferantenverb., Rückstellg.)	300.000	300.000
Betriebsnotwendiges Kapital nach Abzugskapital	2.610.000	2.845.000
Zinssatz	12%	12%
Kalkulatorische Zinsen ohne Abzugskapital jährlich	349.200	377.400
Kalkulatorische Zinsen mit Abzugskapital jährlich	313.200	341.400

Die monatlichen kalkulatorischen Zinsen belaufen sich nach der Durchschnittsmethode auf 29.100 € (ohne Abzugskapital) bzw. 26.100 € (mit Abzugskapital). Nach der Restwertmethode betragen sie 31.450 € (ohne Abzugskapital) bzw. 28.450 € (mit Abzugskapital).

f) Anzahlungen werden häufig nur dann geleistet, wenn der Anzahlende einen Preisnachlass erhält. Der Preisnachlass wirkt aus Sicht des Nachlass Gewährenden wie eine Zinsbelastung.

Die Inanspruchnahme von Lieferantenkrediten ist nur dann zinslos, wenn sie nicht zu einem Skontoverlust führt. Bei einem Skontoverlust von 2% für ein verlängertes Zahlungsziel von 20 Tagen beträgt die Zinsbelastung überschlägig 36% per anno.

Auch Rückstellungen sind nicht immer zinsfrei. So werden Pensionsrückstellungen unter Berücksichtigung eines Rechnungszinsfußes von (aus steuerlichen Gründen, vgl. § 6a EStG) meist 6% gebildet.

Aufgabe 39: *Kalkulatorische Zinsen (II)*

Durchschnittsverzinsung:

$$\text{Gebundenes Kapital} = \frac{40.000}{2} = 20.000 \text{ €}$$

Damit werden pro Jahr 6% von 20.000 €, also 1.200 € als kalkulatorische Zinsen verrechnet.

Restwertverzinsung:

Jahr	Restwert am Jahresanfang	Restwert am Jahresende	Mittlerer Restwert	Zinsen
1	40.000	30.000	35.000	2.100
2	30.000	20.000	25.000	1.500
3	20.000	10.000	15.000	900
4	10.000	0	5.000	300

Aufgabe 40: *Bestimmung des Kalkulationszinsfußes*

a) Ermittlung eines Mischzinssatzes

$$i = \frac{i_s \cdot FK + i_o \cdot EK}{FK + EK}$$

$$i = \frac{0{,}074 \cdot 1.150.000 + 0{,}06 \cdot 460.000}{1.610.000} = 0{,}07 \text{ entsprechend } 7\%$$

b) Problem bei einem Zeitvergleich über mehrere Jahre

Wenn der Kalkulationszinsfuß zur Verrechnung kalkulatorischer Zinsen als Mischzinssatz ermittelt wird, so wird sich jedes Jahr ein anderer Mischzinssatz errechnen, weil das betriebsnotwendige Kapital, das Fremdkapital sowie das Eigenkapital im Laufe eines Jahres Veränderungen unterliegen. Folglich wird bei dieser Vorgehensweise immer ein anderer Zinsfuß zur Anwendung gelangen. Für Kontrollzwecke ist dieses Vorgehen nicht geeignet, weil durch wechselnde Kalkulationszinsfüße Verzerrungen auftreten. Für die Kontrollfunktion der Kostenrechnung ist ein einmal festgesetzter Zinssatz über einen längeren Zeitraum beizubehalten.

Aufgabe 41: *Kalkulatorische Miete*

Um kalkulatorische Miete handelt es sich nicht, da die ungenutzte Fläche keine betrieblich genutzten Privaträume sind. Auch kalkulatorische Wagnisse liegen nicht vor, da es ein allgemeines Risiko ist, dass ein potenzieller Mieter ausfällt, und kein spezielles Risiko. Um normale Miete handelt es sich auch nicht, weil die Räume nicht betrieblich genutzt werden. Folglich handelt es sich bei diesen 20.000 € nicht um Kosten, sondern um neutralen Aufwand (betriebsfremd).

Aufgabe 42: *Einzelwagniskosten*

a) Für die Berechnung der Wagniskosten betreffend das Beständewagnis, das Anlagewagnis und das Vertriebswagnis werden die durchschnittlichen Verluste der vergangenen vier Jahre benötigt.

Beständewagnis

Verluste der vergangenen vier Jahre, gesamt	54.000 €
/ Jahre	4
= Verluste der verg. vier Jahre, durchschnittl.	13.500 €
/ durchschnittlicher Lagerbestandswert	900.000 €
= durchschnittliches Beständewagnis	1,5 %
· erwarteter durchschnittl. Lagerbestandswert	700.000 €
= anzusetzende Beständewagniskosten	10.500 €

Anlagewagnis

Verluste der vergangenen vier Jahre, gesamt	86.500 €
/ Jahre	4
= Verluste der verg. vier Jahre, durchschnittl.	21.625 €
/ durchschnittl. Wert des Anlagevermögens	4.325.000 €
= durchschnittliches Anlagewagnis	0,5 %
· erwarteter durchschnittlicher Anlagewert	4.700.000 €
= anzusetzende Anlagewagniskosten	23.500 €

Ausschusswagnis

Ausschusswagnis im letzten Jahr	1,0 %
- Reduzierung durch Qualitätsmanagem. (20%)	0,2 %
= erwartetes Ausschusswagnis	0,8 %
· erwartete Fertigungskosten	6.550.000 €
= anzusetzende Ausschusswagniskosten	52.400 €

Gewährleistungswagnis

Gewährleistungswagnis im letzten Jahr	0,25 %
− Reduzierung durch Qualitätsmanagem. (20%)	0,05 %
= erwartetes Gewährleistungswagnis	0,20 %
· erwarteter Umsatz	32.000.000 €
= anzusetzende Gewährleistungswagniskosten	64.000 €

Kulanzwagnis

Kulanzwagnis, bisher budgetiert	0,20 %
+ regelmäßige Überschreitung (25%)	0,05 %
= erwartetes Kulanzwagnis	0,25 %
· erwarteter Umsatz	32.000.000 €
= anzusetzende Kulanzwagniskosten	80.000 €

Vertriebswagnis

Verluste der vergangenen vier Jahre, gesamt	40.000 €
/ Jahre	4
= Verluste der verg. vier Jahre, durchschnittl.	10.000 €
/ durchschnittl. Forderungsbestand	4.000.000 €
= durchschnittliches Vertriebswagnis	0,25 %
· erwarteter durchschn. Forderungsbestand	3.920.000 €
= anzusetzende Vertriebswagniskosten	9.800 €

b) Aufgrund der wertmäßigen Deckelung der Kulanzleistungen auf die Hälfte des bisherigen Anteils am Umsatz sinken die Kulanzwagniskosten auf 40.000 €.

c) Durch den Abschluss der Vollversicherung für die Anlagewagnisse entfällt deren kalkulatorischer Ansatz gemäß a) in Höhe von 23.500 €. An dessen Stelle wird die Versicherungsprämie von

20.000 € als Kosten berücksichtigt. Sofern auch künftig nachhaltig mit ähnlichen Anlagewagnissen zu rechnen ist, erscheint der Abschluss der Schadensvollversicherung empfehlenswert. Auch schützt die Versicherung bei größeren Schäden, die unter Umständen zu erheblichen Liquiditätsengpässen führen können. Bei ungünstigem Schadensverlauf in der Zukunft wird der Versicherer jedoch voraussichtlich die Prämie anheben.

Aufgabe 43: *Diverse Kostenarten*

a) Die Instandhaltungskosten werden häufig aufgrund von Erfahrungswerten mit Hilfe von branchen- und betriebsmittelspezifischen Instandhaltungsfaktoren als Prozentsatz vom Wiederbeschaffungswert berechnet. ✓

b) Der Anteil der Fremdleistungen für Instandhaltung lag in den vergangenen Jahren bei rund 25%. Für eine Anlage, die vor drei Jahren (WBW-Index 1,0850) zu 125.000 € beschafft wurde und deren jährlicher Instandhaltungsfaktor bei 1,8% vom WBW liegt, sind demnach im laufenden Jahr (WBW-Index 1,1284) die Fremdleistungskosten für Instandhaltung in Höhe von /~~327~~/ € anzusetzen. *585*

c) Bei größeren Reparaturen einer Maschine empfiehlt es sich, die effektiven Beträge für Material, Fremdleistungen und Leistungen eigener Instandhaltungsabteilungen auf /~~die Kostenstelle des Standorts der Maschine~~/ zu verbuchen. Dadurch können die Instandhaltungskosten maßnahmen- und objektbezogen kontrolliert werden. *einen separaten Reparaturauftrag*

d) Substanzsteuern belasten den Bestand der Produktionsfaktoren (die „Substanz") unabhängig davon, ob damit ein Erfolg erzielt werden kann. Werden solche Steuern erhoben, so sind sie /keinesfalls/ als Kostensteuern zu berücksichtigen. | *auch*

e) Die Umsatzsteuer stellt als „durchlaufender Posten" keine Kosten dar; sie ist aber als letzte Position in die Kalkulation des Auszeichnungspreises der Waren im Einzelhandel einzubeziehen. | ✓

f) Verbrauchsteuern wie Mineralöl-, Tabak- und Biersteuer werden bei den Herstellern bzw. Vertreibern erhoben; sie fließen als Kostenbestandteil in die Kostenrechnung ein. | ✓

g) Die Erfolgsteuerarten Körperschaftsteuer und Einkommensteuer sind bisweilen in Planungsrechnungen etwa betreffend die Standortwahl relevant; sie werden in der Kostenrechnung // als Kostenposition erfasst. | *nicht*

h) Den Gewerbeertragsteuern wird überwiegend Kostencharakter zugesprochen. | ✓

i) Für die Einzelwagnisse /und/ das allgemeine Verlustrisiko des Unternehmers werden Wagniskosten verrechnet. | *nicht jedoch für*

j) Unter dem /Bestände/wagnis versteht man Verluste aus Risiken an Maschinen und anderen Vermögensgegenständen des Anlagevermögens. | *Anlage*

k) Vertriebswagnisse umfassen z.B. Verluste durch Nichtabnahme bestellter Ware und Forderungsausfälle. Sie sind branchen- und konjunktur/un/abhängig. | //

2.3. Kostenstellenrechnung

Aufgabe 44: *Betriebsabrechnungsbogen/Umlageverfahren*

	Heizung	Gebäude	Wäsche-rei	Beher-bergung	Verpfleg. Küche	Verpfleg. Keller	Restau-rant	Gesamt
Primäre Gemeink.	93.500	66.900	58.490	59.116	73.982	32.000	116.012	500.000
Umlage Heizung	-93.500	82.500	2.750	0	8.250	0	0	0
Zwischensumme		*149.400*						
Umlage Gebäude		-149.400	3.960	97.200	8.640	18.000	21.600	0
Zwischensumme			*65.200*					
Umlage Wäscherei			-65.200	43.684	9.128	0	12.388	0
Endkosten	0	0	0	200.000	100.000	50.000	150.000	500.000

Umlagebasis für								
Heizung (MWh)			25	0	75	0	0	850
Gebäude (qm)		750	22	540	48	100	120	830
Wäscherei (%)				67	14		19	100

Umlagesatz	110,00	180,00	652,00

Aufgabe 45: *Betriebsabrechnungsbogen mit innerbetrieblicher Leistungsverrechnung*

a) Beim Betriebsabrechnungsbogen handelt es sich um eine Tabelle mit Zeilen und Spalten. In den Zeilen werden die Kostenarten, in den Spalten die Kostenstellen aufgeführt. Zusätzlich gibt es i.d.R. eine Summenspalte. Der BAB kann folgende Aufgaben erfüllen:

1. Verteilung der primären Gemeinkosten auf die Kostenstellen nach dem Verursachungsprinzip,
2. Durchführung der innerbetrieblichen Leistungsverrechnung,
3. Bildung von Kalkulationssätzen und
4. Kostenkontrolle durch Gegenüberstellung von geplanten und tatsächlich entstandenen Kosten.

b) *Anbauverfahren*

$$p_R = \frac{100.000}{1.900} = 52{,}6315\ \text{€/h}$$

$$p_D = \frac{50.000}{57.750} = 0{,}8658\ \text{€/cbm}$$

	Σ	Reparatur	Dampf	Fertigung	VW/VT
Primäre GK	500.000	100.000	50.000	200.000	150.000
Uml. Reparatur	0	-100.000	-	78.947	21.052
Umlage Dampf	0	-	-50.000	41.342	8.658
Σ GK	500.000	0	0	320.289	179.711

Stufenleiterverfahren

Variante 1: Hilfskostenstelle Dampf vor Reparatur

Was die Reparaturstelle an die Dampferzeugung liefert (100 h), wird nicht verursachungsgerecht berücksichtigt; das sind 5% der gesamten Leistung und entspricht einem Verrechnungsfehler von 5.000 €.

Variante 2: Hilfskostenstelle Reparatur vor Dampf

Was die Dampferzeugung an die Reparaturstelle liefert (5.000 cbm), wird nicht verursachungsgerecht berücksichtigt; das sind 7,968% der gesamten Leistung und entspricht einem Verrechnungsfehler von 3.984,06 €.

Fazit: Reparaturstelle vor der Dampferzeugung anordnen!

$$p_R = \frac{100.000}{2.000} = 50 \text{ €/h}$$

$$p_D = \frac{55.000}{57.750} = 0,95238 \text{ €/cbm}$$

	Σ	Reparatur	Dampf	Fertigung	VW/VT
Primäre GK	500.000	100.000	50.000	200.000	150.000
Uml. Reparatur	0	-100.000	5.000	75.000	20.000
Umlage Dampf	0	-	-55.000	45.476	9.524
Σ GK	500.000	0	0	320.476	179.524

Gleichungsverfahren

Dampferzeugung: $62.750 \, p_D = 50.000 + 100 \, p_R$
Reparatur: $2.000 \, p_R = 100.000 + 5.000 \, p_D$

$p_R = 50 + 2,5 \, p_D$
$62.750 \, p_D = 50.000 + 100 \, (50 + 2,5 \, p_D)$

$p_D = 0{,}88$ €/cbm
$p_R = 52{,}20$ €/h

	Σ	Reparatur	Dampf	Fertigung	VW/VT
Primäre GK	500.000	100.000	50.000	200.000	150.000
Uml. Reparatur	0	-104.400	5.220	78.300	20.880
Umlage Dampf	0	4.400	-55.220	42.020	8.800
Σ GK	500.000	0	0	320.320	179.680

Aufgabe 46: *Umlagerechnung/Gleichungsverfahren (I)*

Fuhrpark: 120.000 F = 125.000 +   0 F +   390 R
Reparatur: 4.680 R = 199.200 + 24.000 F +   0 R

Additionsmethode zur Lösung linearer Gleichungssysteme:

$$
\begin{array}{rcl}
125.000 & = & 120.000\,F \;-\; 390\,R \quad |\cdot 1 \quad |\cdot 12 \\
199.200 & = & -24.000\,F \;+\; 4.680\,R \quad |\cdot 5 \quad |\cdot 1 \\
\hline
1.121.000 & = & 23.010\,R \\
48{,}71795 & = & R \\
\end{array}
$$

$$
\begin{array}{rcl}
1.699.200 & = & 1.416.000\,F \\
1{,}20 & = & F \\
\end{array}
$$

Die Verrechnungssätze betragen 1,20 €/km für die Kostenstelle Fuhrpark und 48,72 €/Stunde für die Kostenstelle Reparatur.

Aufgabe 47: *Umlagerechnung/Gleichungsverfahren (II)*

Fuhrpark: 183.500 F =   44.250 +   0 F +   120 R
Reparatur: 5.270 R = 461.400 + 22.000 F +   70 R

Additionsmethode zur Lösung linearer Gleichungssysteme:

$$
\begin{array}{rcrcr}
44.250 & = & 183.500\,F & - & 120\,R \\
461.400 & = & -22.000\,F & + & 5.200\,R \\
\hline
85.640.400 & = & & & 951.560\,R \\
90,00 & = & & & R
\end{array}
\quad
\begin{array}{l}
\cdot\,22 \\
\cdot\,183,5
\end{array}
$$

$$
\begin{array}{rcrcr}
44.250 & = & 183.500\,F & - & 10.800 \\
0,30 & = & F
\end{array}
$$

Die Verrechnungssätze betragen 0,30 €/km für die Kostenstelle Fuhrpark und 90,00 €/Stunde für die Kostenstelle Reparatur.

Aufgabe 48: *Umlagerechnung/Gleichungsverfahren (III)*

a)

Kantine:	4.000 K	=	23.170	+	40 K	+	70 H	+	0 T
Handwerker:	600 H	=	32.350	+	80 K	+	30 H	+	45 T
Teilefertigung:	4.500 T	=	398.480	+	360 K	+	200 H	+	0 T
Montage:	2.400 M	=	242.820	+	240 K	+	300 H	+	0 T

b) Für die drei ersten Kostenstellen wenden wir die Additionsmethode zur Lösung linearer Gleichungssysteme an. Dazu werden die Gleichungen so umgestellt, dass die betreffenden Variablen jeweils untereinander stehen. Die zweite und dritte Gleichung werden zunächst so addiert, dass die Variable T aus der Rechnung fällt. Die neue Gleichung wird dann mit der ersten kombiniert.

Die Kostenstelle Montage kann zunächst unberücksichtigt bleiben, da sie keine Leistungen an die anderen Kostenstellen abgibt; ihr Kostensatz ergibt sich zum Schluss durch Einsetzen der übrigen Kostensätze.

3.960 K	−	70 H		=	23.170	· 2,111111
−80 K	+	570 H	− 45 T =		32.350	· 100
−360 K	−	200 H	+ 4.500 T =		398.480	· 1
−8.360 K	+	56.800 H		=	3.633.480	· 1

	56.652,22 H	=	3.682.394,44	
	H	=	65,00	in erste Gleichg.

3.960 K	−	4.550	=	23.170	
3.960 K			=	27.720	
K			=	7,00	in zweite Gleichg.

−560	+	37.050	− 45 T	=	32.350	
			45 T	=	4.140	
			T	=	92,00	in vierte Gleichg.

2.400 M	=	242.820	+	1.680	+	19.500
2.400 M	=	264.000				
M	=	110,00				

Die Kostensätze betragen 7,00 €/Essen für die Kantine, 65,00 €/Stunde für die Handwerker, 92,00 €/Stunde für die Teilefertigung und 110,00 €/Stunde für die Montage.

Aufgabe 49: *Innerbetriebliche Leistungsverrechnung und Ermittlung von Zuschlagssätzen*

a) *Stufenleiterverfahren*

Variante 1: Wasserversorgung vor Reparaturwerkstatt

Die Leistungen der Reparaturwerkstatt an die Wasserversorgung werden nicht verursachungsgerecht verrechnet, das sind 100 von 3.500 Stunden, also 2,857%. Es entsteht ein Verrechnungsfehler von 2.574,28 €.

Variante 2: Reparaturwerkstatt vor Wasserversorgung

Die Leistungen der Wasserversorgung für die Reparaturwerkstatt werden nicht verursachungsgerecht verrechnet, das sind 500 von 7.000 cbm, also 7,14%. Es entsteht ein Verrechnungsfehler von 714,29 €.

Fazit: Reparaturwerkstatt vor Wasserversorgung

$$p_R = \frac{90.100}{3.500} = 25{,}7428 \text{ €/h}$$

$$p_W = \frac{12.574{,}29}{6.500} = 1{,}9345 \text{ €/cbm}$$

Gleichungsverfahren

Reparaturwerkstatt: $90.100 + 500\, p_W = 3.500\, p_R$
Wasserversorgung: $10.000 + 100\, p_R = 7.000\, p_W$

$p_R = 70\, p_W - 100$

$90.100 + 500\, p_W = 3.500\, (70\, p_W - 100)$

$p_W = 1{,}80$ €/cbm
$p_R = 26$ €/h

Die BABs mit der Umlagerechnung zum Stufenleiterverfahren und zum Gleichungsverfahren finden Sie auf der Folgeseite.

Betriebsabrechnungsbögen zu Aufgabe 49 a)

BAB mit Stufenleiterverfahren

	Σ	Reparatur	Wasser	Material	Fertigung	Verwaltg.	Vertrieb
Primäre Gemeinkosten	700.100,00	90.100,00	10.000,00	200.000,00	300.000,00	50.000,00	50.000,00
Umlage Reparatur	0,00	-90.100,00	2.574,29	25.742,86	51.485,71	2.574,29	7.722,86
Umlage Wasser	0,00	-	-12.574,29	193,45	11.607,04	386,90	386,90
Σ Gemeinkosten	700.100,00	0,00	0,00	225.936,31	363.092,75	52.961,19	58.109,76

BAB mit Gleichungsverfahren

	Σ	Reparatur	Wasser	Material	Fertigung	Verwaltg.	Vertrieb
Primäre Gemeinkosten	700.100,00	90.100,00	10.000,00	200.000,00	300.000,00	50.000,00	50.000,00
Umlage Reparatur	0,00	-91.000,00	2.600,00	26.000,00	52.000,00	2.600,00	7.800,00
Umlage Wasser	0,00	900,00	-12.600,00	180,00	10.800,00	360,00	360,00
Σ Gemeinkosten	700.100,00	0,00	0,00	226.180,00	362.800,00	52.960,00	58.160,00

b) Für die Zuschlagssätze gilt allgemein:

Materialgemeinkostenzuschlagssatz [%] $= \dfrac{\text{Materialgemeinkosten}}{\text{Materialeinzelkosten}} \times 100$

Fertigungsgemeinkostenzuschlagssatz [%] $= \dfrac{\text{Fertigungsgemeinkosten}}{\text{Fertigungseinzelkosten}} \times 100$

Verwaltungsgemeinkostenzuschlagssatz [%] $= \dfrac{\text{Verwaltungsgemeinkosten}}{\text{Herstellkosten}} \times 100$

Vertriebsgemeinkostenzuschlagssatz [%] $= \dfrac{\text{Vertriebsgemeinkosten}}{\text{Herstellkosten}} \times 100$

	Stufenleiterverfahren	Gleichungsverfahren
Materialgemeinkosten	15,06%	15,08%
Fertigungsgemeinkosten	36,31%	36,28%
Verwaltungsgemeinkosten	1,71%	1,71%
Vertriebsgemeinkosten	1,88%	1,88%

Aufgabe 50: *BAB/Zuschlagssätze und Über-/Unterdeckungen*

(Werte in T€)	Material-wesen	Ferti-gung	Verwal-tung	Vertrieb	Gesamt
Istgemeinkosten	60	318	50	70	498
Zuschlagsbasis	500	120	*) 1.000	*) 1.000	-
Istzuschlagssatz	12%	265%	5%	7%	-
Normalzuschlagssatz	13%	260%	4%	7%	-
Normalgemeinkosten	65	312	40	70	487
Über(+)/Unterdeck. (-)	+5	-6	-10	0	-11

*) vgl. hierzu die Ergebnistabelle auf der folgenden Seite

Ergebnistabelle (Werte in T€):

Fertigungsmaterial	500
Normalmaterialgemeinkosten	65
Fertigungslohn	120
Normalfertigungsgemeinkosten	312
Herstellkosten der Produktion	997
Bestandsminderung unfertige Erzeugnisse	+25
Bestandsmehrung fertige Erzeugnisse	-22
Herstellkosten des Umsatzes	1.000
Normalverwaltungsgemeinkosten	40
Normalvertriebsgemeinkosten	70
Selbstkosten des Umsatzes	1.110
Umsatz	1.221
Normalbetriebsergebnis	111
Kostenstellenunterdeckung	-11
Effektives Betriebsergebnis	100

Aufgabe 51: *Über-/Unterdeckungen im BAB und Betriebsergebnis*

(Werte in €)	Material-wesen	Ferti-gung A	Ferti-gung B	Verw./Vertrieb	Gesamt
Istgemeinkosten	19.380	309.500	325.600	86.900	741.380
Zuschlagsbasis	340.000	123.800	88.000	1.100.000	-
Istzuschlagssatz	5,7%	250%	370%	7,9%	-
Normalzuschlagssatz	6,0%	240%	375%	8,0%	-
Normalgemeinkosten	20.400	297.120	330.000	88.000	735.520
Über(+)/Unterdeck. (-)	+1.020	-12.380	+4.400	+1.100	-5.860

Die Herstellkosten des Umsatzes als Zuschlagsbasis für die Kostenstelle Verwaltung/Vertrieb können in dieser Aufgabe auch retrograd als Quotient aus Istgemeinkosten und Istzuschlagssatz berechnet werden (86.900 / 0,079 = 1.100.000 €).

Das Normalbetriebsergebnis ist um die Kostenstellenunterdeckung zu korrigieren:

Normalbetriebsergebnis	25.860
Kostenstellenunterdeckung	-5.860
Effektives Betriebsergebnis	20.000

Das effektive Betriebsergebnis beträgt 20.000 €.

2.4. Kostenträgerrechnung/Kalkulation

Aufgabe 52: *Aufgaben der Kostenträgerrechnung*

1. Bereitstellung von Unterlagen für Preisfestlegungen z.B. in Preislisten und Preisverhandlungen

2. Ermittlung der Wertansätze für die Bewertung der Erzeugnisbestände und der aktivierten Eigenleistungen

3. Bereitstellung von Unterlagen für die Festlegung interner Verrechnungspreise

4. Bereitstellung von Unterlagen für die Kontrolle des Betriebsergebnisses

5. Analyse des Betriebsergebnisses, Aufdeckung der Erfolgs- und der Misserfolgsquellen

6. Bereitstellung von Unterlagen für kurzfristige Entscheidungen und Planungsrechnungen

Aufgabe 53: *Divisionskalkulation*

a) $k_S = \dfrac{1.500 \cdot 1.000 + 250.000}{1.000} + \dfrac{125.000}{1.000} = 1.750 + 125$

$k_S = 1.875$ €/ME

$k_H = 1.750$ €/ME

b) $k_S = \dfrac{1.500 \cdot 1.000 + 250.000}{1.000} + \dfrac{125.000}{800} = 1.750 + 156,25$

$k_S = 1.906,25$ €/ME

$k_H = 1.750$ €/ME

c) $k_S = \dfrac{1.500 \cdot 1.200 + 150.000}{1.200} + \dfrac{187.000}{1.100} + \dfrac{125.000}{1.000}$

$k_S = 1.625 + 170 + 125 = 1.920$ €/ME

$k_H = 1.795$ €/ME

Aufgabe 54: *Mehrstufige Divisionskalkulation*

Stufe I

Materialkosten (65.000 t à 120,00)	7.800.000
+ Fertigungskosten	1.200.000
= Kosten gesamt	9.000.000
/ Angetrocknete Ziegel	30.000.000
= Kosten je angetrocknetem Ziegel	0,30

Stufe II

Kosten der eingesetzten angetrockneten Ziegel	8.850.000
(29.500.000 Stück à 0,30)	
+ Produktionskosten der Stufe II	2.861.500
- Nettoerlöse für Abfallziegel (29.500.000 · 2% · 0,25)	147.500
= Kosten der Stufe II gesamt	11.564.000
/ Verwertbare gebrannte Ziegel (29.500.000 · 98%)	28.910.000
= Kosten je gebranntem Ziegel	0,40

Stufe III

Kosten der Stufe III ohne Entsorgung	148.260
+ Entsorgungskosten (2.000 l à 12,60)	25.200
= Kosten der Stufe III gesamt	173.460

	Glasurstärke	Produktmenge	Einheitsmenge	Glasurk. gesamt	Glasurk. je Stück
Sorte A	0,05 mm	14.455.000	722.750	72.275	0,005
Sorte B	0,07 mm	14.455.000	1.011.850	101.185	0,007
Gesamt			1.734.600	173.460	0,100

Kumulation der Stufen I bis III und Umrechnung auf eine Palette

	I bis II	III	I bis III	je Palette
Sorte A	0,400	0,005	0,405	405,00
Sorte B	0,400	0,007	0,407	407,00

Palettieren und Folieren

404.740 € für 28.910 Paletten, entspricht je Palette: 14,00

Herstellkosten je Palette

	Stufen I bis III	Palett./Folieren	Folie	Gesamt
Sorte A	405,00	14,00	5,00	424,00
Sorte B	407,00	14,00	13,00	434,00

Aufgabe 55: *Einstufige Äquivalenzziffernkalkulation (I)*

	Nobel	Prestige	Classic	Gesamt
Anzahl Zimmer	6	12	16	-
Betten je Zimmer	2	2	1	-
Öffnungstage pro Jahr	350	350	350	-
Durchschnittl. Belegung	60%	70%	80%	-
Anzahl Übernachtungen	2.520	5.880	4.480	-
Äquivalenzziffer	1,50	1,25	1,00	-
Einheitsmenge	3.780	7.350	4.480	15.610
Kosten gesamt pro Jahr	293.971	571.610	348.410	1.213.990
Kosten je Übernachtung	116,66	97,21	77,77	-

Aufgabe 56: *Einstufige Äquivalenzziffernkalkulation (II)*

a) Es sind 4 Schritte durchzuführen:

1. Die Mengeneinheiten der einzelnen Sorten werden mit den jeweiligen Äquivalenzziffern multipliziert. Ergebnis sind Recheneinheiten [RE] der einzelnen Sorten.
2. Die Anzahl der Recheneinheiten wird über alle Sorten aufaddiert.

3. Die Kosten der Abrechnungsperiode werden durch die Summe der Recheneinheiten dividiert. Dadurch erhält man die Kosten pro Recheneinheit.
4. Die Kosten je Recheneinheit werden mit der jeweiligen Äquivalenzziffer einer Sorte multipliziert. Das Ergebnis zeigt die Kosten je Mengeneinheit einer Sorte.

b)

Sorte	ÄZ	RE	Kosten je ME
A	1,0	200.000	0,05
B	0,8	320.000	0,04
C	1,4	70.000	0,07
D	2,0	200.000	0,10
Σ		790.000	

Kosten je RE: $\frac{39.500}{790.000} = 0,05$ €/RE

Aufgabe 57: *Mehrstufige Äquivalenzziffernkalkulation (I)*

Sorte	MEK [€/ME]	MGK [€/ME]	RE_1	RE_2	FK_1 [€/ME]	FK_2 [€/ME]
A	5,00	0,25	3.000	4.500	1,80	2,25
B	6,00	0,30	6.400	8.000	2,40	2,50
C	6,60	0,33	3.000	3.900	3,00	3,25
D	7,00	0,35	4.800	4.800	3,60	3,00
E	10,00	0,50	9.100	9.800	3,90	3,50

Fertig.kosten: $\frac{78.900}{26.300} = 3,00$ €/RE_1 bzw. $\frac{77.500}{31.000} = 2,50$ €/RE_2

Sorte	MK [€/ME]	FK [€/ME]	HK [€/ME]	VWK [€/ME]	VTK [€/ME]	SK [€/ME]
A	5,25	4,05	9,30	0,465	0,465	10,230
B	6,30	4,90	11,20	0,560	0,560	12,320
C	6,93	6,25	13,18	0,659	0,659	14,498
D	7,35	6,60	13,95	0,698	0,698	15,345
E	10,50	7,40	17,90	0,895	0,895	19,690

Aufgabe 58: *Mehrstufige Äquivalenzziffernkalkulation (II)*

Sorte	MEK [€/ME]	MGK [€/ME]	RE_1	RE_2	FK_1 [€/ME]	FK_2 [€/ME]
A	5,00	0,25	800	700	4,80	2,80
B	6,00	0,30	800	720	6,00	3,60
C	9,00	0,45	1.440	1.200	7,20	4,00
D	7,60	0,38	1.300	1.500	7,80	6,00

Fertigungskosten je RE_1: $\dfrac{26.040}{4.340} = 6,00 \ €/RE_1$

Fertigungskosten je RE_2: $\dfrac{16.480}{4.120} = 4,00 \ €/RE_2$

Sorte	MK [€/ME]	FK [€/ME]	HK [€/ME]	VWK [€/ME]	VTK [€/ME]	SK [€/ME]
A	5,25	7,60	12,85	1,285	1,285	15,420
B	6,30	9,60	15,90	1,590	1,590	19,080
C	9,45	11,20	20,65	2,065	2,065	24,780
D	7,98	13,80	21,78	2,178	2,178	26,136

Aufgabe 59: *Zuschlags- und Preiskalkulation (I)*

MEK	300 €
MGK	60 €
FEK Schlosserei	240 €
FGK Schlosserei	240 €
FEK Dreherei	180 €
FGK Dreherei	108 €
FEK Montage	900 €
FGK Montage	630 €
Sondereinzelkosten der Fertigung	342 €
HK	3.000 €
VwGK	300 €
VtGK	300 €
Sondereinzelkosten des Vertriebs	280 €
SK	3.880 €
Gewinn	970 €
	4.850 €
Skonto	150 €
	5.000 €
Rabatt	1.250 €
	6.250 €
Mehrwertsteuer	1.000 €
Bruttoangebotspreis	*7.250 €*

Aufgabe 60: *Zuschlagskalkulation mit Maschinenkosten*

Fertigungsmaterial		238,00
Materialgemeinkosten	20%	47,60
Fertigungslohn in Stelle A		22,00
Fertigungsgemeinkosten in Stelle A	250%	55,00
	Übertrag:	362,60

	Übertrag:	*362,60*
Fertigungslohn in Stelle B		12,00
Fertigungsgemeinkosten in Stelle B	250%	30,00
Maschinenkosten		27,00
Herstellkosten		431,60
Verwaltungsgemeinkosten	5%	21,58
Vertriebsgemeinkosten	7%	30,21
Sondereinzelkosten des Vertriebs		16,61
Selbstkosten		500,00

Aufgabe 61: *Kostensatz einer Sonnenbank*

Kalkulatorische Abschreibungen	17.000,00
+ Kalkulatorische Zinsen	4.250,00
+ Wartung	1.700,00
+ Energie	470,40
+ Leuchtmittel	528,50
+ Versicherung	123,10
+ Raumkosten	3.900,00
= Jährliche Kosten	27.972,00
/ Stunden pro Jahr	420
= Stundensatz	66,60
Minutensatz	1,11

Aufgabe 62: *Maschinenstundensatz*

a) WBW = AW · Index$_{\text{laufendes Jahr}}$ / Index$_{\text{Anschaffungsjahr}}$
   = 787.434,15 · 1,025 / 0,950
   = 849.600 €

	Berechnung	€/Jahr
Kalk. Abschreibungen	849.600/12	70.800,00
+ Kalk. Zinsen	787.434,15/2 · 8%	31.497,37
+ Elektrische Energie	40 · 0,6 · 0,2 · 1.500	7.200,00
+ Instandhaltung	849.600 · 0,5%	4.248,00
+ Kühlmittel	3 · 0,38 · 1.500	1.710,00
+ Versicherung		1.379,63
+ Raumkosten	25 · 10,55 · 12	3.165,00
= Maschinenkosten		120.000,00

Maschinenstundensatz = 120.000 / 1.500 = 80,00 €/Stunde

b) Die Kostenkomponenten für elektrische Energie (4,80 €/ Stunde) und Kühlmittel (1,14 €/Stunde) sind aufgrund der vorliegenden Informationen offensichtlich rein variable bzw. proportionale Kosten. Diese Beträge ändern sich als Bestandteile des Maschinenstundensatzes nicht.

Aufgabe 63: *Zuschlags- und Preiskalkulation (II)*

Fertigungsmaterial		255,00 €
Materialgemeinkosten	12%	30,60 €
Fertigungslohn in Stelle A		22,00 €
Fertigungsgemeinkosten in Stelle A	250%	55,00 €
Fertigungslohn in Stelle B		40,00 €
Fertigungsgemeinkosten in Stelle B	180%	72,00 €
Maschinenkosten	90 €/Std.	27,00 €
Sondereinzelkosten der Fertigung		9,48 €
Herstellkosten		511,08 €
Verwaltungskosten	5%	25,55 €
Vertriebskosten	7%	35,78 €
Selbstkosten	Übertrag:	572,41 €

Selbstkosten	Übertrag:	572,41 €
Gewinnaufschlag	10%	57,24 €
Barverkaufspreis		629,65 €
Skonto	2%	12,85 €
Zielverkaufspreis		642,50 €
Rabatt	5%	33,82 €
Listenverkaufspreis		676,32 €
Umsatzsteuer	16%	108,21 €
Auszeichnungspreis		784,53 €

Beachten Sie, dass sich der Prozentsatz für Skonto auf den Zielverkaufspreis und der Prozentsatz für Rabatt auf den Listenverkaufspreis bezieht, da es sich im Unterschied zum Gewinnaufschlag und zur Umsatzsteuer um „Im-Werte" handelt.

Aufgabe 64: *Preiskalkulation*

Selbstkosten		375,-
Gewinnaufschlag auf Selbstkosten	16%	60,-
Provision vom Listenverkaufspreis	8%	50,-
Barverkaufspreis		485,-
Skonto vom Zielverkaufspreis	3%	15,-
Zielverkaufspreis		500,-
Rabatt vom Listenverkaufspreis	20%	125,-
Listenverkaufspreis (LVP)		625,-

Beachten Sie, dass der Barverkaufspreis ausreichen muss, um auch die Provision abzudecken. Daher sind folgende Überlegungen anzustellen. Der Zielverkaufspreis beträgt 100% - 20% = 80% vom Listenverkaufspreis. Der Barverkaufspreis entspricht laut Aufgabenstellung 100% - 3% = 97% vom Zielverkaufspreis, das sind dann

80% · 97% = 77,6% vom Listenverkaufspreis. Andererseits ergibt sich der Barverkaufspreis als Summe aus Selbstkosten, Gewinnaufschlag und Provision. Deshalb muss gelten:

$$77,6\% \cdot LVP = 375,00 + 60,00 + 8\% \cdot LVP$$
$$69,6\% \cdot LVP = 435,00$$
$$LVP = 435,00 / 69,6\% = 625,00 \text{ €}$$

Aufgabe 65: *Kuppelkalkulation (I)*

Kuppel-produkt	RE [€]	HK [€/Lit.]	VWK [€/Lit.]	VTK [€/Lit.]	SEK$_V$ [€/Lit.]	SK [€/Lit.]
A	80.000	14,00	0,70	0,56	0,74	16,00
B	90.000	21,00	1,05	0,84	0,61	23,50
C	50.000	35,00	1,75	1,40	0,85	39,00
D	20.000	7,00	0,35	0,28	0,37	8,00

Herstellkosten je RE: $\dfrac{168.000}{240.000} = 0,7$ €/RE

Aufgabe 66: *Kuppelkalkulation (II)*

Kuppel-produkt	RE [€]	HK [€/Lit.]	VWK [€/Lit.]	VTK [€/Lit.]	SEK$_V$ [€/Lit.]	SK [€/Lit.]
A	90.000	10,50	0,42	0,21	0,87	12,00
B	160.000	14,00	0,56	0,28	0,66	15,50
C	20.000	7,00	0,28	0,14	0,58	8,00
D	54.000	12,60	0,504	0,252	0,64	14,00

Herstellkosten je RE: $\dfrac{226.800}{324.000} = 0,7$ €/RE

Aufgabe 67: *Kuppelkalkulation (III)*

Nebenprod.	Erlös [€]	Aufarbeitg. [€]	Nettoerlös [€]
A	600	300	300
B	1.200	480	720
C	600	120	480
D	375	75	300
Σ	2.775	975	1.800

Subtrahiert man die Summe der Nettoerlöse von den Herstellkosten des Kuppelproduktionsprozesses, so verbleiben insgesamt Kosten von 80.000 €, also pro Liter des Hauptproduktes 16 €. Das Hauptprodukt wird anschließend mit Hilfe der Zuschlagskalkulation weiter kalkuliert.

Herstellkosten	16,00 €/Liter
Verwaltungsgemeinkosten	0,80 €/Liter
Vertriebsgemeinkosten	1,28 €/Liter
Sondereinzelkosten des Vertriebs	1,92 €/Liter
Selbstkosten	20,00 €/Liter

2.5. Betriebsergebnisrechnung

Aufgabe 68: *Betriebsergebnisrechnung nach GKV und UKV (I)*

a) Umsatz	200 Mio. €
+ Bestandsmehrung fertige Erzeugnisse	8 Mio. €
− Bestandsminderung unfertige Erzeugnisse	5 Mio. €
+ Aktivierte Eigenleistungen	4 Mio. €
= Gesamtleistung	207 Mio. €
− Gesamtkosten	196 Mio. €
= Betriebsergebnis	11 Mio. €

b) Gesamtkosten 196 Mio. €
- Bestandsmehrung fertige Erzeugnisse 8 Mio. €
+ Bestandsminderung unfertige Erzeugnisse 5 Mio. €
- Aktivierte Eigenleistungen 4 Mio. €
= Selbstkosten des Umsatzes 189 Mio. €

c) Umsatz 200 Mio. €
- Selbstkosten des Umsatzes 189 Mio. €
= Betriebsergebnis 11 Mio. €

Aufgabe 69: *Betriebsergebnisrechnung nach GKV und UKV (II)*

a)

(Werte in €)	Material-bereich	Fertigung I	Fertigung II	Verw./ Vertrieb	Gesamt
Istgemeinkosten	77.380	715.285	129.344	266.735	1.188.744
Normal-ZS	12%	780%	200%	15%	
Zuschlagsbasis	625.000	91.250	69.500	1.703.600	
Normalgemeink.	75.000	711.750	139.000	255.540	1.181.290
Über-(+)/Unter-deckung (-)	-2.380	-3.535	+9.656	-11.195	-7.454

Die Verwaltungs- und Vertriebsgemeinkosten sind auf die Herstellkosten des Umsatzes zu verrechnen. Nebenrechnung zur Ermittlung der Herstellkosten des Umsatzes:

Herstellkosten der Produktion 1.711.500
+ Bestandsminderungen Happy Hippo +10.960
- Bestandsmehrungen Top Ten Teddy -18.860
= Herstellkosten des Umsatzes 1.703.600

b) Umsatzkostenverfahren

(Werte in €)	Happy Hippo	Top Ten Teddy	Gesamt
Absatz in 1.000 Stück	*2.395*	*954*	*3.349*
Umsatz	1.484.900	524.700	2.009.600
Selbstkosten d. Ums.	1.533.279	459.351	1.992.630
Betriebserg. zu NK	-48.379	+65.349	+16.970
Über-(+)/Unterd. (-)	-	-	-7.454
Bezugspreisabw.	-	-	+484
Betriebserg. zu IK	-	-	10.000

c) Gesamtkostenverfahren

Umsatz	2.009.600
Bestandsmehrung Top Ten Teddy (Vorzeichen beachten!)	+18.860
Bestandsminderung Happy Hippo (Vorzeichen beachten!)	-10.960
Gesamtleistung	2.017.500

Fertigungsmaterial	625.000
Fertigungslöhne in Fertigung I	91.250
Fertigungslöhne in Fertigung II	69.500
Sondereinzelkosten des Vertriebs	33.490
Istgemeinkosten laut BAB	1.188.744
Bezugspreisabweichung (Vorzeichen beachten!)	-484
Gesamtkosten (Ist)	2.007.500

Betriebsergebnis zu Istkosten	10.000

Beachten Sie, dass in der vorliegenden Aufgabenstellung die Preisabweichungen von den angesetzten Kosten, die zu Verrechnungspreisen ermittelt werden, abzuziehen sind, um die Gesamtkosten auf Istkostenbasis zu erhalten. Dies entspricht voll der Ergebniskorrektur unter Teilaufgabe b).

Das Umsatz- und das Gesamtkostenverfahren auf Vollkostenbasis führen zum gleichen Betriebsergebnis; diese Verfahren erlauben also eine gegenseitige Verprobung des Betriebsergebnisses.

Aufgabe 70: *Betriebsergebnis und neutrales Ergebnis*

a)

Betriebsergebnis (€)			
Materialkosten	187.500	Verkaufserlöse	573.300
Personalkosten	120.000	Bestandserhöhung FF	27.000
Diverse Gemeinkosten	62.400	Selbsterstellte Anlagen	15.800
Kalk. Abschreibungen	120.000		
Kalk. Zinsen	33.000		
Kalk. Wagnisse	17.700		
Bestandsverringerung HF	22.000		
Betriebsgewinn	53.500		
	616.100		616.100

b)

Neutrales Ergebnis (€)			
Spenden	3.000	Verr. kalk. Abschreibg.	120.000
Brandschaden	32.000	Verr. kalk. Zinsen	33.000
Bilanzielle Abschreibg.	96.000	Verr. kalk. Wagnisse	17.700
Fremdkapitalzinsen	24.500		
Neutraler Gewinn	15.200		
	170.700		170.700

c)

	Gesamtergebnis (€)		
Gesamtgewinn	68.700	Betriebsgewinn	53.500
		Neutraler Gewinn	15.200
	68.700		68.700

Aufgabe 71: *Betriebsergebnisrechnung nach GKV und UKV (III)*

a) Alle Beträge sind in € angegeben.

FM		128.000
MGK	6%	7.680
FL-Dreherei		50.000
FGK-Dreherei	150%	75.000
FL-Fräserei		32.000
FGK-Fräserei	220%	70.400
HK-Produktion		363.080
Bestandsminderung Erzeugnisse		10.000
HK-Umsatz		373.080

Beachten Sie, dass die Kalkulation der Herstellkosten des Umsatzes mit Hilfe der Normalzuschlagssätze erfolgen muss.

b)

Kostenstelle	Normal-GK	Ist-GK	*) ÜD(+)/UD(-)
Materialwesen	7.680	8.000	-320
Dreherei	75.000	70.000	+5.000
Fräserei	70.400	80.000	-9.600
Verwaltung	46.635	37.308	+9.327
Vertrieb	46.635	55.962	-9.327
Gesamt	246.350	251.270	-4.920

*) ÜD = Überdeckung, UD = Unterdeckung

Vollkostenrechnung und ihre Teilgebiete - Lösungen

c) Mögliche Ursachen für Über- bzw. Unterdeckungen in Kostenstellen in einem Abrechnungsmonat sind:

- überdurchschnittlich geringer bzw. hoher Gemeinkostenanfall
- besonders hohe bzw. geringe Zuschlagsgrundlage (= Leistung)
- zu hoch bzw. zu niedrig angesetzte Normalzuschlagssätze

d)

HK-Umsatz gemäß a)		373.080
VWK	12,5%	46.635
VTK	12,5%	46.635
SK-Umsatz		466.350
Umsatz		521.270
Betriebsergebnis zu Normalkosten		54.920
Kostenstellenunterdeckung		-4.920
Betriebsergebnis zu Istkosten		50.000

e)

Umsatz	521.270
Bestandsminderung Erzeugnisse	-10.000
Gesamtleistung	511.270
FM	128.000
FL-Dreherei	50.000
FL-Fräserei	32.000
Verbrauchsmaterial	20.000
Kalkulatorische Abschreibungen	37.900
Sonstige Gemeinkosten	193.370
Gesamtkosten	461.270
Gesamtleistung	511.270
Gesamtkosten	461.270
Betriebsergebnis	50.000

f)

FM		5.000,00
MGK	6%	300,00
FL-Dreherei		300,00
FGK-Dreherei	150%	450,00
FL-Fräserei		800,00
FGK-Fräserei	220%	1.760,00
HK		8.610,00
VWK	12,5%	1.076,25
VTK	12,5%	1.076,25
SEK-Vertrieb		550,00
SK		11.312,50

Beachten Sie, dass Sie die Vorkalkulation eines Produktes oder Auftrages stets mit Hilfe von Normalzuschlagssätzen oder, sofern bekannt, mit Hilfe von Planzuschlagssätzen durchführen.

g) Zum einen liegt zum Zeitpunkt der Vorkalkulation eines Kundenauftrags die Höhe der Gemeinkostenzuschlagssätze im Fertigungszeitraum des Auftrags noch nicht vor.

Wichtiger ist aber, dass es keinen Sinn macht, einen Auftrag mit überdurchschnittlich hohen oder unterdurchschnittlich niedrigen Istkostensätzen zu kalkulieren, die durch Zufälligkeiten im Zeitablauf geprägt sind; vgl. auch die Lösung zu c).

Während in Nachkalkulationen stets die tatsächlichen Material-, Zeit- und sonstigen Verbräuche einfließen, ist selbst hier die Verwendung von Istkostensätzen umstritten. Denn die Ursachen für Schwankungen in den Istzuschlagssätzen sind in aller Regel nicht durch den zu kalkulierenden Auftrag verursacht.

3. Deckungsbeitragsrechnung

3.1. Kalkulation auf Teilkostenbasis

Aufgabe 72: *Zuschlagskalkulation/Teilkosten (I)*

a)
Materialeinzelkosten	16 €/ME
Materialgemeinkosten	8 €/ME
Fertigungseinzelkosten	8 €/ME
Fertigungsgemeinkosten	8 €/ME
Herstellkosten	40 €/ME
Verw.- u. Vertriebsgemeinkosten	20 €/ME
Selbstkosten	60 €/ME

Stückgewinn = Preis - Selbstkosten = 70 - 60 = 10 €/ME

Gesamtgewinn = Stückgewinn · Menge = 10 · 8.000 = 80.000 €

b)
Materialeinzelkosten	16 €/ME
Materialgemeinkosten, variabel	4 €/ME
Fertigungseinzelkosten	8 €/ME
Fertigungsgemeinkosten, variabel	4 €/ME
Herstellkosten, variabel	32 €/ME
Verw.- u. Vertriebsgemeink., variabel	8 €/ME
Selbstkosten, variabel (= Grenzkosten)	40 €/ME

Für die Annahme des Zusatzauftrags ist bei ausreichend freier Kapazität die Deckungsspanne (Deckungsbeitrag) entscheidend.

Deckungsspanne = Preis - Grenzkosten
= 50 - 40 = 10 €/ME > 0

Fazit: Der Zusatzauftrag ist anzunehmen.

c) Die Mindestabsatzmenge ergibt sich, indem die erforderlichen Umrüstkosten durch die Deckungsspanne dividiert werden. Die Mindestabsatzmenge beträgt demnach 3.000 ME.

Aufgabe 73: *Zuschlagskalkulation/Teilkosten (II)*

a)

[in €/kg]	A	B	C
MEK	5,00	7,50	10,00
MGK	1,00	1,50	2,00
FEK	5,00	5,00	5,00
FGK	4,00	4,00	4,00
HK	15,00	18,00	21,00
VwVtGK	7,50	9,00	10,50
SK	22,50	27,00	31,50
Preis	30,00	40,00	50,00
Stückgewinn	7,50	13,00	18,50

b) Gewinn = (7,50 + 13 + 18,50) · 2.000 = 78.000 €/Periode

c)

[in €/kg]	A	B	C
MEK	5,00	7,50	10,00
MGK, variabel	1,00	1,50	2,00
FEK	5,00	5,00	5,00
FGK, variabel	2,00	2,00	2,00
HK, variabel	13,00	16,00	19,00
VwVtGK, var.	3,25	4,00	4,75
SK, variabel	16,25	20,00	23,75
Preis	30,00	40,00	50,00
Stück-DB	13,75	20,00	26,25

	A	B	C
Menge [kg]	2.000	2.000	2.000
Stück-DB [€/kg]	13,75	20,00	26,25
Deckungsbeitrag	27.500	40.000	52.500
gesamt [€]		120.000	
Fixkosten [€]		42.000	
Gewinn [€]		78.000	

d) Bei einer Preissenkung der Sorte A auf 20,00 €/kg sind die Selbstkosten nicht mehr gedeckt, es entsteht rechnerisch ein Verlust von 2,50 €/kg. Kurzfristig sollte die Sorte A trotzdem nicht aus dem Produktionsprogramm genommen werden, da die Deckungsspanne zwar auf 3,75 €/kg sinkt, aber noch positiv ist. Langfristig müsste der Preis ansteigen und/oder eine Kostensenkung herbeigeführt werden, um die Sorte A beizubehalten.

3.2. Ergebnisrechnung auf Teilkostenbasis

Aufgabe 74: *Ergebnisrechnung/Wirkung von Bestandsänderungen*

Wenn keine Bestandsveränderungen bei Erzeugnissen auftreten, gilt:

$$BE(GKV_{VKB}) \quad = \quad BE(UKV_{VKB}) \quad = \quad BE(UKV_{TKB})$$

Wenn Bestandserhöhungen bei Erzeugnissen auftreten, gilt:

$$BE(GKV_{VKB}) \quad = \quad BE(UKV_{VKB}) \quad > \quad BE(UKV_{TKB})$$

Wenn Bestandsminderungen bei Erzeugnissen auftreten, gilt:

$$BE(GKV_{VKB}) \quad = \quad BE(UKV_{VKB}) \quad < \quad BE(UKV_{TKB})$$

Aufgabe 75: *Ergebnisrechnung/Umsatzkostenverfahren*

a) Beim Umsatzkostenverfahren auf Teilkostenbasis werden Bestandsveränderungen mit variablen Herstellkosten bewertet. Die fixen Kosten werden der Periode angelastet, in der sie entstanden sind. Beim Umsatzkostenverfahren auf Vollkostenbasis werden die Bestandsveränderungen mit den gesamten Herstellkosten bewertet, also auch mit anteiligen fixen Kosten, sodass bei Bestandsveränderungen fixe Kosten aus der Entstehungsperiode heraus in andere Perioden verlagert werden.

b) Bei Bestandserhöhungen ist das Betriebsergebnis beim Umsatzkostenverfahren auf Vollkostenbasis höher als das Betriebsergebnis beim Umsatzkostenverfahren auf Teilkostenbasis, weil beim Umsatzkostenverfahren auf Vollkostenbasis anteilige fixe Kosten über die Bestandserhöhungen in spätere Perioden verschoben werden.

Aufgabe 76: *Umsatzkostenverfahren/Bestandserhöhungen*

a) Umsatzkostenverfahren auf Vollkostenbasis

Gesamte Herstellkosten der Periode	90.000.000 €
- Bestandsmehrungen	27.000.000 €
= Herstellkosten des Umsatzes	63.000.000 €
+ Verwaltungsgemeinkosten	18.000.000 €
+ Vertriebsgemeinkosten	12.000.000 €
= Selbstkosten des Umsatzes	93.000.000 €
Umsatz	109.960.000 €
- Selbstkosten des Umsatzes	93.000.000 €
= Betriebsergebnis	16.960.000 €

b) Umsatzkostenverfahren auf Teilkostenbasis

Herstellkosten der Periode, variabel	36.000.000 €
- Bestandsmehrungen, variabel	10.800.000 €
= Herstellkosten des Umsatzes, variabel	25.200.000 €
+ Verwaltungsgemeinkosten, variabel	6.000.000 €
+ Vertriebsgemeinkosten, variabel	6.000.000 €
= Selbstkosten des Umsatzes, variabel	37.200.000 €
Umsatz	109.960.000 €
- Selbstkosten des Umsatzes, variabel	37.200.000 €
= Deckungsbeitrag	72.760.000 €
- Fixkosten	72.000.000 €
= Betriebsergebnis	760.000 €

c)
Betriebsergebnis auf Vollkostenbasis	16.960.000 €
- Betriebsergebnis auf Teilkostenbasis	760.000 €
= Differenzbetrag	16.200.000 €

Beim Umsatzkostenverfahren auf Teilkostenbasis werden fixe Kosten der Periode angelastet, in der sie entstanden sind. Beim Umsatzkostenverfahren auf Vollkostenbasis wird bei Bestandserhöhungen ein Teil der fixen Kosten in spätere Perioden verschoben, da Lagerbestandsveränderungen zu Herstellkosten und damit auch mit anteiligen fixen Kosten bewertet werden.

In der vorliegenden Aufgabe sind 60% der Herstellkosten fixe Kosten, das entspricht 54.000.000 €. Davon werden 30% in zukünftige Perioden verschoben, weil 30% der Produktionsmenge nicht in der Produktionsperiode abgesetzt werden, sondern auf Lager gehen. Dies entspricht einem Betrag von 16.200.000 €. Um diesen Betrag ist das Betriebsergebnis auf Vollkostenbasis höher als das Betriebsergebnis auf Teilkostenbasis.

Aufgabe 77: *Gesamtkosten- und Umsatzkostenverfahren/Bestandsminderungen*

a) Gesamtkostenverfahren auf Vollkostenbasis

Umsatz	16.000.000 €
- Bestandsminderungen	2.200.000 €
= Gesamtleistung	13.800.000 €
- Gesamtkosten	9.000.000 €
= Betriebsergebnis	4.800.000 €

b) Umsatzkostenverfahren auf Vollkostenbasis

Gesamte Herstellkosten der Periode	6.600.000 €
+ Bestandsminderungen	2.200.000 €
= Herstellkosten des Umsatzes	8.800.000 €
+ Verwaltungsgemeinkosten	1.400.000 €
+ Vertriebsgemeinkosten	1.000.000 €
= Selbstkosten des Umsatzes	11.200.000 €

Umsatz	16.000.000 €
- Selbstkosten des Umsatzes	11.200.000 €
= Betriebsergebnis	4.800.000 €

c) Umsatzkostenverfahren auf Teilkostenbasis

Herstellkosten der Periode, variabel	2.400.000 €
+ Bestandsminderungen, variabel	800.000 €
= Herstellkosten des Umsatzes, variabel	3.200.000 €
+ Verwaltungsgemeinkosten, variabel	400.000 €
+ Vertriebsgemeinkosten, variabel	500.000 €
= Selbstkosten des Umsatzes, variabel	4.100.000 €

Umsatz	16.000.000 €
- Selbstkosten des Umsatzes, variabel	4.100.000 €
= Deckungsbeitrag	11.900.000 €
- Fixkosten	5.700.000 €
= Betriebsergebnis	6.200.000 €

d)
Betriebsergebnis auf Teilkostenbasis	6.200.000 €
- Betriebsergebnis auf Vollkostenbasis	4.800.000 €
= Differenzbetrag	1.400.000 €

Beim Umsatzkostenverfahren auf Teilkostenbasis werden fixe Kosten der Periode angelastet, in der sie entstanden sind. Beim Umsatzkostenverfahren auf Vollkostenbasis wird bei Bestandsverminderungen ein Teil der fixen Kosten aus früheren Perioden in diese Periode verschoben, da Lagerbestandsveränderungen zu Herstellkosten und damit auch mit anteiligen fixen Kosten bewertet werden. Somit ist das Betriebsergebnis beim Umsatzkostenverfahren auf Vollkostenbasis niedriger als das auf Teilkostenbasis.

Hier sind in den gesamten Herstellkosten der Produktion der Periode 4.200.000 € fixe Kosten enthalten. Ein Drittel der Produktionsmenge wird zusätzlich vom Lager entnommen und abgesetzt, das entspricht 1.400.000 €. Um genau diesen Betrag ist das Betriebsergebnis beim Umsatzkostenverfahren auf Vollkostenbasis niedriger als auf Teilkostenbasis.

Aufgabe 78: *Umsatzkostenverfahren nach Produkten differenziert*

In der folgenden Rechnung werden zunächst die Selbstkosten des Umsatzes ermittelt. Diese werden abschließend vom Umsatz abgezogen, sodass wir schließlich das Betriebsergebnis erhalten.

a) Umsatzkostenverfahren auf Vollkostenbasis

	Gesamt	Fußbälle	Handbälle
MEK	260.000	200.000	60.000
MGK	26.000	20.000	6.000
FEK	84.000	60.000	24.000
FGK	100.800	72.000	28.800
HK der Produktion	470.800	352.000	118.800
+ Bestandsminderungen	35.200	35.200	-
- Bestandsmehrungen	11.880	-	11.880
HK des Umsatzes	494.120	387.200	106.920
VwGK	24.706	19.360	5.346
VtGK	12.353	9.680	2.673
SK des Umsatzes	531.179	416.240	114.939
Umsatz	592.000	484.000	108.000
Betriebsergebnis	60.821	67.760	-6.939

Angesichts des Verlustes bei den Handbällen würde ein Vollkostenrechner nun den Schluss ziehen, die Handbälle aus dem Produktionsprogramm zu eliminieren. Dieses könnte aber eine Fehlentscheidung sein, da für eine solche Maßnahme die Deckungsspanne bzw. der Deckungsbeitrag und nicht der Gewinn maßgeblich ist. Ob die Deckungsspanne bzw. der Deckungsbeitrag positiv ist, kann der Vollkostenrechner nicht erkennen, weil er keine Angaben über variable Kosten besitzt.

b) Umsatzkostenverfahren auf Teilkostenbasis

Aufgrund der Teilkostenrechnung (vgl. folgende Tabelle) erkennt man, dass die Handbälle einen positiven Deckungsbeitrag haben. Kurzfristig verbleiben sie somit im Produktionsprogramm. Langfristig ist eine Preisanhebung und/oder eine Kostensenkung für die Handbälle erforderlich.

Deckungsbeitragsrechnung - Lösungen

	Gesamt	Fußbälle	Handbälle
MEK	260.000	200.000	60.000
MGK, variabel	13.000	10.000	3.000
FEK	84.000	60.000	24.000
FGK, variabel	40.320	28.800	11.520
HK der Produktion, var.	397.320	298.800	98.520
+ Bestandsminderungen	29.880	29.880	-
- Bestandsmehrungen	9.852	-	9.852
HK des Umsatzes, var.	417.348	328.680	88.668
VwGK, variabel	0	0	0
VtGK, variabel	5.079	3.999,94	1.079,06
SK des Umsatzes, var.	422.427	332.679,94	89.747,06
Umsatz	592.000	484.000	108.000
Deckungsbeitrag	169.573	151.320,06	18.252,94
Fixkosten	105.460		
Betriebsergebnis	64.113		

Aufgabe 79: *Mehrstufige Deckungsbeitragsrechnung*

(Werte in €)	Beherbergung			Gastronomie	
	Nobel	Prestige	Classic	Speisen	Getränke
Umsatz	380.000	600.000	420.000	470.000	293.000
Variable Kosten	18.000	24.000	16.000	280.000	97.000
Deckungsbeitrag 1	362.000	576.000	404.000	190.000	196.000
Produktfixe Kosten	27.000	26.000	18.000	36.000	6.000
Deckungsbeitrag 2	335.000	550.000	386.000	154.000	190.000
summiert	1.271.000			344.000	

- Fortsetzung -	Beherbergung	Gastronomie
Deckungsbeitrag 2	1.271.000	344.000
Gruppenfixe Kost.	1.044.000	277.000
Deckungsbeitrag 3	227.000	67.000
summiert	294.000	
Hotelfixe Kosten	237.000	
Betriebserg. zu NK	57.000	
Unterdeckung	-9.000	
Betriebserg. zu IK	48.000	

3.3. Break-Even-Analyse

Aufgabe 80: *Break-Even-Analyse (I)*

a)

Umsatz	476.000 €
- Variable Kosten Creme	112.000 €
Tiegel	24.000 €
= Deckungsbeitrag	340.000 €
- Fixkosten	323.000 €
= Betriebsergebnis	17.000 €

b) Die Break-Even-Menge kann als Quotient aus Fixkosten und Stückdeckungsbeitrag berechnet werden.

Deckungsbeitrag	340.000 €
/ Absatzmenge	20.000 Stück
= Stückdeckungsbeitrag	17 €/Stück

Fixkosten		323.000 €
/ Stückdeckungsbeitrag		17 €/Stück
= Break-Even-Menge		19.000 Stück
· Verkaufspreis		23,80 €/Stück
= Break-Even-Umsatz		452.200 €

c) Sicherheitsabstand = (20.000 - 19.000)/20.000 = 5%

Aufgabe 81: *Break-Even-Analyse (II)*

a)
Kapazität	260 · 85 · 100%	22.100 Übernachtungen
Beschäftigung	260 · 85 · 55%	12.155 Übernachtungen
Logisgemeinkosten fix	505.648 · 75%	379.236 €
Logisgemeinkosten var.	505.648 · 25%	126.412 €
entsprechend	126.412/12.155	10,40 €/Ü.

b)
Einzelkosten bzw. Wareneinsatz (€/Ü.)	3,64
Variable Gemeinkosten (€/Ü.)	10,40
Variable Kosten (€/Ü.)	14,04
Grundpreis (€/Ü.)	59,00
Deckungsbeitrag (€/Ü.)	44,96
Anzahl der Übernachtungen (Ü.)	12.155
Deckungsbeitrag gesamt (€)	546.488,80
Fixkosten (€)	379.236,00
Betriebsergebnis (€)	167.252,80

c)
Fixkosten (€)		379.236,00
Deckungsbeitrag (€/Ü.)		44,96
Mindestauslastung (Ü.)		8.435
Kapazität (Ü.)	(260 · 85)	22.100
Mindestauslastung		38,2%

d) Es ist genügend Kapazität für das Kontingent frei. Deshalb ist der Deckungsbeitrag des Reisebüroangebots entscheidend.

Preis des Kontingents (€/Ü.)	38,00
Variable Kosten (€/Ü.)	14,04
Deckungsbeitrag (€/Ü.)	23,96
Übernachtungen (Ü.)	2.600
Zusätzlicher Deckungsbeitrag (€)	62.296,00

Da ein zusätzlicher Deckungsbeitrag in Höhe von 62.296 € erzielt wird, ist das Angebot des holländischen Reisebüros anzunehmen.

e) Betriebsergebnis bisher (€)	167.252,80
Zusätzlicher Deckungsbeitrag (€)	62.296,00
Betriebsergebnis neu (€)	229.548,80

Aufgabe 82: *Break-Even-Preis*

a) Die Fixkosten in Höhe von 30.389 €/Jahr für die Reinigungskraft fallen nur dann an, wenn das Pauschalangebot eingeführt wird. Sie sind ursächlich mit dem Pauschalangebot verknüpft und mithin für die Bestimmung des Break-Even-Preises relevant.

Die fixen Kosten des Hotelmanagers in Höhe von 180.000 € je Jahr fallen in jedem Falle an, auch dann, wenn das Pauschalangebot nicht eingeführt wird. Eine „Umlage" eines Neuntels dieser Kosten ist nicht ursächlich mit dem Pauschalangebot verknüpft und für die Bestimmung des Break-Even-Preises nicht relevant.

Zu beachten ist, dass mit der Einführung des Pauschalangebots 350 Normalbuchungen verloren gehen, die einen Deckungsbeitrag von jeweils 167 € leisten. Aufgrund des ursächlichen Zusammenhangs muss das Pauschalangebot auch diese „Fixkosten" in Höhe von insgesamt 58.450 € erwirtschaften.

b)

Verbrauchsstoffe, Verschleiß etc. (€/Ü.)	3,50
+ Frühstück (€/Ü.)	8,90
= Variable Kosten (€/Ü.)	12,40
· Anzahl Übernächtungen (Ü./PB)	2
= Variable Kosten (€/PB)	24,80
· Pauschalbuchungen (PB), neu	450
= Variable Kosten gesamt (€)	11.160
Zusätzliche Reinigungskraft (€)	30.389
+ Verlorener DB aus Normalbuchungen (€)	58.450
= Entscheidungsrelevante Fixkosten (€)	88.839
Entscheidungsrelev. Kosten gesamt (€)	99.999
/ Pauschalbuchungen, neu (PB)	450
= Break-Even-Preis (€/PB)	222,22

Aufgabe 83: *Break-Even-Analyse im Mehrproduktbetrieb*

a)

Produkte	A	B	C	Gesamt
Umsatz (€)	98.300	45.000	88.500	231.800
Variable Kosten (€)	88.470	20.250	53.100	161.820
Deckungsbeitrag (€)	9.830	24.750	35.400	69.980
Deckungsgrad (%)	*10%*	*55%*	*40%*	*30,2%*
Fixkosten (€)				55.700
Betriebsergebnis (€)				14.280

b) Der Break-Even-Umsatz ergibt sich unter Berücksichtigung des durchschnittlichen Deckungsgrades des Gesamtunternehmens.

Break-Even-Umsatz = 55.700 / 30,2%
= 184.437 €

Sicherheitskoeffizient = (231.800 - 184.437)/231.800 · 100%
= 20,4%

c) Der Break-Even-Umsatz ergibt sich unter Berücksichtigung des Umsatzes der Produkte A und B. Jedoch reichen die Deckungsbeiträge dieser Produkte nicht aus, um sämtliche Fixkosten zu decken, sodass auch Produkt C noch einen Deckungsbeitrag in Höhe der noch nicht gedeckten Fixkosten erwirtschaften muss.

Fixkosten gesamt	55.700 €
- Deckungsbeitrag A	9.830 €
- Deckungsbeitrag B	24.750 €
= Restliche Fixkosten	21.120 €

Break-Even-Umsatz C = 21.120 / 40% = 52.800 €

Break-Even-Umsatz gesamt = 98.300 + 45.000 + 52.800
= 196.100 €

Sicherheitskoeffizient = (231.800 - 196.100)/231.800 · 100%
= 15,4%

d)

Umsatzsteigerung Produkt B	12.400 €
· Deckungsgrad Produkt B	55%
= Ergebnisverbesserung	6.820 €

Aufgabe 84: *Break-Even-Analyse und kritische Übergangsmenge*

a) B-E-Menge (Inland) = 195.000/(360-310)   = 3.900 Stück
   B-E-Umsatz (Inland) = 3.900 · 360   = 1.404.000 €
   B-E-Kosten (Inland) = 195.000 + 3.900 · 310 = 1.404.000 €

b) Die Fixkosten der Fertigung im Inland (195.000 €) sind für die Berechnung der Break-Even-Menge bei Auslandsfertigung nicht relevant, da der zugehörige Produktionsapparat für andere Zwecke genutzt werden kann. Die bisherigen Fixkosten der Inlandsfertigung werden insofern überwälzt bzw. umgewidmet.

c) B-E-Menge (Ausland) = Fixe Kosten/Stückdeckungsbeitrag
    = (163.650 + [160.000/8+160.000/2 · 7,5%+10.000]/12)/(360-285)
    = 166.650/75
    = 2.222 Stück
   B-E-Umsatz (Ausland) = 2.222 · 360   = 799.920 €
   B-E-Kosten (Ausland) = 166.650 + 2.222 · 285 = 799.920 €

d) B-E-Menge (Ausland) = (166.650 + 73.350)/75 = 3.200 Stück
   B-E-Umsatz (Ausland) = 3.200 · 360   = 1.152.000 €
   B-E-Kosten (Ausland) = 240.000 + 3.200 · 285 = 1.152.000 €

e) Kosten (Inland)   = 195.000 + 310 x
   Kosten (Ausland) = 240.000 + 285 x

   Kosten (Inland) = Kosten (Ausland)
   195.000 + 310 x = 240.000 + 285 x
         25 x =   45.000
           x =   1.800 Stück

   Kosten (Inland)   = 195.000 + 310 · 1.800 = 753.000 €
   Kosten (Ausland) = 240.000 + 285 · 1.800 = 753.000 €

Aufgabe 85: *Kostenanalyse und Umsatzrentabilität*

a) Lösung mit Hilfe des Differenzen-Quotienten-Verfahrens

Gesamtkosten bei	1.500 Stück	810.000 €
- Gesamtkosten bei	1.180 Stück	682.000 €
= Kostendifferenz		128.000 €
/ Mengendifferenz		320 Stück
= Variable Stückkosten		400 €/Stück
· Vollauslastung		1.500 Stück
= Variable Kosten		600.000 €
Gesamtkosten bei	1.500 Stück	810.000 €
- Variable Kosten bei	1.500 Stück	600.000 €
= Fixkosten		210.000 €

b)

Kapazität	1.500 Stück
· Beschäftigungsgrad	70%
= Beschäftigung	1.050 Stück
· Variable Stückkosten	400 €/Stück
= Variable Kosten	420.000 €
+ Fixkosten	210.000 €
= Gesamtkosten	630.000 €
/ Beschäftigung	1.050 Stück
= Stückkosten	600 €/Stück
Stückpreis	680 €/Stück
- Stückkosten	600 €/Stück
= Stückgewinn	80 €/Stück
· Beschäftigung	1.050 Stück
= Gewinn	84.000 €

c)

Fixkosten gesamt	Menge	Fixkosten je Stück
210.000 €	300	700,00 €
210.000 €	600	350,00 €
210.000 €	900	233,33 €
210.000 €	1.200	175,00 €
210.000 €	1.500	140,00 €

Die Zahlenreihe zeigt den Effekt der Fixkostendegression.

d) Die Umsatzrentabilität (UR) entspricht dem Verhältnis aus Gewinn (G) zu Umsatz (U):

$UR = G / U = 0{,}15 \cong 15\%$

Der Umsatz lässt sich über den Preis (p) und die Menge (x), der Gewinn über den Stückdeckungsbeitrag (d), die Menge (x) und die Fixkosten (K_f) allgemein darstellen:

$U = p \cdot x$
$G = d \cdot x - K_f$

Mithin gilt:

$UR = (d \cdot x - K_f) / (p \cdot x)$

Durch Umstellung nach der Menge erhalten wir:

$x = K_f / (d - UR \cdot p)$

In der vorliegenden Situation beträgt die erforderliche Menge:

$x = 210.000 / (280 - 0{,}15 \cdot 680) =$ ca. 1.180 Stück

e) Bei einer Auslastung von 84% entsprechend 1.260 Stück soll gerade Vollkostendeckung erzielt werden. Das entspricht der Break-Even-Situation, wobei für die Break-Even-Menge gilt:

$x = K_f / (p - k_v)$ mit k_v = variable Stückkosten

Durch Umstellung erhalten wir den Break-Even-Preis:

$p = K_f / x + k_v$

In der vorliegenden Situation beträgt der Break-Even-Preis:

p = 210.000 / 1.260 + 400 = 566,67 €/Stück

f) K_f(neu) = 210.000 · 1,5 = 315.000 €
   k_v(neu) = 400 · 0,9 = 360 €/Stück
   d(neu) = 680 - 360 = 320 €/Stück
   G(neu) = 2.000 · 320 - 315.000 = 325.000 €

   K(neu) = 2.000 · 360 + 315.000 = 1.035.000 €
   k(neu) = 1.035.000 / 2.000 = 517,50 €/Stück

g) Für die erforderliche Menge bei gegebenem Preis gilt (s.o.):

$x = K_f / (p - k_v - UR \cdot p)$

Durch Umstellung erhalten wir den erforderlichen Preis:

$p = (K_f / x + k_v) / (1 - UR)$

In der vorliegenden Situation beträgt der erforderliche Preis:

p = (315.000 / 2.000 + 360) / (1 - 0,25) = 690,00 €/Stück

3.4. Entscheidungsrechnung

Aufgabe 86: *Programmoptimierung bei einem Engpass*

Sofern von jedem Produkt die Absatzhöchstmenge gefertigt werden soll, überschreitet die benötigte Maschinenzeit in Höhe von insgesamt 5 · 9.000 + 3 · 18.000 + 12 · 6.000 + 10 · 6.000 = 231.000 Minuten die Maschinenkapazität in Höhe von 150.000 Minuten.

Deshalb ist die verfügbare Kapazität in der Reihenfolge abnehmender relativer Deckungsbeiträge der Produkte einzuplanen.

Produkt	A	B	C	D	gesamt
Stück-DB (€/Stk.)	7,00	0,30	9,60	5,00	
Fertigungszeit (Min./Stk.)	5	3	12	10	
Relativer DB (€/Min.)	1,40	0,10	0,80	0,50	
Rangfolge	1	4	2	3	
Optimale Menge (Stk.)	9.000	0	6.000	3.300	
Kapazitätsbedarf (Std.)	750	0	1.200	550	2.500
Deckungsbeitrag (€)	63.000	0	57.600	16.500	137.100
Fixkosten (€)					132.100
Betriebsergebnis (€)					5.000

Aufgabe 87: *Ergebnisberechnung und Programmoptimierung*

a)

Produkt	A	B	C	D	gesamt
Umsatz (€)	140.400	151.900	165.375	103.380	561.055
Variable Kosten (€)	86.400	156.800	129.375	73.380	445.955
Deckungsbeitrag (€)	54.000	-4.900	36.000	30.000	115.100
Fixkosten (€)					123.100
Betriebsergebnis (€)					-8.000

b)

Produkt	A	B	C	D	gesamt
Stück-DB (€/Stk.)	7,50	-0,70	9,60	5,00	
Fertig.zeit (Min./Stk.)	6	2	12	10	
Rel. DB (€/Min.)	1,25	*) -----	0,80	0,50	
Rangfolge	1	-----	2	3	
Absatzhöchstmen. (Stk.)	8.000	16.000	5.000	6.000	
Optimale Menge (Stk.)	8.000	-----	5.000	3.600	
Fertig.zeit (Stunden)	800	-----	1.000	600	2.400
Deckungsbeitrag (€)	60.000	-----	48.000	18.000	126.000
Fixkosten (€)					124.300
Betriebsergebnis (€)					1.700

*) Berechnung entfällt, da Stückdeckungsbeitrag negativ

Aufgabe 88: *Programmplanung/Fremdbezug (I)*

a) Bestimmung des gewinnmaximalen Produktions- und Absatzprogramms bei einem Rohstoffengpass

Erzeugnis	A	B	C	Σ
Preis [€/ME]	50	50	95	
Variable Stückk. [€/ME]	40	40	50	
Stück-DB [€/ME]	10	10	45	
Rohstoffbedarf [FE/ME]	1	2	3	
Relativer DB [€/FE]	10	5	15	
Rang	2	3	1	
Maximaler Absatz [ME]	500	150	600	
Optimale Menge [ME]	400	0	600	
Rohstoffverbrauch [FE]	400	0	1.800	2.200
Deckungsbeitrag [€]	4.000	0	27.000	31.000
Fixkosten [€]				5.000
Gewinn [€]				26.000

b) Bestimmung des gewinnmaximalen Produktions- und Absatzprogramms mit Fremdbezugsmöglichkeit für Erzeugnis A

Hat ein Unternehmen die Möglichkeit, Produkte fremd zu beziehen, muss es zunächst überprüfen, ob der Fremdbezugspreis unter den eigenen variablen Kosten liegt, weil dann auf jeden Fall fremd bezogen wird. Hier liegen die variablen Stückkosten mit 40 € aber unter dem Fremdbezugspreis von 44 €.

Liegt der Fremdbezugspreis über dem Absatzpreis, kommt der Fremdbezug nicht in Frage. Auch das trifft hier nicht zu, denn der Fremdbezugspreis (44 €) liegt unter dem Absatzpreis (50 €).

Liegt der Fremdbezugspreis zwischen dem Absatzpreis und den eigenen variablen Kosten, wie es hier der Fall ist, so muss danach unterschieden werden, ob ein Engpass vorliegt oder nicht. Liegt kein Engpass vor, wird man Eigenfertigung wählen, denn es ist genügend Kapazität vorhanden. Liegt dagegen, wie in der hier geschilderten Situation, ein Engpass vor, ist wie folgt zu verfahren.

Man bestimmt für die fremd zu beziehenden Produkte die Mehrkosten des Fremdbezugs gegenüber der Eigenfertigung. Das ist der Betrag, der pro ME zu gewinnen ist, wenn das Unternehmen vom Fremdbezug auf Eigenfertigung übergeht. Mit diesem Betrag gehen die Produkte, bei denen der Fremdbezug möglich ist, in die Produktionsprogrammplanung ein. Produkte, bei denen nur Eigenfertigung möglich ist, gehen wie gewohnt mit ihrer Deckungsspanne in die Produktionsprogrammplanung ein. Dann bestimmt man die relative Deckungsspanne bzw. für die Produkte, bei denen Fremdbezug möglich ist, die relativen Mehrkosten des Fremdbezuges gegenüber der Eigenfertigung, und legt die Rangfolge fest. Das Produkt A, bei dem hier Fremdbezug möglich ist, wird in der folgenden Tabelle durch *Kursivdruck* gekennzeichnet.

Erzeugnis	A	B	C	Σ
Stück-DB bzw. Mehrkosten des Fremdbezugs [€/ME]	4	10	45	
Rohstoffbedarf [FE/ME]	1	2	3	
Relativer DB bzw. relative Mehrkosten [€/FE]	4	5	15	
Rang	3	2	1	
Maximaler Absatz [ME]	500	150	600	
Optimale Prod.menge [ME]	100	150	600	
Rohstoffbedarf [FE]	100	300	1.800	2.200
Deckungsbeitrag [€]	1.000	1.500	27.000	29.500
DB aus Fremdbezug [€]	*) 2.400			2.400
Fixkosten [€]				5.000
Gewinn [€]				26.900

*) Fremdbezug von 400 ME zu einem Deckungsbeitrag von 6 €/ME

Aufgabe 89: *Programmplanung/Fremdbezug (II)*

a)

Erzeugnis	A	B	C	Σ
Preis [€/ME]	40	40	80	
Variable Stückk. [€/ME]	30	30	50	
Stück-DB [€/ME]	10	10	30	
Maschinenzeit [ZE/ME]	2	1	2	
Relativer DB [€/ZE]	5	10	15	
Rang	3	2	1	
Maximaler Absatz [ME]	400	500	500	
Optimale Menge [ME]	250	500	500	
Maschinenzeit [ZE]	500	500	1.000	2.000
Deckungsbeitrag [€]	2.500	5.000	15.000	22.500
Fixkosten [€]				7.500
Gewinn [€]				15.000

b) Gewinnmaximales Produktions- und Absatzprogramm mit Fremdbezugsmöglichkeit für Erzeugnis B

Da das Erzeugnis B für 29 €/ME fremd bezogen werden kann, die eigenen variablen Kosten aber bei 30 €/ME liegen, werden 500 ME des Erzeugnisses B auf jeden Fall fremd bezogen; daraus ergibt sich ein Deckungsbeitrag von 500 · 11 = 5.500 €.

Die zur Verfügung stehende Kapazität von 2.000 ZE reicht aus, um die maximalen Mengen der Erzeugnisse A und C, also 400 bzw. 500 Stück zu produzieren; das erbringt einen zusätzlichen Deckungsbeitrag von 400 · 10 + 500 · 30 = 19.000 €. Nach Abzug der Fixkosten von 7.500 € verbleibt ein Gewinn in Höhe von 17.000 €.

Aufgabe 90: *Programmoptimierung und Zusatzauftrag*

a)

Produkt	A	B	C	D	Summe
Menge	60.000	80.000	100.000	40.000	
Stück-DB	5,60	3,00	2,40	4,00	
Gesamt-DB	336.000	240.000	240.000	160.000	976.000
Fixkosten					820.000
Betriebserg. zu NK					156.000

b)

	Summe
Betriebserg. zu NK	156.000
Überdeck. Material	+20.000
Unterd. Kostenstellen	-44.000
Betriebserg. zu IK	132.000

c)

Produkt	A	B	C	D
Kurzfristige PUG	20,00	20,80	19,80	24,00

Die kurzfristige Preisuntergrenze der Artikel entspricht den variablen Stückkosten. Sofern die Kapazität nicht ausgelastet ist, trägt jede Mengensteigerung eines Artikels mit einem Preis oberhalb der variablen Stückkosten zu einer Ergebnisverbesserung bei. In kurzfristiger Sicht sind auch für die Bemessung der Preisuntergrenze die fixen Kosten nicht relevant.

d)

Produkt	A	B	C	D	Summe
DB (€/Stk.)	5,60	3,00	2,40	4,00	
Fertig.zeit (Std./Stk.)	0,08	0,04	0,03	0,08	
Rel. DB (€/Std.)	70,00	75,00	80,00	50,00	
Rangfolge	3	2	1	4	
Opt. Menge (Stk.)	10.000	80.000	100.000	0	
Fertigungszeit (Std.)	800	3.200	3.000	0	7.000
Deckungsbeitrag (€)	56.000	240.000	240.000	0	536.000
Fixkosten (€)					820.000
Betriebsergebnis (€)					-284.000

e) Da Artikel D im bisherigen optimalen Produktionsprogramm nicht enthalten war, braucht er auch jetzt nicht berücksichtigt zu werden.

Produkt	A	B	C	Z	Summe
DB (€/Stk.)	5,60	3,00	2,40	3,60	
Fert.zeit (Std./Stk.)	0,08	0,04	0,03	0,05	
Rel. DB (€/Std.)	70,00	75,00	80,00	72,00	
Rangfolge	4	2	1	3	
Optimale Menge	3.750	80.000	100.000	10.000	
Fertigungszeit (Std.)	300	3.200	3.000	500	7.000
Deckungsbeitrag (€)	21.000	240.000	240.000	36.000	537.000
Fixkosten (€)					820.000
Betriebsergebnis (€)					-283.000

Aufgabe 91: *Fremdbezug und Zusatzauftrag*

a) Das Produkt B hat eine negative Deckungsspanne und wird deshalb nicht in das optimale Produktionsprogramm aufgenommen.

Produkt	A	C	D	E	Σ
Preis [€/ME]	50	60	58	98	
Var. Stückk. [€/ME]	40	40	30	62	
Stück-DB [€/ME]	10	20	28	36	
Rohstoffbedarf [FE/ME]	2	5	4	4	
Relativer DB [€/FE]	5	4	7	9	
Rang	3	4	2	1	
Maximaler Absatz [ME]	3.000	3.000	2.000	4.000	
Optimale Menge [ME]	3.000	2.000	2.000	4.000	
Rohstoffbedarf [FE]	6.000	10.000	8.000	16.000	40.000
Deckungsbeitrag [€]	30.000	40.000	56.000	144.000	270.000
Fixkosten [€]					150.000
Gewinn [€]					120.000

b) Bestimmung des gewinnmaximalen Produktions- und Absatzprogramms mit Fremdbezugsmöglichkeit für Produkt D

Das Produkt D kann das Unternehmen für 58 €/ME verkaufen und für 30 €/ME selber fertigen; es besteht aber zusätzlich die Möglichkeit, dieses Erzeugnis zu 42 €/ME fremd zu beziehen. Damit geht dieses Produkt mit den Mehrkosten des Fremdbezuges gegenüber der Eigenfertigung in die Produktionsprogrammplanung ein und wird in der folgenden Tabelle besonders gekennzeichnet. Die anderen Produkte werden mit ihren Deckungsspannen berücksichtigt. Das Produkt B wird, wie schon in Aufgabenteil a), nicht berücksichtigt, da es eine negative Deckungsspanne hat. Das Produkt D, bei dem hier Fremdbezug möglich ist, wird in der folgenden Tabelle durch *Kursivdruck* gekennzeichnet.

Produkt	A	C	D	E	Σ
Stück-DB o. Mehrkosten bei Fremdbezug [€/ME]	10	20	12	36	
Rohstoffbedarf [FE/ME]	2	5	4	4	
Relativer DB bzw. relative Mehrkosten [€/FE]	5	4	3	9	
Rang	2	3	4	1	
Maximaler Absatz [ME]	3.000	3.000	2.000	4.000	
Optimale Menge [ME]	3.000	3.000	750	4.000	
Rohstoffbedarf [FE]	6.000	15.000	3.000	16.000	40.000
Deckungsbeitrag [€]	30.000	60.000	21.000	144.000	255.000
DB aus Fremdbezug [€]			*) 20.000		20.000
Fixkosten [€]					150.000
Gewinn [€]					125.000

*) Fremdbezug von 1.250 ME zu einem Deckungsbeitrag von 16 €/ME

c) Bestimmung des gewinnmaximalen Produktions- und Absatzprogramms mit Zusatzauftrag Z

Das Produkt B wird, wie schon in Aufgabenteil a), nicht berücksichtigt, da es eine negative Deckungsspanne hat.

Produkt	A	C	D	E	Z	Σ
Stück-DB	10	20	28	36	24	
Rohstoffbedarf	2	5	4	4	4	
Relativer DB	5	4	7	9	6	
Rang	4	5	2	1	3	
Max. Absatz	3.000	3.000	2.000	4.000	2.000	
Optimale Menge	3.000	400	2.000	4.000	2.000	
Rohstoffbedarf	6.000	2.000	8.000	16.000	8.000	40.000
Deckungsbeitrag	30.000	8.000	56.000	144.000	48.000	286.000
Fixkosten						150.000
Gewinn						136.000

Mit dem Zusatzauftrag ergibt sich ein Gewinn von 136.000 € im Vergleich zu 120.000 € in der Ausgangssituation gemäß a), sodass der Gewinn um 16.000 € steigt. Der Zusatzauftrag wird deshalb angenommen.

Ermittlung der Preisuntergrenze für den Zusatzauftrag:

Der Zusatzauftrag hat variable Kosten (k_v) von 46 €/ME. Außerdem verdrängt er das Produkt C. Für eine ME des Zusatzauftrages werden laut Bedarfskoeffizient (r) 4 FE benötigt. Diese 4 FE hätte man sonst für das Produkt C eingesetzt und pro FE 4 € Deckungsbeitrag erwirtschaftet. Der Zusatzauftrag muss somit seine eigenen variablen Kosten in Höhe von 46 € und zusätzlich den verdrängten Deckungsbeitrag von 16 € bei Produkt C einbringen. Die kurzfristige Preisuntergrenze liegt also bei 46 + 16 = 62 €.

Die Preisuntergrenze (p) lässt sich auch durch folgende Vorgehensweise ermitteln. Für die Preisuntergrenze muss gelten, dass die relative Deckungsspanne bzw. der relative Deckungsbeitrag des Zusatzauftrages der des verdrängten Produktes entspricht, also:

$$\frac{\text{Relative Deckungsspanne}}{\text{des Zusatzauftrags}} = \frac{\text{Relative Deckungsspanne}}{\text{des verdrängten Produktes C}}$$

$$\frac{p - k_v}{r} \text{ (Zusatzauftrag)} = \frac{p - k_v}{r} \text{ (Produkt C)}$$

$$\frac{p - 46}{4} = 4 \text{ (vgl. oben, Teil a))}$$

$$p = 62 \text{ €/ME}$$

In Engpasssituationen ist die relative Deckungsspanne also auch für die Bestimmung der kurzfristigen Preisuntergrenze maßgebend.

Aufgabe 92: *Programmoptimierung und Preisuntergrenze*

a) Bestimmung des optimalen Sortimentes

	Kartoffeln	Gemüse	Erdbeeren	Äpfel	Birnen	Gesamt
Mindestmenge (kg)	500	180	100	180	120	
Ladebedarf (cbm)	1,25	0,75	0,50	0,75	0,75	4,00
Verkaufspreis (€/kg)	1,20	1,75	4,40	2,70	2,90	
Einkaufspreis (€/kg)	0,48	0,85	2,86	1,10	1,80	
Deckungsbeitrag (€/kg)	0,72	0,90	1,54	1,60	1,10	
Ladeausnutzung (kg/cbm)	400	240	200	240	160	
Relativer DB (€/cbm)	288	216	308	384	176	
Rangfolge	3	4	2	1	5	
Höchstmenge (kg)	2.000	1.500	1.000	1.200	600	
Zusätzliche Menge (kg)	1.500	360	900	1.020	0	
Ladebedarf (cbm)	3,75	1,50	4,50	4,25	0,00	14,00
Optimale Menge (kg)	2.000	540	1.000	1.200	120	
Deckungsbeitrag (€)	1.440	486	1.540	1.920	132	5.518
Fixkosten (€)						1.518
Erfolgsbeitrag (€)						4.000

b) In die Betrachtung sind nur marktbezogene Erlöse und Kosten eingeflossen. Um zum Gewinn des Knolle zu kommen, müssen auch noch weitere Kosten berücksichtigt werden wie Kosten des Transporters, Versicherungen, Steuern, kalkulatorischer Unternehmerlohn, kalkulatorische Zinsen etc.. Derartige Kosten werden im Rahmen einer periodenbezogenen Rechnung, z.B. einer Monats-, Quartals- oder Jahresergebnisrechnung, berücksichtigt.

c) Wenn Knolle Kiwi-Früchte einkauft, geht das zu Lasten der Mengen der übrigen Produkte. Die Menge der Birnen - diese weisen den kleinsten relativen Deckungsbeitrag auf - kann nicht reduziert werden, da diesbezüglich nur die Mindestmenge vorgesehen ist. Deshalb sollte die Gemüsemenge verringert werden. Die Kiwi müssen aber mindestens den gleichen relativen Deckungsbeitrag wie das Gemüse haben, d.h. es muss für den Preis (p) der Kiwis gelten:

$(p \cdot 60 \text{ Kiwi/Steige} - 18 \text{ €/Steige}) / 0{,}025 \text{ cbm/Steige} = 216 \text{ €/cbm}$

Durch Umstellung erhalten wir:

$p = (216 \text{ €/cbm} \cdot 0{,}025 \text{ cbm/Steige} + 18 \text{ €/Steige})/60 \text{ Kiwi/Steige}$
$p = (5{,}40 \text{ €/Steige} + 18{,}00 \text{ €/Steige}) / 60 \text{ Kiwi/Steige}$
$p = 0{,}39 \text{ €/Kiwi}$

Der Mindestpreis für die Kiwi-Frucht beträgt also 0,39 €.

Aufgabe 93: *Werbung, Fremdbezug und Zusatzauftrag*

a) Das Erzeugnis C wird nicht in die Planung des Produktions- und Absatzprogramms einbezogen, weil es einen negativen Stückdeckungsbeitrag aufweist.

Erzeugnis	A	B	D	E	Σ
Preis [€/ME]	40	50	40	30	
Var. Stückk. [€/ME]	30	42	19	20	
Stück-DB [€/ME]	10	8	21	10	
Maschinenzeit [ZE/ME]	2	2	3	5	
Relativer DB [€/ZE]	5	4	7	2	
Rang	2	3	1	4	
Maximaler Absatz [ME]	4.000	2.000	1.500	3.000	
Optimale Menge [ME]	4.000	2.000	1.500	2.700	
Maschinenzeit [ZE]	8.000	4.000	4.500	13.500	30.000
Deckungsbeitrag [€]	40.000	16.000	31.500	27.000	114.500
Fixkosten [€]					64.500
Gewinn [€]					50.000

b) Zunächst ist zu ermitteln, welche zusätzlichen Absatzmengen und zusätzlichen Deckungsbeiträge sich durch den Werbeeinsatz bei den einzelnen Produkten ergeben. Zusätzlich ist zu bedenken, dass durch die Werbung für ein Erzeugnis ein anderes Erzeugnis verdrängt wird, dessen Deckungsbeitrag sich dadurch vermindert. Verdrängt wird hier das Erzeugnis E, weil es die kleinste relative Deckungsspanne hat. Für Erzeugnis E selbst lohnt sich die Werbung mithin nicht.

Erzeugnis	A	B	D
Zusätzliche Menge [ME]	400	200	150
Zusätzl. Zeitbedarf [ZE]	800	400	450
Stück-DB [€/ME]	10	8	21
Zusätzlicher DB [€]	4.000	1.600	3.150
Verdrängter DB [€] *)	1.600	800	900
Werbekosten [€]	1.500	1.500	1.500
Ergebnisänderung [€]	+900	-700	+750

*) Zusätzlicher Zeitbedarf · relativer DB des Produktes E

Das Unternehmen sollte für Erzeugnis A werben. Diese Maßnahme führt insgesamt zu einer Ergebnisverbesserung von 900 €, obwohl von Erzeugnis E jetzt 800 ZE / 5 ZE/ME = 160 ME weniger gefertigt werden.

c) Für das Erzeugnis B, das das Unternehmen für 50 €/ME verkaufen und für 42 €/ME selber fertigen kann, besteht eine Fremdbezugsmöglichkeit zu 44 €/ME. Ebenso gibt es für das Erzeugnis D, das für 40 €/ME abgesetzt und für 19 €/ME selbst gefertigt werden kann, eine Fremdbezugsmöglichkeit zu 31 €/ME. Damit gehen diese Erzeugnisse mit ihren Mehrkosten des Fremdbezuges gegenüber der Eigenfertigung in die Produktionsprogrammplanung ein; sie werden in der folgenden Tabelle durch *Kursivdruck* gekennzeichnet.

Das Erzeugnis C wird nicht berücksichtigt, da es eine negative Deckungsspanne hat. Die Produkte A und E gehen mit ihren Deckungsspannen in die Rechnung ein.

Produkt	A	B	D	E	Σ
Stück-DB o. Mehrkosten bei Fremdbezug [€/ME]	10	*2*	*12*	10	
Maschinenzeit [ZE/ME]	2	*2*	*3*	5	
Relativer DB bzw. relative Mehrkosten [€/ZE]	5	*1*	*4*	2	
Rang	1	4	2	3	
Maximaler Absatz [ME]	4.000	*2.000*	*1.500*	3.000	
Optimale Menge [ME]	4.000	*1.250*	*1.500*	3.000	
Maschinenzeit [ZE]	8.000	*2.500*	*4.500*	15.000	30.000
Deckungsbeitrag [€]	40.000	*10.000*	*31.500*	30.000	111.500
DB aus Fremdbezug [€]		*) 4.500			4.500
Fixkosten [€]					64.500
Gewinn [€]					51.500

*) Fremdbezug von 750 ME zu einem Deckungsbeitrag von 6 €/ME

d) Bestimmung des gewinnmaximalen Produktions- und Absatzprogramm mit Zusatzauftrag Z

Das Produkt C wird, wie schon in Aufgabenteil a), nicht berücksichtigt, da es eine negative Deckungsspanne hat.

Produkt	A	B	D	E	Z	Σ
Stück-DB	10	8	21	10	12	
Maschinenzeit	2	2	3	5	2	
Relativer DB	5	4	7	2	6	
Rang	3	4	1	5	2	
Max. Absatz	4.000	2.000	1.500	3.000	3.000	
Optimale Menge	4.000	2.000	1.500	1.500	3.000	
Maschinenzeit	8.000	4.000	4.500	7.500	6.000	30.000
Deckungsbeitrag	40.000	16.000	31.500	15.000	36.000	138.500
Fixkosten						64.500
Gewinn						74.000

Mit Zusatzauftrag ergibt sich ein Gewinn von 74.000 € im Vergleich zu 50.000 € in der Ausgangssituation gemäß a), sodass der Gewinn um 24.000 € steigt. Der Zusatzauftrag wird deshalb angenommen.

Ermittlung der Preisuntergrenze für den Zusatzauftrag:

Der Zusatzauftrag hat variable Kosten (k_v) von 28 €/ME. Zudem verdrängt er das Produkt E. Für eine ME des Zusatzauftrages werden laut Bedarfskoeffizient (r) 2 ZE benötigt. Diese 2 ZE hätte man sonst für das Produkt E eingesetzt und pro ZE 2 € Deckungsbeitrag erwirtschaftet. Der Zusatzauftrag muss somit seine eigenen variablen Kosten von 28 € und zusätzlich den verdrängten Deckungsbeitrag von 4 € bei Produkt E einbringen. Somit ist die kurzfristige Preisuntergrenze 28 + 4 = 32 €.

Die Preisuntergrenze (p) lässt sich auch durch folgende Vorgehensweise ermitteln. Für die Preisuntergrenze muss gelten, dass die relative Deckungsspanne bzw. der relative Deckungsbeitrag des Zusatzauftrages der des verdrängten Produktes entspricht, also:

Relative Deckungsspanne des Zusatzauftrags = Relative Deckungsspanne des verdrängten Produktes E

$$\frac{p-k_v}{r} \text{ (Zusatzauftrag)} = \frac{p-k_v}{r} \text{ (Produkt E)}$$

$$\frac{p-28}{2} = 2 \text{ (vgl. oben, Teil a))}$$

$$p = 32 \text{ €/ME}$$

Aufgabe 94: *Fremdbezug, Zusatzauftrag und Verfahrenswahl*

a)

Erzeugnis	A	B	C	D	Σ
Preis [€/ME]	30	40	60	54	
Var. Stückk. [€/ME]	20	28	40	36	
Stück-DB [€/ME]	10	12	20	18	
Rohstoffbedarf [FE/ME]	2	2	5	6	
Relativer DB [€/FE]	5	6	4	3	
Rang	2	1	3	4	
Maximaler Absatz [ME]	500	500	500	400	
Optimale Menge [ME]	500	500	400	0	
Rohstoffbedarf [FE]	1.000	1.000	2.000	0	4.000
Deckungsbeitrag [€]	5.000	6.000	8.000	0	19.000
Fixkosten [€]					3.000
Gewinn [€]					16.000

b) Bestimmung des gewinnmaximalen Produktions- und Absatzprogramms mit Fremdbezugsmöglichkeiten

Das Produkt C wird auf jeden Fall fremd bezogen, da der Fremdbezugspreis unterhalb der variablen Kosten liegt. Es konkurriert damit nicht um die knappe Kapazität. Der Deckungsbeitrag aufgrund des Fremdbezugs von Produkte C beträgt 60 - 38 = 22 €, das entspricht bei 500 ME insgesamt 11.000 €.

Das Produkt A mit einem Fremdbezugspreis von 24 €/ME und variablen Kosten in Höhe von 20 €/ME geht mit den Mehrkosten des Fremdbezugs gegenüber der Eigenfertigung in die Programmplanung ein. In der folgenden Tabelle ist es *kursiv* gedruckt. Die Produkte B und D werden mit ihren Deckungsspannen berücksichtigt.

Produkt	*A*	B	D	Σ
Mehrkosten bei Fremdbezug bzw. Stück-DB [€/ME]	*4*	12	18	
Rohstoffbedarf [FE/ME]	*2*	2	6	
Relativer DB bzw. relative Mehrkosten [€/FE]	*2*	6	3	
Rang	*3*	1	2	
Maximaler Absatz [ME]	*500*	500	400	
Optimale Menge [ME]	*300*	500	400	
Rohstoffbedarf [FE]	*600*	1.000	2.400	4.000
Deckungsbeitrag [€]	3.000	6.000	7.200	16.200
DB aus Fremdbezug [€]	*) 1.200			1.200
DB aus Fremdbez. C [€]				**) 11.000
Fixkosten [€]				3.000
Gewinn [€]				25.400

*) Fremdbezug von 200 ME zu einem Deckungsbeitrag von 6 €/ME
**) Fremdbezug von 500 ME zu einem Deckungsbeitrag von 22 €/ME

c) Bestimmung des gewinnmaximalen Produktions- und Absatzprogramms mit Zusatzauftrag Z

Produkt	A	B	C	D	Z	Σ
Stück-DB	10	12	20	18	22	
Rohstoffbedarf	2	2	5	6	4	
Relativer DB	5	6	4	3	5,5	
Rang	3	1	4	5	2	
Max. Absatz	500	500	500	400	200	
Optimale Menge	500	500	240	0	200	
Rohstoffbedarf	1.000	1.000	1.200	0	800	4.000
Deckungsbeitrag	5.000	6.000	4.800	0	4.400	20.200
Fixkosten						3.000
Gewinn						17.200

Mit dem Zusatzauftrag ergibt sich ein Gewinn von 17.200 € im Vergleich zu 16.000 € in der Ausgangssituation gemäß a), sodass der Gewinn um 1.200 € steigt. Der Zusatzauftrag wird deshalb angenommen.

Ermittlung der Preisuntergrenze für den Zusatzauftrag:

Der Zusatzauftrag verursacht variable Kosten (k_v) in Höhe von 28 €/ME. Zudem verdrängt er das Produkt C. Für eine ME des Zusatzauftrages werden laut Bedarfskoeffizient (r) 4 FE benötigt. Diese 4 FE hätte man sonst für das Produkt C eingesetzt und pro FE 4 € Deckungsbeitrag erwirtschaftet. Der Zusatzauftrag muss somit seine eigenen variablen Kosten in Höhe von 28 € und zusätzlich den verdrängten Deckungsbeitrag von 16 € bei Produkt C einbringen, also liegt die kurzfristige Preisuntergrenze bei 28 + 16 = 44 €.

Die Preisuntergrenze (p) lässt sich auch alternativ aufgrund der folgenden Überlegungen ermitteln. Für die Preisuntergrenze muss gelten, dass die relative Deckungsspanne des Zusatzauftrages der des verdrängten Produktes entspricht, also:

Relative Deckungsspanne   =   Relative Deckungsspanne
des Zusatzauftrags   des verdrängten Produktes C

$$\frac{p - k_v}{r} \text{ (Zusatzauftrag)} = \frac{p - k_v}{r} \text{ (Produkt C)}$$

$$\frac{p - 28}{4} = 4 \text{ (vgl. oben, Teil a))}$$

$$p = 44 \text{ €/ME}$$

d) Bestimmung des gewinnmaximalen Produktions- und Absatzprogramms mit Auswahl der Bezugsquelle

Da der Stammlieferant ausscheidet, kann das Unternehmen nur auf die alternativen Bezugsquellen, die Lieferanten X, Y und Z, zurückgreifen. Es ist offensichtlich, dass das Unternehmen die benötigten Mengen zunächst beim preisgünstigsten Lieferanten und dann von den übrigen Lieferanten in der Reihenfolge steigender Einkaufspreise bezieht. Dabei ist allerdings darauf zu achten, dass die Programmplanung nur so lange fortgesetzt wird, wie durch die steigenden variablen Stückkosten keine negativen Deckungsbeiträge entstehen.

Die Planung des gewinnmaximalen Sortiments erfolgt deshalb stufenweise beginnend mit dem preisgünstigsten Lieferanten X (Stufe 1), dessen Bezugspreis mit dem bisherigen identisch ist, über den Lieferanten Y (Stufe 2) hin zum Lieferanten Z (Stufe 3).

Stufe 1: Bezug vom Lieferanten X (max. 2.000 FE zu 5 €/FE)

Erzeugnis	A	B	C	D	Σ
Preis [€/ME]	30	40	60	54	
Var. Stückk. [€/ME]	20	28	40	36	
Stück-DB [€/ME]	10	12	20	18	
Rohstoffbedarf [FE/ME]	2	2	5	6	
Relativer DB [€/FE]	5	6	4	3	
Rang	2	1	3	4	
Maximaler Absatz [ME]	500	500	500	400	
Optimale Menge [ME]	500	500	0	0	
Rohstoffbedarf [FE]	1.000	1.000	0	0	2.000

Die Erzeugnisse A und B werden damit bereits in der jeweiligen Absatzhöchstmenge gefertigt und brauchen nicht mehr berücksichtigt zu werden.

Stufe 2: Bezug vom Lieferanten Y (max. 1.000 FE zu 7 €/FE)

Es ist zu beachten, dass die variablen Stückkosten steigen.

Erzeugnis	A	B	C	D	Σ
Preis [€/ME]	----	----	60	54	
Var. Stückk. [€/ME]	----	----	*) 50	**) 48	
Stück-DB [€/ME]	----	----	10	6	
Rohstoffbedarf [FE/ME]	----	----	5	6	
Relativer DB [€/FE]	----	----	2	1	
Rang	----	----	1	2	
Maximaler Absatz [ME]	----	----	500	400	
Optimale Menge [ME]	----	----	200	0	
Rohstoffbedarf [FE]	----	----	1.000	0	1.000

*)   40 € (bisher) + 5 · (7 - 5) € (Mehrkosten durch Lieferant Y)
**) 36 € (bisher) + 6 · (7 - 5) € (Mehrkosten durch Lieferant Y)

Stufe 3: Bezug vom Lieferanten Z (max. 1.000 FE zu 10 €/FE)

Erneut steigen die variablen Stückkosten. Da ferner von Erzeugnis C noch nicht die maximale Menge eingeplant ist, verbleibt es in der Optimierungsrechnung.

Erzeugnis	A	B	C	D	Σ
Preis [€/ME]	----	----	60	54	
Var. Stückk. [€/ME]	----	----	*) 65	**) 66	
Stück-DB [€/ME]	----	----	-5	-12	

*)   40 € (bisher) + 5 · (10 - 5) € (Mehrkosten durch Lieferant Z)

**) 36 € (bisher) + 6 · (10 - 5) € (Mehrkosten durch Lieferant Z)

An dieser Stelle kann die Optimierung abbrechen, da die Fertigung der Erzeugnisse C und D mit Hilfe der vom Lieferanten Z bezogenen Rohstoffe zu einem negativen Stückdeckungsbeitrag führt und deshalb grundsätzlich nicht in Frage kommt. Damit können die auf den verschiedenen Stufen eingeplanten Mengen zusammengeführt und der Gewinn berechnet werden. Da die Mehrkosten für den Bezug vom Lieferanten Y (1.000 FE à 2 €) letztlich nicht durch die einzelnen Erzeugnisse verursacht sind, werden die Deckungsbeiträge auf der Basis der ursprünglichen variablen Stückkosten (vgl. a)) berechnet und die Rohstoffmehrkosten in einem Block abgesetzt.

Erzeugnis	A	B	C	D	Σ
Preis [€/ME]	30	40	60	54	
Var. Stückk. [€/ME]	20	28	40	----	
Stück-DB [€/ME]	10	12	20	----	
Optimale Menge [ME]	500	500	200	0	
Deckungsbeitrag [€]	5.000	6.000	4.000	0	15.000
Rohstoffmehrkosten [€]					2.000
Fixkosten [€]					3.000
Gewinn [€]					10.000

4. Plankostenrechnung

4.1. Grundlagen

Aufgabe 95: *Grundlagen von Plankostenrechnungssystemen*

a) richtig	g) richtig	m) falsch	s) falsch
b) falsch	h) falsch	n) richtig	t) richtig
c) falsch	i) richtig	o) falsch	u) falsch
d) richtig	j) richtig	p) richtig	v) richtig
e) falsch	k) falsch	q) richtig	
f) falsch	l) richtig	r) richtig	

4.2. Plankostenrechnung auf Vollkostenbasis

Aufgabe 96: *Grundmodell der Plankostenrechnung*

a) Fixe Plankosten = 40% · 315.000 = 126.000 €
   Variable Plankosten = 60% · 315.000 = 189.000 €
   Plankostenverrechnungssatz ges. = 315.000/4.200 = 75 €/LE
   Plankostenverrechnungssatz var. = 189.000/4.200 = 45 €/LE

b) Verrechnete Plankosten = 75 x   mit x = Beschäftigung in LE
   Sollkosten = 126.000 + 45 x

c)

Beschäfti-gungsgrad	Beschäftigung in LE	Verrechnete Plankosten	Sollkosten
0%	0	0	126.000
25%	1.050	78.750	173.250
50%	2.100	157.500	220.500
75%	3.150	236.250	267.750
100%	4.200	315.000	315.000
125%	5.250	393.750	362.250

d)

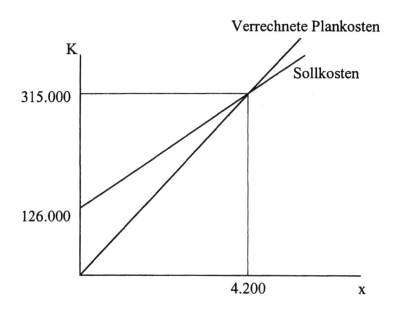

e) Istbeschäftigungsgrad = 2.730/4.200 = 65%

f) Verrechnete Plankosten = 2.730 · 75 = 204.750 €
   Gesamtabweichung = 252.350 - 204.750 = 47.600 €

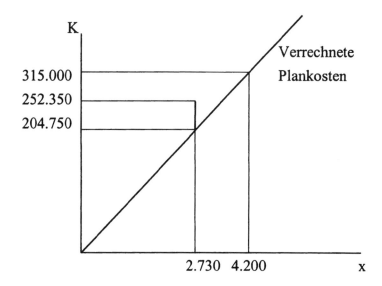

g) Verrechnete Plankosten = 2.730 · 75   = 204.750 €
   Sollkosten = 126.000 + 2.730 · 45   = 248.850 €
   Verbrauchsabw.   = 252.350 - 248.850 =   3.500 €
   Beschäftigungsabw. = 248.850 - 204.750 =   44.100 €
   Gesamtabweichung   = 252.350 - 204.750 =   47.600 €

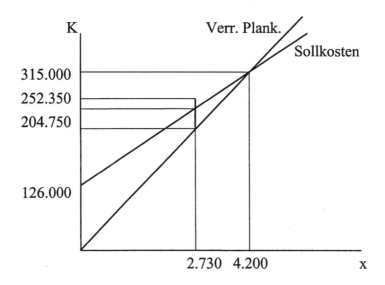

h) Ursachen für Verbrauchsabweichungen sind z.B.:

- nachlässiger Umgang mit Verbrauchsstoffen, z.B. Wasser
- unbegründetes Überziehen z.B. des Reisekostenbudgets
- überdotierte Stellenbesetzung
- nicht zweckgerichtetes Surfen im Internet

Ursachen für Beschäftigungsabweichungen sind z.B.:

- fehlende Kundenaufträge
- mangelhafte Umsetzung von Kundenaufträgen in Fertigungsaufträge durch die Arbeitsvorbereitung
- ausbleibende Rückmeldung über freie Kapazität
- Maschinenausfälle mit Produktionsstillstand

Aufgabe 97: *Flexible Plankostenrechnung auf Vollkostenbasis*

a)
Istkosten zu Istpreisen	28.230 €
- Istkosten zu Planpreisen	27.980 €
= Preisabweichung	250 €

b)
Sollkosten, fix	18.000 €
+ Sollkosten, variabel (80% · 12.000)	9.600 €
= Sollkosten	27.600 €

Istkosten zu Planpreisen	27.980 €
- Sollkosten	27.600 €
= Verbrauchsabweichung	380 €

c) Da die Beschäftigungsabweichung zu ermitteln ist, setzt der Betrieb offensichtlich die flexible Plankostenrechnung auf der Basis von Vollkosten ein. Denn bei der flexiblen Plankostenrechnung auf der Basis von Teilkosten gibt es diese Abweichung als Ausdruck der zu viel oder zu wenig verrechneten Fixkosten nicht, da sie stets alle Fixkosten der Periode in das Ergebnis verrechnet.

Plankosten gesamt	30.000 €
· Beschäftigungsgrad	80%
= Verrechnete Plankosten	24.000 €

Sollkosten	27.600 €
- Verrechnete Plankosten	24.000 €
= Beschäftigungsabweichung	3.600 €

d)
Preisabweichung	250 €
+ Verbrauchsabweichung	380 €
+ Beschäftigungsabweichung	3.600 €
= Gesamtabweichung	4.230 €

Aufgabe 98: *Kostenbericht bei flexibler Plankostenrechnung auf Vollkostenbasis*

Soll-Ist-Vergleich der Kostenstelle Dreherei für Oktober						
Planbezugsgröße	3.740 Fertigungsstunden (h)					
Istbezugsgröße	2.992 Fertigungsstunden (h)					
Beschäftigungsgrad	80 %					
	Plankosten			Soll-	Ist-	Verbr.-
Kostenart	variabel	fix	gesamt	kosten	kosten	abw.
Fertigungslöhne	119.680	0	119.680	95.744	95.744	0
Hilfslöhne	23.820	34.200	58.020	53.256	54.236	980
Sonstige Kosten	43.500	78.000	121.500	112.800	114.380	1.580
Summe	187.000	112.200	299.200	261.800	264.360	2.560
Plankost.satz (€/h)	50,00	30,00	80,00			
Verrechnete Plank.		*)	239.360			
Beschäftigungsabw.		**)	22.440			
Gesamtabweichung		***)	25.000			

*) 80% · 299.200 € oder 2.992 h · 80,00 €/h
**) 20% · 112.200 € oder (3.740 h - 2.992 h) · 30,00 €/h
***) 2.560 € + 22.440 € oder 264.360 - 239.360 €

Aufgabe 99: *Flexible Plankostenrechnung mit Variator*

a) Istkosten zu Istpreisen	252.042 €
- Preisabweichung (252.042 / 1,02 · 2%)	4.942 €
= Istkosten zu Planpreisen	247.100 €
- Verbrauchsabweichung	3.116 €
= Sollkosten	243.984 €

Wegen der allgemeinen Gleichung „Sollkosten = fixe Plankosten + variable Plankosten · Beschäftigungsgrad" folgt hier:

243.984 = fixe Plankosten + variable Plankosten · 115%

Wegen der Vorgabe „Variator = 7" gilt „variabler Kostenanteil bei Planbeschäftigung = 70%" bzw. „fixer Kostenanteil bei Planbeschäftigung = 30%". Damit lassen sich die variablen und die fixen Plankosten darstellen als:

Var. Plankosten = 0,7 · Plankosten
Fixe Plankosten = 0,3 · Plankosten

Die variablen und die fixen Plankosten werden nun in der Gleichung für die Sollkosten allein durch die Plankosten dargestellt.

243.984 = 0,3 · Plankosten + 0,7 · Plankosten · 115%

Durch Umstellung erhalten wir schließlich:

Plankosten = 220.800 €

Istbeschäftigung	5.290 LE
/ Beschäftigungsgrad	115%
= Planbeschäftigung	4.600 LE
Plankosten	220.800 €
/ Planbeschäftigung	4.600 LE
= Plankostenverrechnungssatz	48,00 €/LE |//
b) Plankostenverrechnungssatz	48,00 €/LE
/ Zeitäquivalent (24/60)	0,4 Std./LE
= Plankostenverrechnungssatz	120,00 €/Std.

c)

Plankostenverrechnungssatz	48,00 €/LE
· Istbeschäftigung	5.290 LE
= Verrechnete Plankosten	253.920 €
Sollkosten	243.984 €
- Verrechnete Plankosten	253.920 €
= Beschäftigungsabweichung	-9.936 €
+ Verbrauchsabweichung	3.116 €
+ Preisabweichung	4.942 €
= Gesamtabweichung	-1.878 €

Aufgabe 100: *Plankostenverrechnungssatz*

Istkosten zu Planpreisen	14.350,00 €
- Verbrauchsabweichung	484,72 €
= Sollkosten	13.865,28 €

Aus der allgemeinen Gleichung „Sollkosten = fixe Plankosten + variable Plankosten · Beschäftigungsgrad" folgt hier:

13.865,28 = fixe Plankosten + variable Plankosten · 110%

Außerdem ist der Anteil der fixen Plankosten mit 60% vorgegeben, d.h. der Anteil der variablen Plankosten beträgt 40%. Daher lässt sich schreiben:

Fixe Plankosten = 0,6 · Plankosten
Var. Plankosten = 0,4 · Plankosten

Eingesetzt in obige Gleichung ergibt sich:

13.865,28 = 0,6 · Plankosten + 0,4 · Plankosten · 110%

Durch Umstellung der Gleichung nach den Plankosten erhalten wir schließlich:

Plankosten = 13.332,00 €

Plankosten	13.332,00 €
/ Planbeschäftigung (1.320/110%)	1.200 Essen
= Plankostenverrechnungssatz	11,11 €/Essen

Aufgabe 101: *Fixkostenermittlung*

Istkosten zu Istpreisen	700.400 €
- Istkosten zu Planpreisen (700.400 / 1,03)	680.000 €
= Preisabweichung (700.400 / 1,03 · 3%)	20.400 €
Gesamtabweichung	116.400 €
- Preisabweichung	20.400 €
- Verbrauchsabweichung	26.000 €
= Beschäftigungsabweichung	70.000 €
/ (100% - Beschäftigungsgrad)	35%
= Fixkosten	200.000 €

Aufgabe 102: *Soll-Ist-Vergleich bei flexibler Plankostenrechnung*

a)

Kostenplan der Kostenstelle Endmontage für April			
Planbeschäftigung (Fertig.std.)	1.440		
Plankosten	*variabel*	*fix*	*gesamt*
Summe	73.440,00	34.560,00	108.000,00
Plankostenverrechnungssatz	51,00	24,00	75,00

b)

Soll-Ist-Vergleich der Kostenstelle Endmontage für April			
Planbeschäftigung (Fertig.std.)	1.440		
Istbeschäftigung (Fertig.std.)	1.116		
Beschäftigungsgrad (in Prozent)	77,50%		
	Sollkosten	*Istkosten*	*Verbrauchs-abweichung*
Fertigungslöhne	33.480,00	33.480,00	0,00
Personalzusatzk. auf Fertig.löhne	28.728,00	29.027,30	299,30
Hilfslöhne inkl. Personalzusatzk.	4.600,96	4.969,35	368,39
Energiekosten	892,80	948,40	55,60
Sonstige Kosten	23.774,24	25.274,95	1.500,71
Summe	91.476,00	93.700,00	2.224,00
Verrechnete Plankosten	83.700,00		
Beschäftigungsabweichung	7.776,00		
Gesamtabweichung	10.000,00		

c) Verbrauchsabweichungen sind i.d.R. Ausdruck der vom Kostenstellenleiter zu verantwortenden (Un-) Wirtschaftlichkeit. Mögliche Ursachen für Unwirtschaftlichkeiten sind:

- nachlässiger Umgang mit Verbrauchsstoffen wie Wasser, Kühlmittel, Energie
- unbegründetes Überziehen z.B. des Reisekostenbudgets, weil Mitarbeiter gleich an mehreren Messen teilnehmen, obwohl der Besuch etwa einer wichtigen Fachmesse ausreicht
- überdotierte Stellenbesetzung als Folge einer innerbetrieblichen Umsetzung oder als Folge zu hoher Leistungsbewertung
- übermäßige Telekommunikation durch zu häufiges, zu langes oder auch privates Telefonieren im Betrieb

d) Die Beschäftigungsabweichung entspricht der Unter- bzw. Überbeschäftigung multipliziert mit dem fixen Plankostenverrechnungssatz.

Beschäftigungsabw. = (1.440 - 1.116) · 24,00 = 7.776,00 €

Da die Istbeschäftigung hier unter der Planbeschäftigung liegt, zeigt die Beschäftigungsabweichung den Umfang der zu wenig auf die Kostenträger verrechneten Fixkosten an.

e) Betriebsergebnis zu verrechneten Kosten   110.000 €
   - Verbrauchsabweichung   2.224 €
   - Beschäftigungsabweichung   7.776 €
   = Betriebsergebnis effektiv   100.000 €

4.3. Plankostenrechnung auf Teilkostenbasis

Aufgabe 103: *Flexible Plankostenrechnung zu Voll- und Teilkosten*

a) Ermittlung der Abweichungen in der flexiblen Plankostenrechnung auf Vollkostenbasis

Plankosten   = 12.000 €
Variable Plankosten   = 4.800 €
Fixe Plankosten   = 7.200 €

Plankostenverrechnungssatz   = 12.000/1.200 = 10 €/ME
Variabler Plankostenverr.satz = 4.800/1.200 = 4 €/ME

Verrechnete Plankosten   = 10 · 1.400 = 14.000 €
Sollkosten   = 7.200 + 4 · 1.400 = 12.800 €
Istkosten   = 16.000 €

Gesamtabweichung = Istkosten - verrechnete Plankosten
= 16.000 - 14.000 = 2.000 €
Verbrauchsabweichung = Istkosten - Sollkosten
= 16.000 - 12.800 = 3.200 €
Beschäftigungsabweichung = Sollkosten - verrechnete Plankosten
= 12.800 - 14.000 = -1.200 €

b) Ermittlung der Abweichungen in der Grenzplankostenrechnung

In der Grenzplankostenrechnung wird sowohl in der Kostenstellen- als auch in der Kostenträgerrechnung eine Trennung in fixe und variable Kosten vorgenommen. In die kostenstellenweise Kontrolle und in die Kalkulation werden nur die variablen Kosten einbezogen. Folglich entsteht keine Beschäftigungsabweichung, sondern lediglich die Verbrauchsabweichung als Differenz zwischen variablen Istkosten und variablen Sollkosten. Da im Vergleich zur flexiblen Plankostenrechnung auf Vollkostenbasis sowohl die Istkosten als auch die Sollkosten um den selben Fixkostensockel niedriger sind, muss die hier ermittelte Verbrauchsabweichung mit der unter a) ermittelten übereinstimmen.

Verbrauchsabweichung = 3.200 € (vgl. oben)

Aufgabe 104: *Abweichungen bei flexibler Plankostenrechnung*

a) Plankosten (8.000 · 80,00)   640.000 €
- Plankosten, fix (640.000 · 40%)   256.000 €
= Plankosten, variabel   384.000 €

Istbeschäftigung   7.200 Std.
/ Planbeschäftigung   8.000 Std.
= Beschäftigungsgrad   90%

Sollkosten, fix	256.000 €
+ Sollkosten, variabel (90% · 384.000)	345.600 €
= Sollkosten	601.600 €

Plankosten	640.000 €
· Beschäftigungsgrad	90%
= Verrechnete Plankosten	576.000 €

Istbeschäftigung	7.200 Std.
· Istkostensatz	83,00 €/Std.
= Istkosten	597.600 €

Sollkosten	601.600 €
- Verrechnete Plankosten	576.000 €
= Beschäftigungsabweichung	25.600 €

Istkosten	597.600 €
- Sollkosten	601.600 €
= Verbrauchsabweichung	-4.000 €

Beschäftigungsabweichung	25.600 €
+ Verbrauchsabweichung	-4.000 €
= Gesamtabweichung	21.600 €

b) In der flexiblen Plankostenrechnung auf Teilkostenbasis werden lediglich die variablen Kosten auf die Kostenträger verrechnet. Die fixen Kosten werden als Block vollständig in der Periode in die Betriebsergebnisrechnung übernommen, in der sie anfallen. Dadurch ist es im Gegensatz zur Vollkostenrechnung nicht möglich, dass bei Abweichungen der Ist- von der Planbeschäftigung zu viel oder zu wenig fixe Kosten verrechnet werden. Es kann mithin auch nicht zu Beschäftigungsabweichungen kommen.

Bei der flexiblen Plankostenrechnung auf Teilkostenbasis tritt keine Beschäftigungsabweichung als Ausdruck zu viel oder zu wenig verrechneter Fixkosten auf. Da aus Sicht des Controllers aber interessant erscheint, welcher Wert der vorhandenen Kapazität in der Folge von Unterauslastung ungenutzt ist bzw. brach liegt, führen wir im Rahmen der flexiblen Plankostenrechnung auf Teilkostenbasis eine Fixkostenanalyse durch.

Im Rahmen der Fixkostenanalyse werden die fixen Kosten in Nutzkosten und Leerkosten aufgeteilt. Die Nutzkosten entsprechen den bei einer Vollkostenrechnung verrechneten Fixkosten. Die Leerkosten ergeben sich, indem wir die Differenz aus Planbeschäftigung (x^P) und Istbeschäftigung (x^I) mit dem Fixkostenverrechnungssatz (VS_{fix}) multiplizieren.

Leerkosten = $(x^P - x^I) \cdot VS_{fix} = (8.000 - 7.200) \cdot 32,00 = 25.600$ €

Die Leerkosten entsprechen im Betrag der Beschäftigungsabweichung in der flexiblen Plankostenrechnung auf Vollkostenbasis.

c)

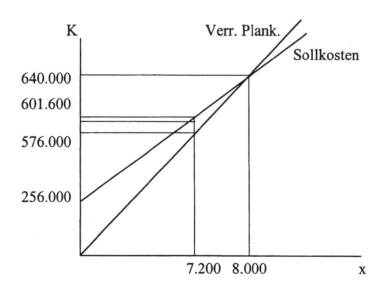

Aufgabe 105: *Kostenbericht bei flexibler Plankostenrechnung auf Teilkostenbasis*

Soll-Ist-Vergleich der Kostenstelle Fräserei für Oktober						
Planbezugsgröße	1.200 Fertigungsstunden (h)					
Istbezugsgröße	1.050 Fertigungsstunden (h)					
Beschäftigungsgrad	87,50 %					
	Plankosten			*Soll-*	*Ist-*	*Verbr.-*
Kostenart	*variabel*	*fix*	*gesamt*	*kosten*	*kosten*	*abw.*
Fertigungslöhne	28.000	0	28.000	24.500	24.500	0
Hilfslöhne	12.000	4.000	16.000	10.500	10.950	450
Sonstige Kosten	38.000	38.000	76.000	33.250	33.800	550
Summe	78.000	42.000	120.000	68.250	69.250	1.000
Plankost.satz (€/h)	65,00	35,00	100,00			
Verrechnete Plank.	68.250 *)					
Nutzkosten	36.750 **)					
Leerkosten	5.250 ***)					

*) 1.050 · 65,00
**) 1.050 · 35,00
***) (1.200 - 1.050) · 35,00

4.4. Sonderaspekte der Plankostenrechnung

Aufgabe 106: *Kostenplanung bei flexibler Plankostenrechnung*

a) Die Fertigungszeit ist eine geeignete Bezugsgröße für die Kostenstelle Endmontage, weil sich zum einen ein direkter Zusammenhang zu den Kostenträgern (Maschinen als Endprodukte) ergibt, da die Montagezeiten der Maschinen über die Arbeitsvorbereitung bekannt sind. Zum anderen ist ein großer Teil der Kosten der Kostenstelle unmittelbar von der Fertigungszeit abhängig. Die Fertigungszeit als Bezugsgröße erfüllt damit die Kalkulations- und die Kostenkontrollfunktion.

Planbesch. = 12 Fertig.löhner à 1.500 Std. = 18.000 Fertig.std.

Die effektive Jahresanwesenheitszeit von 1.580 Std. je Mitarbeiter ist hier nicht relevant, da nur die produktiven Fertigungszeiten die Planbeschäftigung der Kostenstelle bilden. Hilfslohnzeiten für Anlernen, Warten, Reinigen des Arbeitsplatzes etc. sind keine „produktiven" Zeiten.

b)

Kostenplan der Kostenstelle Endmontage			
Planbeschäftigung (Fertig.std.)	18.000		
Fertig.lohnsatz (€/Fertig.std.)	30,00		
Plankosten	*variabel*	*fix*	*gesamt*
Fertigungslöhne	540.000	0	540.000
Personalzusatzk. auf Fertig.löhne	324.000	108.000	432.000
Hilfslöhne inkl. Personalzusatzk.	25.280	37.920	63.200
Energiekosten	*) 14.400	0	14.400
Sonstige Kosten	14.320	286.080	300.400
Summe	918.000	432.000	1.350.000
Plankostenverrechnungssatz	51,00	24,00	75,00

*) vgl. hierzu die Berechnung auf der folgenden Seite

Berechnung der Energiekosten:

Anschlusswert	20 KW
· Durchschnittliche Auslastung	60%
= Durchschnittlicher Stromverbrauch	12 KW
· Maschinenlaufzeit (18.000/3)	6.000 Std.
= Stromverbrauch	72.000 KWh
· Strompreis	0,20 €/KWh
= Strom-/Energiekosten	14.400 €

Aufgabe 107: *Kostenkontrolle bei Spezialabweichungen*

a) Fixe Plankosten K^P_{fix}

$K^P_{fix} = 96.000$ €

Variable Plankosten K^P_{var}

$K^P_{var} = 480 \cdot 3 \cdot 22 + 480 \cdot 3 \cdot 50 \cdot 0{,}30 + 480 \cdot 3 \cdot 2 \cdot 5 + 12.000$
$= 31.680 + 21.600 + 14.400 + 12.000 = 79.680$ €

Plankosten K^P

$K^P = K^P_{fix} + K^P_{var} = 96.000 + 79.680 = 175.680$ €

Plankostenverrechnungssatz VS

$VS = K^P / x^P = 175.680 / 480 = 366$ €/ME

Variabler Plankostenverrechnungssatz VS_{var}

$VS_{var} = K^P_{var} / x^P = 79.680 / 480 = 166$ €/ME

Verrechnete Plankosten bei Istbeschäftigung $K^{Verr}(x^I)$

$K^{Verr}(x^I) = 366 \cdot 600 = 219.600$ €

Sollkosten 1 bei Istbeschäftigung ohne Überzeitzuschlag $K^S_1(x^I)$

$K^S_1(x^I) = 96.000 + 166 \cdot 600 = 195.600$ €

Sollkosten 2 bei Istbeschäftigung $K^S_2(x^I)$ mit Überzeitzuschlag in Höhe von 50% auf die Lohnkosten für Überstunden

$K^S_2(x^I) = 96.000 + 166 \cdot 600 + 120 \cdot 3 \cdot 11 = 199.560$ €

Istkosten K^I

$K^I = 210.000$ €

Verbrauchsabweichung VA

$VA = K^I - K^S_2(x^I) = 210.000 - 199.560 = 10.440$ €

Überstundenabweichung ÜA

$ÜA = K^S_2(x^I) - K^S_1(x^I) = = 199.560 - 195.600 = 3.960$ €

Beschäftigungsabweichung BA

$BA = K^S_1(x^I) - K^{Verr}(x^I) = 195.600 - 219.600 = -24.000$ €

Gesamtabweichung GA

$GA = K^I - K^{Verr}(x^I) = 210.000 - 219.600 = -9.600$ € oder
$GA = VA + ÜA + BA = 10.440 + 3.960 - 24.000 = -9.600$ €

b) Obwohl die Gesamtabweichung negativ ist und sich günstig auf das Betriebsergebnis auswirkt, sollte der Contoller eine nähere Analyse der einzelnen Abweichungen durchführen.

Da die Istproduktion deutlich über der Planproduktion liegt, werden 24.000 € mehr Fixkosten verrechnet, als tatsächlich angefallen sind (Beschäftigungsabweichung); das Betriebsergebnis wird entsprechend entlastet. Da allerdings die Mehrproduktion nur in Überstunden erreicht werden konnte, entstehen zuschlagbedingte Mehrkosten in Höhe von 3.690 €. Schließlich hat der Kostenstellenleiter einen Mehrverbrauch in Höhe von 10.440 € zu verantworten.

c) Neben dem Ableisten von Überstunden könnte eine intensitätsmäßige Anpassung erwogen werden; d.h., dass die Bearbeitungsgeschwindigkeit - bzw. in der Fachsprache: Intensität [ME/ZE] - heraufgesetzt wird. Auch könnte man eine zusätzliche Schicht einführen oder sogar mehr Kapazität (mehr Personal, mehr maschinelle Anlagen) aufbauen. Ob die genannten Maßnahmen in Betracht kommen, hängt auch davon ab, ob die Mehrproduktion dauerhaft oder nur vorübergehend ist.

Aufgabe 108: *Differenzierte und kumulative Abweichungsanalyse*

a) *Auftragsbedingte Ursachen*: Nach Durchführung der Planung wird aus technischen Gründen oder auf Wunsch des Kunden das Produkt oder Herstellungsverfahren geändert.

Materialbedingte Ursachen: Das Material hat außerplanmäßige Eigenschaften, die nicht mit den Planvorgaben oder technischen Standards übereinstimmen; z.B. erfordert die geringere Festigkeit eines Materials eine zusätzliche Verstärkung.

Mischungsbedingte Ursachen: Das Mischungsverhältnis betreffend die Materialzusammensetzung wird gegenüber der Planung geändert, weil einzelne Rohstoffe nicht lieferbar oder zu teuer geworden sind.

Verbrauchsbedingte Ursachen: Unachtsamer Materialzuschnitt führt zu höheren Abfallmengen als geplant, oder durch Arbeitsfehler entstehen zusätzliche Ausschuss- und Nacharbeitskosten (innerbetriebliche Unwirtschaftlichkeiten).

b) Differenzierte Abweichungsanalyse: Die reinen Abweichungen der verschiedenen Kosteneinflussgrößen, Abweichungen ersten Grades genannt, werden jeweils auf Basis der Planwerte der übrigen Kosteneinflussgrößen berechnet. Die Mischabweichungen, Abweichungen zweiten oder - bei mehr als zwei multiplikativen Einflussgrößen - höheren Grades genannt, sind das Produkt aus der Differenz von zwei oder mehr Einflussgrößen.

Istmenge · Planpreis	240 kg · 10 €/kg	2.400 €
- Planmenge · Planpreis	200 kg · 10 €/kg	2.000 €
= Mengenabweichung		400 €
Planmenge · Istpreis	200 kg · 12 €/kg	2.400 €
- Planmenge · Planpreis	200 kg · 10 €/kg	2.000 €
= Preisabweichung		400 €
Mengendifferenz	240 kg - 200 kg	40 kg
· Preisdifferenz	12 - 10 €/kg	2 €/kg
= Abweichung zweiten Grades		80 €

Gesamtabweichung = 400 + 400 + 80 = 880 €   oder
$\qquad$ = Istkosten - Plankosten
$\qquad$ = 2.880 - 2.000 = 880 €

c) Kumulative Abweichungsanalyse: Die Kosten werden auf der Basis verschiedener Kosteneinflussgrößen berechnet, die stufenweise vom Istwert zum Planwert überführt werden. Damit entstehen zunächst die Istkosten und zum Schluss die Plankosten. Die Abweichungen ergeben sich als Differenz der von Stufe zu Stufe berechneten Kosten.

Stufe 1: Istkosten zu Istmenge und Istpreis (K_1)

K_1 = Istmenge · Istpreis = 240 kg · 12 €/kg = 2.880 €

Stufe 2: Istkosten zu Istmenge und Planpreis (K_2)

K_2 = Istmenge · Planpreis = 240 kg · 10 €/kg = 2.400 €

Stufe 3: Plankosten zu Planmenge und Planpreis (K_3)

K_3 = Planmenge · Planpreis = 200 kg · 10 €/kg = 2.000 €

Preisabweichung = $K_1 - K_2$ = 2.880 - 2.400 = 480 €

Mengenabweichung = $K_2 - K_3$ = 2.400 - 2.000 = 400 €

Bei der kumulativen Abweichungsanalyse tritt keine Abweichung zweiten oder höheren Grades, d.h. keine Mischabweichung auf. Derlei Abweichungen sind bei der vorliegenden Methodik immer in den zuerst berechneten Abweichungen enthalten. Hier gilt also:

Preisabweichung lt. differenzierter Abw.analyse	400 €
+ Abweichung zweiten Grades lt. diff. Abw.analyse	80 €
= Preisabweichung lt. kumulativer Abw.anayse	480 €